U0884120

会计专业岗位实操系列规划教材

Tax Planning Practice

纳税筹划实务

（第四版）

梁文涛 苏杉 主编

东北财经大学出版社
Dongbei University of Finance & Economics Press
大连

图书在版编目（CIP）数据

纳税筹划实务 / 梁文涛，苏杉主编．—4版．—大连：东北财经大学出版社，2019.8（2020.8重印）
（会计专业岗位实操系列规划教材）
ISBN 978-7-5654-3545-4

Ⅰ．纳…　Ⅱ．①梁…②苏…　Ⅲ．税收筹划-高等学校-教材　Ⅳ．F810.423

中国版本图书馆CIP数据核字（2019）第104800号

东北财经大学出版社出版
（大连市黑石礁尖山街217号　邮政编码　116025）
网　　址：http：//www.dufep.cn
读者信箱：dufep@dufe.edu.cn

大连日升彩色印刷有限公司印刷　东北财经大学出版社发行

幅面尺寸：185mm×260mm　字数：274千字　印张：11.5　插页：1

2019年8月第4版　2020年8月第9次印刷

责任编辑：包利华　责任校对：冯志慧

封面设计：冀贵收　版式设计：钟福建

定价：36.90元

教学支持　售后服务　联系电话：（0411）84710309

如有印装质量问题，请联系营销部：（0411）84710711

第四版前言

“纳税筹划实务”是高校会计、税收等专业的一门专业核心课。“纳税筹划实务”课程服务于会计、税收等专业人才培养目标，旨在培养具有一定的企业纳税筹划能力的技术技能型人才。本教材力求“工学结合、理实一体、学做合一”，以纳税筹划能力的培养为主线，直接为培养学生从事纳税筹划工作应具备的基本知识、基本技能和实战操作能力服务。本教材分别从纳税筹划认知、增值税的纳税筹划实务、消费税的纳税筹划实务、企业所得税的纳税筹划实务、个人所得税的纳税筹划实务、其他税种的纳税筹划实务等方面对纳税筹划进行讲解。自《纳税筹划实务》一书出版以来，得到了读者的普遍认可。由于近期税收政策有了较大变动，因此有必要再版。“纳税筹划实务”课程的前置课程为“税法”“税务会计实务”，读者也可以选用本教材作者在东北财经大学出版社出版的《税法》和《税务会计实务》教材。

《纳税筹划实务》（第四版）有以下特色：

一、本教材作者专业造诣深，编写教材态度严谨

本教材是专业作者基于打造纳税筹划精品书籍，本着对师生负责的态度，精心挑选合乎实际的纳税筹划实务案例，用心编写而成，并根据最新税收法律法规及时更新。

二、本教材力求工学结合、理实一体、学做合一

本教材采用“项目教学、案例教学、工作过程导向教学”等教学模式，通过案例进行教学和实训，绝大多数案例采用【任务案例】【任务要求】【税法依据】【筹划思路】【筹划过程】【筹划结论】【任务点评】的体例，力求实现“工学结合、理实一体、学做合一”。

三、配套资源丰富

本教材配有教学资源包。资源包的内容包括PPT教学课件、项目练习和项目实训的参考答案及解析、教学大纲、各项目教学目标、知识点及实现手段、内容提要、重难点、教学过程、教学参考内容、教学案例集、教学日历、考评方式与标准、学习指南等。选用本教材作为学生教材的任课教师经过实名注册认证后，可通过东北财经大学出版社网站（www.dufep.cn）下载上述课程资源。

四、按照新企业会计准则、新税法编写，体现最新的全面“营改增”、深化增值税改革有关政策（含13%和9%的增值税新税率）和“个人所得税法”等内容

本教材根据修订截稿之日（2020年8月1日）的最新会计、税收政策编写，体现最新企业会计准则、财会〔2016〕22号文件、全面“营改增”政策、自2020年9月1

日起施行的《中华人民共和国资源税法》、自2019年9月1日起施行的《中华人民共和国耕地占用税法》”、自2019年7月1日起施行的《中华人民共和国车辆购置税法》、深化增值税改革有关政策（含13%和9%的增值税新税率）、新个人所得税法、个人所得税法实施条例、个人所得税专项附加扣除暂行办法等最新会计、税收政策，并且在本教材以后重印、修订再版时，将根据最新税法及时修订和完善，同时在配套PPT教学课件中同步体现。

五、创建教材QQ群和邮箱，提供互动、交流的平台

本教材的交流QQ群号为570328484（限任课教师加入，加入时请注明单位、姓名），本教材电子邮箱是caishuijiaocai@126.com。

六、提供最新法律法规库链接

本教材提供最新法律法规库链接，读者可以通过法律法规库查询各个税种的最新法律法规文件。具体可登录http://www.chinatax.gov.cn/chinatax/n810341/n810825/index.html?title=，或者扫描以下二维码：

本教材由梁文涛、苏杉担任主编。本教材在编写过程中，参考、借鉴了大量本学科相关著作、教材与论文，在此向其作者表示由衷的感谢！由于水平有限，以及会计、税收等法律、法规、政策不断修订变化，本教材可能会存在不当之处，读者在实际运用时应当以最新的法律、法规、政策为准。同时，竭诚欢迎广大读者批评指正。

本教材适合高职高专和应用型本科院校使用，也可以作为培训机构的培训教材，还适合广大会计工作者用于自学。

作　者

2020年8月

目 录

项目一
纳税筹划认知

职业能力目标

（1）能明确纳税筹划的含义和特点。

（2）能划分纳税筹划的主要形式。

（3）能界定纳税筹划、偷（逃）税、抗税与骗税。

（4）能划分纳税筹划的层次。

（5）能运用不同的纳税筹划方法。

（6）能进行纳税筹划的目标分析。

（7）能梳理纳税筹划的步骤。

项目引例——实现税负最小化和实现税后利润最大化的纳税筹划目标分析

A商贸公司[①]为增值税一般纳税人，位于市区，适用的增值税税率为13%，本年[②]7月，有以下几种进货方案可供选择：一是从一般纳税人甲公司购买，每吨含税价格为12 000元，且取得由甲公司开具的增值税税率为13%的增值税专用发票；二是从小规模纳税人乙公司购买，每吨含税价格为11 000元，且可取得税率为3%的增值税专用发票；三是从小规模纳税人丙公司购买，每吨含税价格为10 000元，只能取得增值税普通发票。A商贸公司销售其所购货物的每吨含税销售额为20 000元，其他相关成本费用为2 000元，企业所得税税率为25%，城市维护建设税（以下简称“城建税”）税率为7%，教育费附加征收率为3%[③]。

任务要求

1.在实现税负最小化的纳税筹划目标下，对上述业务进行方案选择。

2.在实现税后利润最大化的纳税筹划目标下，对上述业务进行方案选择。

3.比较分析实现税负最小化和实现税后利润最大化这两种纳税筹划目标的优劣。

项目引例解析 见本项目的任务六。

任务一 纳税筹划内涵的认知

一、纳税筹划的含义

纳税筹划、税收筹划、税务筹划都是根据英文“Tax Planning”翻译而来的，在此不

① 如果未明确说明，本书例题中的企业均不符合免税的条件，也不符合小型微利企业的条件。

② 本书的“本年”均指2019年。

③ 为方便研究，本书涉及附加费用的，只考虑城建税和教育费附加，不考虑地方教育附加和地方水利建设基金，实际工作中，企业还要按照2%的征收率缴纳地方教育附加，我国部分省份按照1%或者0.5%的征收率缴纳地方水利建设基金。

作具体的区分。为统一起见，本书采用“纳税筹划”一词。

荷兰国际财政文献局（IBFD）编著的《国际税收辞汇》对纳税筹划是这样定义的：纳税筹划是指纳税人通过经营活动或个人事务活动的安排，实现缴纳最低的税收。

印度税务专家N.J.雅萨斯威在《个人投资和税收筹划》一书中指出：税收筹划是指纳税人通过税务活动的安排，以充分利用税收法规所提供的包括减免税在内的一切优惠，从而获得最大的税收收益。

美国南加州大学W.B.梅格斯博士在与别人合著、已发行多版的《会计学》中写道：人们合理而又合法地安排自己的经营活动，使之缴纳可能最低的税额，他们使用的方法可称之为税收筹划。

我国税务专家唐腾翔在《税收筹划》中写道：税收筹划是指在法律规定许可的范围内，通过对经营、投资、理财活动的事先筹划和安排，尽可能取得节税的税收利益。

张中秀在《公司避税节税转嫁筹划》中写道：纳税筹划是指纳税人通过非违法的避税方法和合法的节税方法以及税负转嫁方法来达到尽可能减少纳税的行为。后来他在《纳税筹划宝典》中又提到了第四种形式，即“实现涉税零风险”。

盖地在《税务筹划学》（第三版）中写道：税务筹划是纳税人依据所涉及的税境，在遵守税法、尊重税法的前提下，以规避涉税风险，控制或减轻税负，有利于实现企业财务目标的谋划、对策与安排。

综上所述，纳税筹划有广义和狭义之分。广义的纳税筹划既包括节税筹划，又包括避税筹划、税负转嫁筹划和涉税零风险筹划，持这种观点的有张中秀等人。狭义的纳税筹划只包括节税筹划，持这种观点的有唐腾翔等人。笔者借鉴传统广义纳税筹划的观点，将纳税筹划的含义分为两个层面来理解：一个层面是降低企业税负，具体包括节税筹划、避税筹划和税负转嫁筹划；另一个层面是涉税零风险筹划，主要是指通过规范企业纳税行为来避免、降低、分散、转移、保留或利用纳税风险的筹划。

纳税筹划是企业财务管理的一部分，研究纳税筹划不能脱离财务管理。财务管理的目标是企业价值最大化。因此，纳税筹划的最终目标也是要实现企业价值最大化。据此，笔者认为：纳税筹划是指企业为实现企业价值最大化的目标，在合法合理的前提下（或在不违法的前提下）[①]，自行或委托代理人，通过对企业设立、筹资、投资、物资采购、产品生产、产品销售、利润分配、产权重组等活动中的涉税事项事先进行策划和安排，以尽量获取降低企业税负和防范企业纳税风险等多重结果的行为。

二、纳税筹划的特点

1.不违法性或合法性

不违法性是指纳税筹划不能违反法律规定。不违反法律规定是纳税筹划的前提条件，是对纳税筹划最基本的要求，也是纳税筹划与偷（逃）税、抗税、骗税的根本区别。而合法性是指纳税筹划不仅不违反法律法规，而且符合立法精神，这是对纳税筹划的更高要求，事实上，合法性的纳税筹划要求企业不应采用避税筹划。

2.事先性

事先性是指企业在从事经营活动或投资活动之前，就应把税收作为影响最终成果的一

① 从积极的方面来说，应当是在合法合理的前提下；从消极的方面来说，至少是不违法，此时便是在不违法的前提下。

个重要因素来设计和安排。一方面，纳税义务通常具有滞后性，企业在交易行为发生之后才有纳税义务，这决定了企业可以对自身应税经营行为进行事前的安排。另一方面，纳税筹划要在应税行为发生之前进行，一旦业务已经发生，事实已经存在，纳税义务已经形成，此时便无法进行纳税筹划了。

3. 目的性

目的性是指纳税筹划有明确的目的，即追求企业价值最大化。也就是说，纳税筹划以减轻税负、实现利润最大化等为初级目的，而以实现企业价值最大化为终极目的，当两者矛盾时，一般情况下，应当选择能实现企业价值最大化的纳税筹划方案。

4. 协作性

协作性是指由于复杂的纳税筹划涉及的经营活动关系到企业的生产、经营、投资、理财、营销等所有活动，因此它不是由某个部门或某个人单独进行操作就能够完成的工作，它需要有规范的经营管理，并且在企业领导重视的前提下，由财务部门和其他部门密切配合、充分协作才能顺利进行。

5. 全面性

全面性是指纳税筹划应该从战略的角度去考虑和把握。也就是说，企业进行纳税筹划时应当用全面、发展的眼光看问题。企业不能只盯着个别税种的纳税筹划，而应着眼于各税种的纳税方案的整体筹划。同时，企业不能仅仅局限于短期目标的实现，而应考虑企业的长远发展目标，最终能够增加企业长期、整体的收益。

6. 专业性

一方面，纳税筹划是一门涉及税收学、管理学、财务学、会计学、法学等的综合性学科，这需要跨学科的专门人才来从事这项工作；另一方面，随着经济全球化的逐步深入，以及各国税制的日益复杂化和税收法律法规的不断更新和变化，单凭某一个人的努力在短时间内设计一套相对复杂的纳税筹划方案，已经越来越难以实现。这不仅促使企业开始建立从事纳税筹划的部门，而且也促进了作为第三产业的涉税服务行业的发展。

7. 时效性

世界各国的税收法律、法规都不是固定不变的，而总是随着国际、国内的经济环境的变化而不断修订、变革和完善的。这就要求纳税筹划人员一方面要抓住时机，及时充分地利用好法律法规的优惠政策；另一方面必须密切关注税收法律、法规的发展变化，对原先已经制订或实行的纳税筹划方案进行及时的修订、调整或更正。

8. 风险性

由于受税收法律、法规的不断调整和变化，企业外界环境因素、企业内部成员因素以及其他因素的影响，纳税筹划结果存在着不确定性，不可能有百分之百的成功率。而有的纳税筹划立足于长期规划，长期性则蕴涵着更大的风险性。此外，纳税筹划的预期收益往往是一个估算值。因此，纳税筹划具有显著的风险性。

任务二　纳税筹划主要形式的划分

广义的纳税筹划分为四种主要形式：节税筹划、避税筹划、税负转嫁筹划和涉税零风险筹划。

一、节税筹划

节税筹划是指企业在**不违背法律本身且不违背法律立法精神**（即合法且合理）的前提下，在国家法律及税收法律法规许可并鼓励的范围内，采用税法所赋予的税收优惠或选择机会，来对各种涉税事项进行策划和安排，通过减轻税负来实现企业价值最大化。由于纳税筹划的目的不仅仅是减轻企业的税负，还是追求企业价值最大化，因此，节税筹划也应以此为目标。

由于节税筹划是在企业不违背法律本身且不违背法律立法精神的前提下进行的，因此节税筹划活动本身及其后果与税法的本意相一致，这有利于巩固税法的地位，从而使政府更加有效地利用税法来进行宏观调控，是政府提倡的行为。

下面通过一个案例来对节税筹划加以说明：

任务案例1-1 甲公司因生产规模扩大，本年年初需招聘20名新员工，对于新增加的20名员工，公司每年需要支付80万元工资，本年该公司预计获取的未扣除工资的应纳税所得额为200万元。

【任务要求】 请对上述业务进行节税筹划。

【税法依据】《中华人民共和国企业所得税法实施条例》第九十六条规定：企业安置残疾人员及国家鼓励安置的其他就业人员所支付的工资，可以在计算应纳税所得额时加计100%扣除。

【筹划思路】 企业在不影响正常生产经营的前提下，应当充分利用支付残疾人员工资税前加计扣除的优惠政策，降低企业所得税税负。

【筹划过程】

方案一：甲公司招聘20名身体健全人员作为新员工。

应纳企业所得税=（200-80）×25%=30（万元）

方案二：甲公司在不影响正常生产经营的情况下，招聘20名残疾人员作为新员工。

应纳企业所得税=（200-80×2）×25%=10（万元）

【筹划结论】 方案二比方案一少缴纳企业所得税20万元（30-10），因此，应当选择方案二。

【任务点评】 企业可在不影响正常生产经营的前提下，招聘部分残疾人员，这样，一方面，可以关爱社会弱势群体；另一方面，可以加大企业所得税税前扣除金额，从而降低企业所得税税负。这是完全合法合理的，且是国家提倡的，它属于典型的节税筹划。

二、避税筹划

避税筹划强调的是不违背法律本身但违背了法律立法精神（即合法但不合理），是指企业利用法律的空白、漏洞或缺陷，来对各种涉税事项进行策划和安排，通过规避税收来实现企业价值最大化。然而由于避税筹划违背了法律立法精神，所以风险性较大，是一种短期行为，最终难以实现企业价值最大化的目标。

避税筹划不违背法律本身，但违背了法律立法精神，遵循“法无明文不为罪”的原则，当然不符合政府的政策导向和意图，是政府所不提倡的。其成功意味着行为主体对法律漏洞与缺陷找得准确，客观上促使政府弥补漏洞与缺陷，从而促使税法逐步得到完善。从这方面来说，避税筹划又有助于社会的进步和经济的发展。

下面通过一个2009年之前常用的避税案例对避税筹划加以说明：

任务案例1-2 甲造纸厂为增值税一般纳税人，主要生产打印纸。预计2008年由其收购部门收购造纸原材料（废纸）金额共计1 000万元，销售打印纸取得收入2 000万元。由于废纸都是从个人手中收购的，无法取得增值税专用发票，仅有电费、水费及少量修理用配件的进项税额共计50万元可抵扣。

【任务要求】 请对上述业务进行避税筹划。

【税法依据】《关于废旧物资回收经营业务有关增值税政策的通知》（财税〔2001〕78号）规定：自2001年5月1日起，对废旧物资回收经营单位销售其收购的废旧物资免征增值税。废旧物资，是指在社会生产和消费过程中产生的各类废弃物品，包括经过挑选、整理等简单加工后的各类废弃物品。利用废旧物资加工生产的产品不享受废旧物资免征增值税的政策。生产企业增值税一般纳税人购入废旧物资回收经营单位销售的废旧物资，可按照废旧物资回收经营单位开具的由税务机关监制的普通发票上注明的金额，按10%计算抵扣进项税额。

【筹划思路】 凡是以废旧物资为原材料的生产企业，可以投资设立一个废旧物资回收公司，这样，不仅回收公司可以享受免征增值税的优惠，而且企业还可根据回收公司开具的普通发票计算抵扣进项税额，从而达到降低税负的目的。

【筹划过程】

方案一：仍然由该造纸厂的收购部门收购废纸。

增值税销项税额=2 000×17%[①]=340（万元）

增值税进项税额=50万元

应纳增值税=340−50=290（万元）

方案二：该造纸厂将废品收购部门分立出去，成立单独核算的废旧物资回收公司。

假设废旧物资回收公司先收购1 000万元废纸，然后将收购的废纸加价10%销售给造纸厂。

这样处理，将产生以下两方面效果：

（1）作为废旧物资回收公司，免征增值税。

（2）作为造纸厂：

增值税销项税额=2 000×17%=340（万元）

增值税进项税额=1 100×10%+50=160（万元）

应纳增值税=340−160=180（万元）

废旧物资回收公司和造纸厂合计应纳增值税=0+180=180（万元）

【筹划结论】 方案二比方案一少缴纳增值税110万元（290−180），因此，应当选择方案二。

【任务点评】 上述案例是2009年以前我国企业运用较多的避税筹划案例。本来国家出台《关于废旧物资回收经营业务有关增值税政策的通知》（财税〔2001〕78号）的目的是鼓励企业加强对废旧物资的循环利用。结果很多企业为了增加可抵扣的进项税额，纷纷设立所谓的废旧物资回收企业，有的废旧物资回收企业收购的物资并非真正意义上的废旧物

① 自2018年5月1日起，增值税一般纳税人发生增值税应税销售行为或者进口货物，原适用17%和11%税率的，税率分别调整为16%、10%。自2019年4月1日起，增值税一般纳税人发生增值税应税销售行为或者进口货物，原适用16%税率的，税率调整为13%；原适用10%税率的，税率调整为9%。由于本题的年份为2008年，因此销售打印纸适用的增值税税率为17%。

资，这便违背了税法的立法精神，甚至有的企业虚开废旧物资发票（这属于偷逃税范畴了）。于是我国从2009年1月1日起，废止了该文件。由此可见，避税筹划具有一定的风险，其成功意味着行为主体对法律漏洞与缺陷找得准确，客观上促使政府有关部门弥补漏洞与缺陷，从而促使税法逐步得到完善。

三、税负转嫁筹划

税负转嫁筹划是指纳税人为了达到减轻税负的目的，通过价格的调整和变动，将税负转嫁给他人承担的经济行为。

典型的税负转嫁是在商品流通过程中，纳税人通过提高销售价格或压低购进价格，将税负转嫁给购买者或供应者。这便导致纳税人和负税人分离，纳税人是法律意义上的纳税主体，负税人（购买者或供应者）是经济上的承担主体，而国家的税收收入并不受到影响，因此政府对此一般持中立态度。但税负转嫁筹划的应用空间较小，运用不当将加大企业的经营风险。

下面通过一个案例来对税负转嫁筹划加以说明：

任务案例1-3 甲公司为增值税一般纳税人，本年5月10日从乙公司购买一批产品，价税合计113万元，并于当天取得乙公司开具的增值税专用发票，注明价款100万元，税额13万元。由于甲公司是乙公司的老客户，且采购量较大，因此，甲公司可以要求两个月内（最晚当年7月10日）付款。

【任务要求】请对上述业务进行税负转嫁筹划。

【税法依据】销售货物或者应税劳务，其增值税纳税义务发生时间为收讫销售款项或者取得索取销售款项凭据的当天；先开具发票的，其增值税纳税义务发生时间为开具发票的当天。

自2020年3月1日起，增值税一般纳税人取得2017年1月1日及以后开具的增值税专用发票、海关进口增值税专用缴款书、机动车销售统一发票、收费公路通行费增值税电子普通发票，取消认证确认、稽核比对、申报抵扣的期限。纳税人在进行增值税纳税申报时，应当通过本省（自治区、直辖市和计划单列市）增值税发票综合服务平台对上述扣税凭证信息进行用途确认。

自2020年3月1日起，增值税一般纳税人取得2016年12月31日及以前开具的增值税专用发票、海关进口增值税专用缴款书、机动车销售统一发票，超过认证确认、稽核比对、申报抵扣期限，但符合规定条件的，仍可按照《国家税务总局关于逾期增值税扣税凭证抵扣问题的公告》（2011年第50号，国家税务总局公告2017年第36号、2018年第31号修改）、《国家税务总局关于未按期申报抵扣增值税扣税凭证有关问题的公告》（2011年第78号，国家税务总局公告2018年第31号修改）的规定，继续抵扣进项税额。

【筹划思路】买卖双方相互之间的商品交易是企业最基本的业务之一，在供大于求的情况下，容易出现以下情形：购买方在没有付款给销售方的情况下，要求销售方先开具增值税专用发票，然后根据本企业未来资金的实际情况再付款给销售方，这其中就会出现税负转嫁。对于销售方，当其把增值税专用发票开具给购买方以后，必须要做销项税额处理，同时，在企业所得税上也要确认收入，缴纳企业所得税；对于购买方，在其没付款的情况下，由于已经取得了增值税专用发票，通过本省（自治区、直辖市和计划单列市）增值税发票综合服务平台对扣税凭证信息进行用途确认之后，便可以在规定的纳税申报期内，向主管国税机关申报抵扣进项税额，同时，如果该笔支出结转了成本，还可以抵减企业所得税。这样就相当于购买方将一部分税负转嫁给了销售方。

【筹划过程】

方案一：甲公司于本年5月10日付款。

甲公司本年5月通过本省（自治区、直辖市和计划单列市）增值税发票综合服务平台对扣税凭证信息进行用途确认之后可以抵扣进项税额13万元，即相当于减少当期增值税税负13万元。

乙公司本年5月需将13万元计入销项税额，即相当于增加当期增值税税负13万元。

方案二：甲公司于本年7月10日付款。

甲公司仍然于本年5月通过本省（自治区、直辖市和计划单列市）增值税发票综合服务平台对扣税凭证信息进行用途确认之后可以抵扣进项税额13万元，即相当于减少当期增值税税负13万元，但这13万元的税款本年5月10日并未支付给销售方乙公司（直到7月10日才支付给销售方乙公司）。

乙公司本年5月便需将13万元计入销项税额，即相当于增加当期增值税税负13万元，但是乙公司本年5月10日并未从甲公司收到13万元的税款，相当于乙公司先自己“掏钱垫税”了（直到7月10日才从甲公司收回）。

【筹划结论】 与方案一相比，方案二使甲公司在没有付款的情况下得到进项税额抵扣的好处，充分运用了资金的时间价值，因此，应当选择方案二。

【任务点评】 销售方可以采用反转嫁的方法来保护自己的税收利益在正常交易当中不受损害。对于购买方与销售方之间开具发票的问题，销售方可以采取以下相应的方法来解决：销售方可以向购买方声明“在购买但没有付款的情况下，销售方不能开具发票给购买方”；也可以通过双方在合同中订立诸如“销售方依据收到的货款额开具相应金额的发票”等条款来加以限制。这样，就避免了销售方货物已经销售却没收到货款，然后自己“掏钱垫税”的情况出现。

四、涉税零风险筹划

涉税零风险筹划是指企业通过努力做到会计账目清楚，会计核算健全，纳税申报正确，业务流程规范合理，税款缴纳及时、足额，使其纳税风险得以规避、降低、分散、转移、保留或利用的纳税筹划。

涉税零风险筹划虽然不能为企业带来直接经济利益的增加额，但却能够为企业创造出一定的间接经济利益。这主要表现在：一是涉税零风险筹划可以尽量避免涉税风险和损失的出现，从而最大限度地避免了税务机关的经济处罚；二是涉税零风险筹划还可以尽量避免发生纳税信誉损失，而好的纳税信誉有利于企业的经营；三是涉税零风险筹划要求企业努力做到会计账目清楚，会计核算健全，纳税申报正确，业务流程规范合理，税款缴纳及时、足额，从而有利于提高纳税信用等级。以上这些都会有利于企业价值最大化目标的实现和企业的长远发展。

涉税零风险筹划有利于形成良好的税收征纳环境，促进经济和社会和谐发展，因此政府对此是鼓励的。

而若企业不注重涉税零风险筹划，不仅不会为企业带来收益，而且有可能带来不必要的损失。下面通过一个反面案例对涉税零风险筹划加以说明：

任务案例1-4 甲仪器仪表厂本年4月为增值税小规模纳税人，本年5月业绩较好，使得年销售额（去年6月至本年5月的累计销售额）超过500万元。由于年销售额超过500万元，因此甲仪器仪表厂根据规定在申报期结束后20个工作日内办理了一般纳税人资格登记手续，且选择的一般纳税人资格生效之日为本年7月1日。

但由于该厂生产的产品为分析仪器，制造过程中人工成本比重较高、购进材料较少而导致抵扣的进项税额很少，同时其客户对增值税专用发票的需求量也不多。为此，企业老总张某认为一般纳税人身份加重了其增值税税负，经过所谓的“纳税筹划”，他于本年7月上旬注册成立了一个生产同类产品的小规模纳税人企业，原企业仍为一般纳税人。

从本年7月开始，张某分别以这两家企业的名义向主管税务机关进行纳税申报。本年7—9月，一般纳税人企业申报销售收入100万元，销项税额13万元（100×13%），进项税额11万元，缴纳增值税2万元（13−11）；小规模纳税人企业申报销售收入30万元，进项税额为0.5万元（小规模纳税人不能抵扣进项税），缴纳增值税0.9万元（30×3%），两个企业合计缴纳增值税2.9万元（2＋0.9）。而如果全部按一般纳税人企业计算，应纳增值税=（100＋30）×13%−11−0.5=5.4（万元），这样“纳税筹划”后会比全部作为一般纳税人少缴增值税2.5万元（5.4−2.9）；如果全部按小规模纳税人企业计算，应纳增值税＝（100＋30）×3%=3.9（万元），这样“纳税筹划”后会比全部作为小规模纳税人少缴增值税1万元（3.9−2.9）。张某自认为纳税筹划得非常成功，并且还常将所谓的“成功经验”传授给其他企业老总。

本年10月上旬，主管税务机关税源管理人员对张某的仪器仪表厂实施税源调查后发现，纳税筹划后的两个企业未能分别单独核算（而按规定，两个企业从材料购进到产品入库，再到销售均应独立核算，不仅一般纳税人企业要做到账证齐全、核算完整，而且小规模纳税人企业也应做到会计核算清晰）。这主要表现在：（1）在采购环节，张某指使财务人员将所有取得增值税专用发票的购进材料全部记入一般纳税人账上，使其进项税额全部从一般纳税人销项税额中抵扣，而所有取得增值税普通发票的购进材料全部记入小规模纳税人账上。但在领用环节，实际领用材料时并未按所属购入方去领用，造成核算混乱。（2）同样，在生产环节，两个企业的生产车间仍然合二为一，无法分清完工产品究竟是属于一般纳税人企业生产的还是属于小规模纳税人企业生产的。（3）在销售环节，两个企业对外都是用一般纳税人的名义洽谈业务，导致小规模纳税人销售产品时开具发票的发票联上有的也盖着一般纳税人的发票专用章，而发票记账联仍在小规模纳税人账上反映。

最终，税务部门据此认定张某企业的行为已经构成了偷（逃）税，并决定追缴增值税2.5万元，并处所偷（逃）税款1倍的罚款且加收滞纳金，同时对其在发票使用方面的违规问题也做出了处罚。

由此可见，上述案例弄巧成拙，存在着很大的纳税筹划风险，这是由于企业不懂得涉税零风险筹划所导致的。事实上，在对工业企业进行纳税筹划时，一般企业将不含税应税销售额与不含可抵扣进项税额的购进金额进行比较，当后者与前者的比例为76.92%[①]时，企业作为一般纳税人与小规模纳税人的增值税税负相等；低于76.92%，企业作为一般纳

① 参见本书表2−2。

税人的增值税税负就高于作为小规模纳税人的增值税税负。在这种情况下，通常的纳税筹划方法是通过从原企业分立出一个小规模纳税人，达到降低增值税税负的目的。但企业分立在形式上和实质上都必须是真实的，否则单纯为少缴税而弄虚作假，必然会给企业带来麻烦。如果确定要选择通过分立方式进行纳税筹划，那么有关管理措施必须到位，会计账目要清楚，会计核算要健全，业务流程要规范合理，纳税申报及税款缴纳要及时正确，而若只在形式上进行纳税筹划，但实质上未进行纳税筹划，同时配套管理措施不到位，则最终会产生税收风险。

任务三 纳税筹划与偷（逃）税、抗税、骗税的界定

一、偷（逃）税、抗税、骗税含义的认知

偷（逃）税[①]是指纳税人采取伪造、变造、隐藏、擅自销毁账簿、记账凭证，在账簿上多列支出，不列、少列收入，或者进行虚假纳税申报的手段，不缴或者少缴应纳税款的行为。

抗税是指纳税人以暴力、威胁手段拒不缴纳税款的行为。

骗税是指纳税人以假报出口，骗取国家出口退税款的行为。

二、偷（逃）税、抗税、骗税与纳税筹划的区别

1.性质不同

纳税筹划是在正确履行纳税义务的前提下进行的，它的特点是合法或不违法，而偷（逃）税、抗税、骗税通过非法手段将应税行为变为非应税行为，从而直接逃避纳税人自身的应税责任，是一种违法甚至犯罪行为，应该受到法律的制裁。

2.使用的手段不同

纳税筹划采取公开或相对公开的手段，不需要进行修饰和掩盖，以理财为手段来实现企业的财务目标。偷（逃）税、骗税采用隐蔽的手段达到少缴税款的目的，具有欺诈性。抗税采用暴力、威胁的手段，恶意触犯法律，必将受到法律的严惩。

3.承担责任不同

纳税筹划既然是一种合法或不违法行为，原则上不会承担法律责任，并理应受到国家法律的保护和认可。偷（逃）税、抗税、骗税是违法行为，一经查实，除要给予一定比例的经济处罚外，还要视情节轻重，决定是否追究刑事责任。

4.政府的态度不同

偷（逃）税、抗税、骗税行为具有故意性、欺诈性、违法性等特征，使国家税收遭受严重损失。政府对其持坚决的反对和抵制态度，并对此类行为有专门的处罚规定。而对纳税筹划，政府一般持提倡或鼓励态度。对于避税筹划，政府虽然持不提倡态度，但是相对于偷（逃）税、抗税、骗税行为来说，政府对其态度要宽松很多。

三、相关概念之间的比较

节税筹划、避税筹划、税负转嫁筹划、涉税零风险筹划与偷（逃）税、抗税、骗税的

---

① 从2009年2月28日起，《中华人民共和国刑法》用“逃避缴纳税款”的表述取代了原法律条文中“偷税”的表述。但《中华人民共和国税收征收管理法》仍使用“偷税”一词。

比较见表1-1。

表1-1 节税筹划、避税筹划、税负转嫁筹划、涉税零风险筹划与偷（逃）税、抗税、骗税的比较一览表

比较点＼类别	节税筹划	避税筹划	税负转嫁筹划	涉税零风险筹划	偷（逃）税、抗税、骗税
法律性质	合法	非违法	纯经济活动	合法	违法
政府态度	提倡	不提倡	中立	鼓励	反对和抵制
风险性	低风险	风险较高	多因素风险性	几乎零风险	高风险
实施手段	主要利用税收优惠政策或选择机会	主要利用税法漏洞	调整产品价格	正确进行纳税申报，及时、足额纳税	利用非法手段
立法意图	体现	违背	不相关	顺应	违反
经济影响	促进经济良性发展	影响以至破坏市场规则	有利于企业间的竞争	有利于形成良好的税收征纳环境	违背公平竞争原则，破坏经济秩序

任务四 纳税筹划的层次划分

一、企业具体业务纳税筹划的层次

对于企业具体的某项业务而言，按对其进行纳税筹划的时机，可将纳税筹划分为事前筹划、事中筹划和事后筹划三大层次。事前筹划的层次最高，事中筹划次之，事后筹划的层次最低。下面通过两个典故进行分析：

典故一：扁鹊来到了齐国，蔡桓公听说他名声很大，便宴请他。扁鹏见到蔡桓公以后说："君王有病，就在肌肤之间，不治会加重的。"蔡桓公不相信，并且不高兴。五天后，扁鹊又去见他，说道："大王的病已到了血脉，不治会加深的。"蔡桓公仍不信，而且更加不高兴了。又过了五天，扁鹊又见到蔡桓公时说："病已到肠胃，不治会更重。"蔡桓公十分生气，他不喜欢别人说他有病。五天又过去了，这次，扁鹊一见到蔡桓公，就赶快避开了。蔡桓公十分纳闷，就派人去问。扁鹊说："病在肌肤纹理之间时，可用汤熨的力量治愈；在肌肉和皮肤里，可用针刺、砭石的方法达到治疗效果；在肠胃里时，借助清火的汤剂的力量也能治疗；可病到了骨髓，就无法治疗了。现在大王的病已在骨髓，我无能为力了。"果然，五天后，蔡桓公身患重病，忙派人去找扁鹊，而扁鹊已经走了。不久，蔡桓公就病死了。

典故二：魏文王曾求教于扁鹊："你们家兄弟三人，都精于医术，谁是医术最好的呢？"扁鹊："大哥最好，二哥差些，我是三人中最差的一个。"魏文王不解地说："请你介绍得详细些。"扁鹊解释说："大哥治病，是在病情发作之前，那时候病人自己还不觉得有病，但大哥就下药铲除了病根，这使他的医术难以被人认可，所以没有名气，只是在我们家中被推崇备至。二哥治病，是在病初起之时，症状尚不十分明显，病人也没有觉得痛苦，就能药到病除，这使乡里人都认为二哥只是治小病很灵。我治病，都是在病情十分严

重之时，病人痛苦万分，病人家属心急如焚。此时，他们看到我在经脉上穿刺，用针放血，或在患处敷以毒药以毒攻毒，或动大手术直指病灶，使重病之人的病情得到缓解或很快被治愈，所以我名闻天下。”魏文王大悟。这良医治未病的故事，说的就是扁鹊的大哥。

上述典故说明了“防患于未然”的道理，这对于纳税筹划而言也是一样，事后筹划不如事中筹划，事中筹划不如事前筹划。可惜大多数企业的决策者均未能认识到这一点，等到企业相关业务已经发生了，与之相关的税负及纳税风险也已经产生了，才寻求弥补，弥补得好则声名鹊起，但更多的时候是亡羊补牢，“为时已晚”。下面通过一个案例来说明。

任务案例1-5 甲高档化妆品生产企业由于不重视事前筹划，存在着很大的纳税风险，该公司生产高档化妆品的成本（含原材料、员工工资、制造费用等）为65元/件。本年6月新上任老总召集销售部开营销动员大会，却未召集财务人员参加。会议上老总制订了营销方案，并给出奖励措施：从本年7月起，若以100元/件的不含增值税出厂价销售，则销售人员可得2元/件的提成，若以105元/件的不含增值税出厂价销售，则销售人员可得5元/件的提成。结果，本年7月销售人员以100元/件的不含增值税价格销售了100万件，以105元/件的不含增值税价格销售了50万件。共耗费其他相关费用为3 000万元。

下面对此案例进行分析，由于老总不事先测算税负，结果导致产生了很大的纳税风险。假设不考虑增值税，该公司收入总额=100×100＋105×50=15 250（万元），成本总额=（100＋50）×65=9 750（万元），相关费用=3 000万元，营销人员提成工资额=2×100＋5×50=450（万元），消费税=15 250×15%=2 287.5（万元），城建税及教育费附加=2 287.5×（7%＋3%）=228.75（万元），利润总额=15 250−9 750−3 000−450−2 287.5−228.75=−466.25（万元）。这样就出现了销售越多亏损越大的情况，这就是未进行事前纳税筹划（事先测算税负）产生的后果，它属于典型的事后筹划。而若公司在上述营销方案实施的初期阶段发现出现了亏损，该企业老总便马上停止继续执行该方案，立即让财务人员测算税负及利润，并重新制订定价方案，则会避免更大的损失，这就是事中纳税筹划。而若该企业老总懂得事先纳税筹划，便会在召开营销动员大会时，就让财务人员参加，财务人员在测算后发现该方案会产生损失，便会马上反馈给老总，然后老总重新制订合理的营销定价方案，就不会出现上述损失，这就是事前纳税筹划。由此可见，事前筹划是最高层次的纳税筹划，事中筹划次之，事后筹划的层次最低。

二、企业整体纳税筹划的层次

对企业整体而言，按对其进行纳税筹划的时间段，仍然可将其分为事先筹划、事中筹划和事后筹划三大层次。但与具体业务纳税筹划的三大层次不同，企业整体纳税筹划的三大层次无所谓层次高低，都是非常重要的。这主要体现在以下几点：

第一，从企业生命周期来看，它是由企业的设立、筹资、投资、采购、生产、销售、利润分配、产权重组等多个环节组成。各个环节层层递进，相互依存，相互影响，周而复始，都不是孤立存在的。对各个环节而言，纳税筹划的事前、事中和事后是相对而言的。从整体上看，纳税筹划融于各个环节之中，一个环节的事后筹划有可能是另一个环节的事前筹划，因此无论事前筹划、事中筹划，还是事后筹划都是十分重要的。

第二，从企业税种的纳税次序来看，企业各税种的缴纳有一定的先后顺序。对前一个税种的纳税筹划，相对于后一个税种来说是事前筹划；反过来看，对后一个税种的纳税筹划，同时又是对前一个税种的事后筹划。以房地产企业为例，其纳税顺序主要分为三个层面：首先，在拿地时，要缴纳契税；其次，在销售时，要缴纳增值税、城建税、教育费附加、印花税，并预缴土地增值税，在清算时，要补缴土地增值税；最后，还要计算应纳税所得额，来缴纳企业所得税。以其中的土地增值税和企业所得税为例，对土地增值税的筹划是对企业所得税的事前筹划，而对企业所得税的筹划又是对土地增值税的事后筹划，而这两种纳税筹划都是十分重要的。

第三，从纳税筹划自身环节来看，纳税筹划本身是一个系统全面的工作。从对纳税筹划的涉税情况调查分析到纳税筹划方案的提出（事前筹划），从纳税筹划方案的实行到纳税筹划方案的实行过程中对其不断监督、调整及修正（事中筹划），从对纳税筹划结果的评价到纳税筹划经验和教训的总结和反馈（事后筹划），无不反映了纳税筹划的系统性。而无论是事前筹划、事中筹划，还是事后筹划，都是纳税筹划密不可分的组成环节，忽视任何一个环节都可能导致纳税筹划的最终失败。因此事前筹划、事中筹划、事后筹划都是非常重要的。

第四，从纳税筹划的对象来看，纳税筹划的对象具有复杂性，且是经常发展变化的。根据上文可知，产品材料采购的纳税筹划相对于产品生产来说是事前筹划；而产品生产的纳税筹划相对于产品材料的采购来说又是事后筹划，但同时，相对于产品销售来说又是事前筹划；同样，产品销售的纳税筹划相对于产品生产来说又是事后筹划。但是，与此同时，某批产品在生产的同时，下一批产品有可能正在销售或者是正开始购进材料，这样，纳税筹划的对象存在着并行交叉的情况。事前筹划、事中筹划、事后筹划又有可能同时存在，相互并行。

以上这些都说明：事前筹划、事中筹划、事后筹划是一个整体，环环相扣，缺一不可。总之，对企业整体而言，纳税筹划的三大层次（即事前筹划、事中筹划和事后筹划）是一个系统工程，需要在全面考虑的同时，抓住重点进行筹划。

任务案例1-6 甲白酒生产企业税负较重，该企业老板不懂税收，本年他把财务部纳税筹划人员分为两组：一组负责对增值税、消费税进行纳税筹划；另一组负责对企业所得税以及其他税种进行纳税筹划。并以各组的节税额作为年终考核的标准，即按节税额的10%作为奖金。结果第一组本年主要对白酒消费税进行纳税筹划，使消费税税负由原来的1 000万元降低至800万元，节税效果明显，第一组获得奖金额20万元（（1 000-800）×10%）；而第二组在对企业所得税进行纳税筹划时仅节税100万元，第二组获得奖金额10万元（100×10%）。后来第二组对分配方案不满，于是找老板说理：第一组节省消费税200万元，必然会使利润增加200万元，这样企业所得税会增加50万元（200×25%），也就是说第一组消费税节税越多，则会使第二组企业所得税税负增加得越多（企业所得税税负增加额为消费税节税额的25%）。最后老板明白了这个关系，从此以后便改变了激励分配方案。事实上，消费税纳税筹划作为企业所得税的事前纳税筹划，不能与企业所得税纳税筹划割裂开来。进一步说，消费税的纳税筹划甚至可以作为企业所得税纳税筹划的一个组成部分。同时，企业所得税的纳税筹划作为消费税的事后纳税筹划，在筹划过程中又会发现消费税纳税筹划过程中存在的问题。这两种税的纳税筹划相互融合，相互补充，无层次高低之分，不能将其割裂开来，都是非常重要的。

任务五 纳税筹划的方法认知

纳税筹划的方法总的来说可以分为七种：一是降低计税依据；二是降低适用税率；三是加大可抵扣税额；四是直接减免税款；五是延迟纳税时间；六是规避或转换纳税义务；七是防范纳税风险。

一、降低计税依据

计税依据，是指纳税人计算应纳税额的依据。在一般情况下，由于应纳税额=计税依据×税率，因此，在税率确定的情况下，降低计税依据，就会导致应纳税额的降低。降低计税依据是纳税筹划最基本的方法。由于各个税种的计税依据不尽相同，因此，纳税人需要研究各个税种计税依据的不同税法规定，通过各种不同的方法来降低计税依据，从而降低企业税负。下面通过一个案例来说明：

任务案例1-7 甲酒厂生产药酒，出厂销售给中间商的价格是2 500元/箱（不含增值税），直接零售给消费者的价格为3 000元/箱（不含增值税）。本年预计零售户直接到甲酒厂购买药酒约1 000箱。药酒属于其他酒，其消费税比例税率为10%。

【任务要求】请对上述业务进行纳税筹划。

【税法依据】根据《中华人民共和国消费税暂行条例》、《财政部 国家税务总局关于调整金银首饰消费税纳税环节有关问题的通知》（财税字〔1994〕95号）、《关于调整烟产品消费税政策的通知》（财税〔2009〕84号）的规定，消费税纳税义务发生在生产环节（含生产、委托加工环节以及进口环节），而在以后流通环节及消费环节（包含批发、零售等环节），便不再缴纳消费税了（金银首饰、卷烟除外）。

【筹划思路】企业应当设立销售公司作为独立的法人，先以较低但合理的价格将应税消费品销售给该销售公司，则消费税以此较低的销售额作为计税依据，从而降低了应纳消费税税额；然后，该销售公司再以较高的价格对外零售，该环节只缴纳增值税，不再缴纳消费税。这样会使消费税税负下降，而增值税税负保持不变。

【筹划过程】

方案一：甲酒厂直接零售给消费者。

应纳消费税=3 000×1 000×10%=300 000（元）

方案二：甲酒厂设立一个独立核算的销售公司，先将产品以2 500元/箱的价格出售给该销售公司，然后，该销售公司再以3 000元/箱的价格零售给消费者。

应纳消费税=2 500×1 000×10%=250 000（元）

【筹划结论】方案二比方案一少缴纳消费税50 000元（300 000−250 000），因此，应当选择方案二。

【任务点评】当然，设立独立核算的销售公司，必然增加部分支出，企业需要比较降低的税负与增加的支出，最终做出正确的决策。

二、降低适用税率

类似于第一种方法，降低适用税率是在存在不同税率的前提下，运用一定的方法选择适用相对较低的税率，从而降低应纳税额的方法。选择该方法的前提条件是存在税率差异以及存在选择的机会。下面通过一个案例来说明：

任务案例1-8 A运输公司共有两个相对独立的运输车队，预计本年全年应纳税所得额为198万元，但这两个运输车队各自的应纳税所得额恰好都为99万元，从业人数各为50人，资产总额各为600万元。

【任务要求】 请对上述业务进行纳税筹划。

【税法依据】 自2019年1月1日至2021年12月31日，对小型微利企业年应纳税所得额不超过100万元的部分，减按25%计入应纳税所得额，按20%的税率缴纳企业所得税；对年应纳税所得额超过100万元但不超过300万元的部分，减按50%计入应纳税所得额，按20%的税率缴纳企业所得税。上述小型微利企业是指从事国家非限制和禁止行业，且同时符合年度应纳税所得额不超过300万元、从业人数不超过300人、资产总额不超过5 000万元等三个条件的企业。

从业人数，包括与企业建立劳动关系的职工人数和企业接受的劳务派遣用工人数。所称从业人数和资产总额指标，应按企业全年的季度平均值确定。具体计算公式如下：

季度平均值=（季初值+季末值）÷2

全年季度平均值=全年各季度平均值之和÷4

年度中间开业或者终止经营活动的，以其实际经营期作为一个纳税年度确定上述相关指标。

【筹划思路】 若小型微利企业的年应纳税所得额超过100万元，可将企业分立为两个或者两个以上的企业，以享受年应纳税所得额不超过100万元的企业所得税税收优惠政策。

【筹划过程】

方案一：保持一个公司形态。

应纳企业所得税=100×25%×20%+（198−100）×50%×20%=14.8（万元）

方案二：将A运输公司按照运输车队分立为两个独立的小运输公司甲和乙。

甲公司应纳企业所得税=99×25%×20%=4.95（万元）

乙公司应纳企业所得税=99×25%×20%=4.95（万元）

整个集团共应纳企业所得税=4.95+4.95=9.9（万元）

【筹划结论】 方案二比方案一少缴纳企业所得税4.9万元（14.8−9.9），因此，应当选择方案二。

【任务点评】 A运输公司按照运输车队分立为两个独立的公司，必然要耗费一定的费用，也有可能会影响正常的经营，也不利于今后规模的扩大，因此需要权衡利弊。

三、加大可抵扣税额

加大可抵扣税额就相当于抵减了纳税人应当缴纳的税款。可抵扣的税额包括：在计算应纳增值税时，准予抵扣进项税额；在计算特定应税消费品应纳的消费税时，对于以前环节（外购环节或委托加工环节）缴纳的税款在税法规定的范围内准予扣除；在计算缴纳企业所得税时，准许纳税人弥补以前年度（5年内）发生的亏损、自己分公司发生的亏损等，从而相当于变相抵扣了税额；在计算缴纳企业所得税时，企业取得的来源于中国境外的应税所得已在境外缴纳的所得税税额，可以从其当期应纳税额中抵免，抵免限额为该项所得依照企业所得税法规定计算的应纳税额，超过抵免限额的部分，可以在以后5个年度内，用每年度抵免限额抵免当年应抵税额后的余额进行抵补。下面通过一个案例来说明：

任务案例1-9 甲公司欲在外地设立分支机构乙公司，预计本年乙公司亏损100万元，甲公司盈利200万元。

【任务要求】请对上述业务进行纳税筹划。

【税法依据】《中华人民共和国企业所得税法》《以下简称《企业所得税法》》第五十条规定：除税收法律、行政法规另有规定外，居民企业以企业登记注册地为纳税地点；但登记注册地在境外的，以实际管理机构所在地为纳税地点。居民企业在中国境内设立不具有法人资格的营业机构的，应当汇总计算并缴纳企业所得税。第五十二条规定：除国务院另有规定外，企业之间不得合并缴纳企业所得税。

【筹划思路】根据上述规定可知，子公司具有法人资格，其企业登记注册地为企业所得税纳税地点；分公司不具有法人资格，企业所得税由其总公司汇总缴纳。

企业在打算新设立分支机构的时候，应当根据对盈利的预测来选择设立子公司或分公司，一般情况下，新设立的分支机构在设立之初不会盈利，处于亏损状态，因此，选择设立分公司为好。

【筹划过程】

方案一：将乙公司设立为子公司。

甲公司应纳企业所得税=200×25%=50（万元）

乙公司不纳税，其亏损额100万元在以后5个年度内税前弥补。

方案二：将乙公司设立为分公司。

此时，乙公司汇总到甲公司统一缴纳企业所得税。

整个集团应纳企业所得税=（200-100）×25%=25（万元）

【筹划结论】方案二比方案一少缴纳企业所得税25万元（50-25），因此，应当选择方案二。

【任务点评】方案二下，当年少缴的税金虽然以后一般情况下还是要上缴，但却延迟了纳税时间，充分利用了资金的时间价值。然而分公司与子公司相比有较小的独立经营和决策的权力，使得在一些重要合同的签订、决策的制定上有赖于总公司，将会对其资本流动及运营带来很多不利的影响。同时，分公司的经营风险要由总公司承担，这对总公司又会产生不利影响。

四、直接减免税款

直接减免税款主要是指企业通过利用相关减免税的税收优惠政策，直接对企业税负进行减免。下面通过一个案例来说明：

任务案例1-10 本年年初，甲农场在种植蔬菜以外，计划增加种植项目，经过考察，最终决定在种植水果还是种植茶叶之中选择一个。假设种植水果或种植茶叶均能实现利润300万元，且无纳税调整项目。

【任务要求】请对上述业务进行纳税筹划。

【税法依据】《中华人民共和国企业所得税法实施条例》第八十六条规定：企业从事农、林、牧、渔业项目的所得，可以免征、减征企业所得税，是指：

（一）企业从事下列项目的所得，免征企业所得税：

1.蔬菜、谷物、薯类、油料、豆类、棉花、麻类、糖料、水果、坚果的种植；

2.农作物新品种的选育；

3. 中药材的种植；
4. 林木的培育和种植；
5. 牲畜、家禽的饲养；
6. 林产品的采集；
7. 灌溉、农产品初加工、兽医、农技推广、农机作业和维修等农、林、牧、渔服务业项目；
8. 远洋捕捞。

（二）企业从事下列项目的所得，减半征收企业所得税：

1. 花卉、茶以及其他饮料作物和香料作物的种植；
2. 海水养殖、内陆养殖。

【筹划思路】税法中的各种优惠政策反映了国家的政策导向，是国家鼓励和倡导的，企业可以充分利用各种优惠进行纳税筹划，不仅有利于企业，而且有利于国家。

【筹划过程】

方案一：选择种植茶叶。

种植茶叶的所得可以减半征收企业所得税。

当年应纳企业所得税=300×25%÷2=37.5（万元）

方案二：选择种植水果。

免征企业所得税。

【筹划结论】方案二比方案一少缴纳企业所得税37.5万元（37.5−0），因此，应当选择方案二。

【任务点评】当然，具体种植什么项目，要看自身的具体情况，不能单纯根据税负大小这一因素来做出选择。

五、延迟纳税时间

延迟纳税时间，属于相对节税的方法，延迟纳税时间的方法有很多，但基本思路可以归结为：一是尽量推迟确认收入；二是尽早确认成本和费用。下面通过一个案例来说明：

任务案例1-11 甲公司为增值税一般纳税人，本年10月发生销售业务3笔，应收货款共计2 000万元（不含税价）。其中，第1笔收入为800万元，货款两清；第2笔收入为500万元，两年后一次性收款；第3笔收入为700万元，一年后收款300万元，余款400万元两年后结清。甲公司销售货物适用的增值税税率为13%。

【任务要求】请对上述业务进行纳税筹划。

【税法依据】《中华人民共和国增值税暂行条例实施细则》第三十八条规定，采取赊销和分期收款方式销售货物的，纳税义务发生时间为书面合同约定的收款日期的当天，无书面合同的或者书面合同没有约定收款日期的，纳税义务发生时间为货物发出的当天。

【筹划思路】企业在产品销售过程中，纳税义务发生时间在货款一时无法收回或部分无法收回的情况下，可选择赊销或分期收款结算方式，避免垫付税款。这相当于获得了一笔无息银行贷款，充分利用了资金的时间价值。

【筹划过程】

方案一：未签订赊销或分期收款合同，则税务机关推定为直接收款方式。

本期增值税销项税额=2 000×13%=260（万元）

方案二：采取赊销和分期收款结算方式，通过签订赊销或分期收款合同，在合同中明确收款日期来实现。

本期增值税销项税额=800×13%=104（万元）

根据合同约定，一年后收入300万元，则：

一年后增值税销项税额=300×13%=39（万元）

根据合同约定，两年后收入900万元（500+400），则：

两年后增值税销项税额=（500+400）×13%=117（万元）

【筹划结论】方案二比方案一本期少缴纳增值税156万元（260−104），因此，应当选择方案二。

【任务点评】虽然这156万元的税款以后期间要缴清，但却延迟了纳税时间，充分利用了资金的时间价值。

六、规避或转换纳税义务

这主要是指企业通过改变生产流程或经营方向，一方面，可以规避纳税义务，即经过纳税筹划，将某种税的纳税义务人变为该种税的非纳税义务人；另一方面，可以转换纳税义务，即由缴纳一种税转换为缴纳另一种税。下面通过一个案例来说明：

任务案例1-12 张某本年欲成立一家皮鞋商场。现有两种方案可供选择。方案一：成立个人独资企业，每年利润总额（应纳税所得额）为900 000元，且将利润全部分配（假设张某分得的利润恰好等于其计算经营所得个人所得税的应纳税所得额）。方案二：成立一人有限责任公司，每年利润总额为900 000元，没有企业所得税纳税调整项目（则应纳税所得额=利润总额），符合小型微利企业条件，且税后利润提取法定盈余公积后全部分配给股东张某。

【任务要求】请对上述业务进行纳税筹划。

【税法依据】具有法人资格的企业（股份有限公司、有限责任公司）需要缴纳25%的企业所得税，个人股东从股份有限公司和有限责任公司分配的税后利润需要按照“利息、股息、红利所得”缴纳20%的个人所得税。不具有法人资格的企业（个体工商户、个人独资企业、合伙企业）不需要缴纳企业所得税，个人通过在中国境内注册登记的个体工商户、个人独资企业、合伙企业从事生产、经营活动取得的所得按照“经营所得”缴纳个人所得税。

经营所得个人所得税的税率表见表1-2。

表1-2 经营所得个人所得税的税率表

级数	全年应纳税所得额	税率（%）	速算扣除数
1	不超过30 000元的	5	0
2	超过30 000元至90 000元的部分	10	1 500
3	超过90 000元至300 000元的部分	20	10 500
4	超过300 000元至500 000元的部分	30	40 500
5	超过500 000元的部分	35	65 500

自2019年1月1日至2021年12月31日，对小型微利企业年应纳税所得额不超过100万元的部分，减按25%计入应纳税所得额，按20%的税率缴纳企业所得税；对年应纳税所得额超过100万元但不超过300万元的部分，减按50%计入应纳税所得额，按20%的税

率缴纳企业所得税。上述小型微利企业是指从事国家非限制和禁止行业，且同时符合年度应纳税所得额不超过300万元、从业人数不超过300人、资产总额不超过5 000万元等三个条件的企业。

从业人数，包括与企业建立劳动关系的职工人数和企业接受的劳务派遣用工人数。所称从业人数和资产总额指标，应按企业全年的季度平均值确定。具体计算公式如下：

季度平均值=（季初值+季末值）÷2

全年季度平均值=全年各季度平均值之和÷4

年度中间开业或者终止经营活动的，以其实际经营期作为一个纳税年度确定上述相关指标。①

【筹划思路】企业可以通过计算不同组织形式下其整体税负的大小，来选择整体税负最小的企业组织形式。

【筹划过程】

方案一：成立个人独资企业，每年利润总额（应纳税所得额）为900 000元，且将利润全部分配。

投资者张某“经营所得”应纳个人所得税总额=900 000×35%−65 500=249 500（元）

应纳税额合计=249 500（元）

方案二：成立一人有限责任公司，每年利润总额为900 000元，没有企业所得税纳税调整项目（则应纳税所得额=利润总额），符合小型微利企业条件，且税后利润提取法定盈余公积后全部分配给股东张某。

有限责任公司应纳企业所得税=900 000×25%×20%=45 000（元）

有限责任公司税后利润=900 000−45 000=855 000（元）

有限责任公司提取的法定盈余公积=855 000×10%=85 500（元）

有限责任公司向股东张某分配的利润合计=855 000−85 500=769 500（元）

股东张某“利息、股息、红利所得”应纳个人所得税总额=769 500×20%=153 900（元）

应纳税额合计=45 000+153 900=198 900（元）

【筹划结论】方案二比方案一少缴税合计50 600元（249 500−198 900），因此应当选择方案二。

【任务点评】成立具有法人资格的企业（股份有限公司、有限责任公司），而非成立不具有法人资格的企业（个体工商户、个人独资企业、合伙企业）的优势在于：一是成立具有法人资格的企业有利于扩大单位的经营规模和长期发展；二是具有法人资格的企业股东以其所认缴的出资额对公司承担有限责任，公司以其全部资产对其债务承担责任，而不具有法人资格的企业的投资人以其个人财产对企业债务承担无限责任；三是若成立具有法人资格的企业且满足小型微利企业的条件，则可适用较低的企业所得税税率。

七、防范纳税风险

根据前文所述，企业纳税风险最小化是纳税筹划的目标之一，防范纳税风险优化设计又是纳税筹划含义的第二个层面。通过纳税筹划，合理合法地纳税，尽最大努力遵守税收法律法规的规定，从而最大限度地降低纳税风险，使企业平稳、健康地发展，有利于建立和谐的税收征纳关系，达到企业与国家的双赢。因此，把防范纳税风险作为纳税筹划的一大方法是非常重要和必要的。下面通过一个案例来说明：

---

① 如果未明确说明，本书例题中的企业均不符合小型微利企业的条件。

任务案例1-13 本年7月至12月，甲公司将一办公大楼对外出租，租金共计1 090万元（含增值税，本例下同），年应纳房产税120万元（1 090÷（1+9%）×12%）。若经纳税筹划，将该1 090万元租金分成两部分：房屋租金545万元，物业管理费545万元。结果年应纳房产税60万元（545÷（1+9%）×12%）。比原方案节税60万元（120−60）。这是当前纳税筹划咨询过程中财税咨询机构给出的较为常用的房产税纳税筹划方案，很多企业也正在实践中应用。

但该纳税筹划方案属于本书前面所称的避税筹划，这其中有很大的税收风险，因此操作不当可能被以“偷（逃）税”处理。如果在主管税务机关进行税务检查时，按该地同期正常收费水平及房产面积测算，应当收取物业管理费109万元。这样最终有可能被税务机关以“偷（逃）税”论处，并对其给予补税、加收滞纳金罚款等处理。而若企业在对此进行纳税筹划时，做到合法、合理，则可将原1 090万元的租金收入拆分为房屋租金981万元，物业管理费109万元，则年应纳房产税为108万元（981÷（1+9%）×12%），仍比未进行纳税筹划前的原方案节税12万元（120−108）。可见纳税筹划时不要贪心，因为贪多必败，要在合法、合理的前提下，在防范纳税风险的同时，取得稳妥的节税收益。因此，纳税筹划中的防范纳税风险的思想和方法是十分重要的。

任务六 纳税筹划的目标分析

一、纳税筹划目标种类的认知

纳税筹划的目标，是指企业通过纳税筹划所希望达到的结果。对纳税筹划进行准确的目标定位，直接关系到纳税筹划的成败。纳税筹划的目标从不同的角度可以分为以下几种：

1.实现税负最小化

纳税人对减轻自身税负的追求，是纳税筹划产生的最初原因。但随着现代财务理念的发展，人们发现纳税筹划单纯地以实现税负最小化为目标存在很多缺陷，主要表现在：第一，它没有考虑纳税筹划方案对相关收入和成本的影响，容易导致决策的片面性。若减少的税负是以减少更多的收入或增加更多成本为代价，则结果是得不偿失的。第二，它没有考虑货币时间价值。不同纳税筹划方案下相关收益的流入或成本的流出可能发生在不同的时点，在不同时点的现金流量的现值是不同的，而税负最小化没有考虑时间价值因素，这在纳税筹划方案涉及长期决策的时候很可能出现失误。第三，它没有考虑相关的风险。不同的纳税筹划方案所面临的风险往往是不同的，有的方案可能实现比较低的税负，但是要实现低税负可能要面对很多不确定的负面因素，在这种情况下，仅仅考虑税负的高低是无法做出正确决策的。

因此，纳税筹划以税负最小化为目标具有很大的缺陷，甚至会将企业的纳税筹划引入误区。当然，减少税负是纳税筹划最直接的动机，也是纳税筹划兴起与发展的直接原因，没有节税动机，也就不可能会有纳税筹划。

2.实现税后利润最大化

税后利润最大化目标，可以克服税负最小化目标的第一个缺陷，即克服没有考虑相关的收入和成本的缺陷。税后利润最大化目标在当今的理论和实务界比较流行。这种观点认为，由于“税后利润=收入−成本−税金”，要实现税后利润最大化，就要追求在收入增加、成本减少的同时，尽可能地减少税金的缴纳，使收入减去成本再减去税金后的值即税后利润最大。但是这一目标的提出，仍然没有解决时间价值和风险计量等问题，在纳税筹划方案涉及不同期间的现金流量时有可能导致决策失误。它容易导致企业只注重对本年度利润的追求，造成纳税筹划的短期行为，不能兼顾企业的长远发展。当然，在一年以内的短期纳税筹划决策中，税后利润最大化目标一般是能够胜任对纳税筹划方案的选择和评价的。

项目引例解析

1.采用以实现税负最小化为目标下的税负最小化法。

方案一：从一般纳税人甲公司购买。

应纳增值税=20 000÷（1+13%）×13%-12 000÷（1+13%）×13%=920.35（元）

应纳城建税和教育费附加=920.35×（7%+3%）=92.04（元）

应纳税额合计=920.35+92.04=1 012.39（元）

方案二：从小规模纳税人乙公司购买。

应纳增值税=20 000÷（1+13%）×13%-11 000÷（1+3%）×3%=1 980.50（元）

应纳城建税和教育费附加=1 980.50×（7%+3%）=198.05（元）

应纳税额合计=1 980.50+198.05=2 178.55（元）

方案三：从小规模纳税人丙公司购买。

应纳增值税=20 000÷（1+13%）×13%=2 300.88（元）

应纳城建税和教育费附加=2 300.88×（7%+3%）=230.09（元）

应纳税额合计=2 300.88+230.09=2 530.97（元）

可见，若采用税负最小化法，方案一税负最小，因此方案一为最优方案，其次是方案二，最后是方案三。

2.采用以实现税后利润（净利润）最大化为目标下的净利润法。

方案一：从一般纳税人甲公司购买。

净利润={20 000÷（1+13%）-12 000÷（1+13%）-2 000-［20 000÷（1+13%）×13%-12 000÷（1+13%）×13%］×（7%+3%）}×（1-25%）=3 740.71（元）

方案二：从小规模纳税人乙公司购买。

净利润={20 000÷（1+13%）-11 000÷（1+3%）-2 000-［20 000÷（1+13%）×13%-11 000÷（1+3%）×3%］×（7%+3%）}×（1-25%）=3 616.09（元）

方案三：从小规模纳税人丙公司购买。

净利润=［20 000÷（1+13%）-10 000-2 000-20 000÷（1+13%）×13%×（7%+3%）］×（1-25%）
=4 101.77（元）

可见，若采用净利润法，方案三净利润最大，因此方案三为最优方案，其次是方案一，最后是方案二。

通过“项目引例解析”的比较可以看出，两种纳税筹划目标下的筹划结论是不一致的。由于税负最小的情况未必使得税后利润最大，因此相对于实现税负最小化的纳税筹划目标来说，实现税后利润最大化的纳税筹划目标更加优越。

3.获取资金时间价值最大化

资金是有时间价值的，企业通过一定的手段将本期应该缴纳的税款延期缴纳，以获取资金的时间价值，也是纳税筹划的目的之一。虽然这笔税款迟早是要缴纳的，但本期无偿占用这笔资金就相当于从财政部门获得了一笔无息贷款，并且这笔无息贷款不存在财务风险。然而，获取资金时间价值最大化是在应缴税金一定的情况下进行的，企业不能单纯地为了获取资金时间价值最大化而最大限度地晚缴税金，应在少缴和晚缴之间进行合理的选择。

4. 实现纳税风险最小化

实现纳税风险最小化虽然不一定能够直接获取税收上的好处，但却能间接地获取一定的经济利益，主要表现在：第一，实现纳税风险最小化可以使纳税人不至于遭受税务机关的经济处罚，避免发生不必要的经济损失。第二，实现纳税风险最小化可以避免企业发生不必要的名誉损失，使企业的品牌和产品更容易为消费者所接受，从而有利于企业的生产经营。第三，实现纳税风险最小化主要是通过达到涉税零风险这一状态来实现的。涉税零风险状态可以使企业账目更加清楚，使得管理更加有条不紊，有利于企业控制成本费用，也有利于企业的长远发展与规模扩大。

5. 实现企业价值最大化

这种观点认为，纳税筹划属于财务管理范畴，纳税筹划的目标应与财务管理的目标相一致。现代财务理论基本上确立了以企业价值最大化作为财务管理的目标，企业的内在价值，应当是未来企业能够创造的现金净流量的现值，是对未来现金流入和流出、现金流量的时间价值和风险综合评价的结果。将企业价值最大化作为纳税筹划的目标，可以弥补税负最小化和税后利润最大化目标的缺陷，能够综合考虑纳税筹划方案引起的相关的收益和成本以及时间价值和风险因素，因此不失为一种理想的目标定位。企业价值最大化目标在纳税筹划中的主要应用是在长期纳税筹划方案的决策中引入净现值法，即计算长期纳税筹划方案可能带来的相关现金流量的净现值，并以此作为评价纳税筹划方案优劣的依据。由于计算净现值时采用的折现率往往既考虑了时间价值因素也考虑了风险因素，因此可以帮助决策者更为准确地做出判断。当然这一目标同样也存在缺陷，主要是在实际运用中，一是在计算纳税筹划方案带来的净现值时，如何确定折现率，即如何准确计量纳税筹划方案的时间价值因素；二是如何确定风险因素的影响，是采用风险调整贴现率法还是调整现金流量法，这都是当今财务理论很难解决的课题，也将成为制约企业价值最大化目标和净现值法在纳税筹划实践中应用的因素。

二、不同纳税筹划目标之间的关系认知

企业纳税筹划的目标，在不同的纳税筹划项目中有不同的运用。企业在进行纳税筹划时应注意纳税筹划目标相互之间的联系。企业价值最大化目标是纳税筹划中的最高目标，是企业长期发展必须关注的目标，在很多时候应该包含其他几个目标。在具体的纳税筹划中，如果企业在实现其他几个目标的过程中违背了企业价值最大化的目标，那么也就违背了企业的长远发展规划，该项纳税筹划方案应该进行修正。事实上，纳税筹划决策的长期目标重点在于通过降低企业的纳税负担和纳税风险，来保证企业持续安全地盈利，最终实现企业价值最大化。

然而，值得注意的是，企业价值最大化目标在实际的计量中有一定的局限性。因此，可以把企业价值最大化作为最高目标，而在具体纳税筹划实务中，更多地应体现为其他几个目标。

任务七 纳税筹划的步骤梳理

一、收集纳税筹划必需的信息

1.企业涉税情况与需求分析

不同企业的基本情况及纳税要求有所不同，在实施纳税筹划活动时，首先要了解企业的以下基本情况：企业组织形式、筹划主体的意图、经营状况、财务状况、投资意向、管理层对风险的态度、企业的需求和目标等。其中，筹划主体的意图是纳税筹划中最根本的部分，是纳税筹划活动的出发点。

2.企业相关税收政策与环境分析

企业在着手进行纳税筹划方案设计之前，都应该对企业相关的财税政策和法规进行梳理、整理和归类。全面了解与企业相关的行业、部门税收政策，理解和掌握国家税收政策及精神，争取税务机关的帮助与合作，这对于成功实施纳税筹划尤为重要。如果有条件，最好建立企业税收信息资源库，以备使用。同时，企业必须了解政府的相关涉税行为，就政府对纳税筹划方案可能的行为反应做出合理的预期，以增强筹划成功的可能性。这方面的信息包括：政府对纳税筹划中可能涉及的避税活动的态度、政府反避税的主要法规和措施以及政府反避税的运作规程等。

二、确定纳税筹划的具体目标

根据前文所述，纳税筹划的最终目标是企业价值最大化。而对上面已经收集的信息进行分析后，便可以确定纳税筹划的各个具体目标，并以此为基准来设计纳税筹划方案。纳税筹划具体目标主要有：实现税负最小化；实现税后利润最大化；获取资金时间价值最大化；实现纳税风险最小化。

三、设计备选的纳税筹划方案

在掌握相关信息和确立目标之后，纳税筹划的决策者可以着手设计纳税筹划的具体方案，关注角度不同，具体方案就可能存在差异，因此决策者需要将方案逐一列示，并准备在后续过程中进行选择。

纳税筹划方案的设计一般按以下几个步骤进行：首先，对涉税问题进行认定，即涉税项目的性质，涉及的税种等；其次，对涉税问题进行分析，即涉税项目的发展态势，引发后果，纳税筹划空间大小，需解决的关键问题等；最后，设计多种备选方案，即针对涉税问题，设计若干可选方案，包括涉及的经营活动、财务运作和会计处理，确定配套方案。

四、分析、评价各个备选方案，并选择一个最佳方案

纳税筹划方案是多种筹划技术的组合运用，同时需要考虑风险因素。方案列示以后，必须进行一系列的分析，主要包括：

1.合法性分析

纳税筹划的首要原则是合法性原则，任何纳税筹划方案都必须在不违法的前提下进行，因此，对设计的方案首先要进行合法性分析，规避法律风险。

2.可行性分析

纳税筹划的实施，需要多方面的条件，企业必须对方案的可行性做出评估，这种评估

包括实施时间的选择，人员素质以及未来的趋势预测。

3. 目标分析

每种纳税筹划方案都会产生不同的纳税结果，这种纳税结果是否符合企业既定的目标，是筹划方案选择的基本依据。因此，必须对方案进行目标分析，同时优选最佳方案。目标分析还包括评价纳税筹划的合理性，防止纳税筹划的片面性，影响企业整体策略。对列示方案逐项分析之后，设计者可能获取新的信息，并以此对原有的纳税筹划方案进行调整，同时继续规范分析过程。

对多种方案进行分析、比较和评估后，选择一个最佳方案。

五、实施该纳税筹划方案

纳税筹划方案选定之后，经管理部门批准，即进入实施阶段。企业应当按照选定的纳税筹划方案，对自己的纳税人身份、组织形式、注册地点、所从事的产业、经济活动以及会计处理等做出相应的处理或改变，同时记录筹划方案的收益。

六、对该纳税筹划方案进行监控、评估和改进

一方面，在纳税筹划方案的实施过程中，应及时监控出现的问题，例如，国家税收政策有所调整，相关人员操作不当、纳税筹划方案出现漏洞等。这需要及时反馈给纳税筹划的决策者，以便及时对纳税筹划方案进行调整、修正和改进。另一方面，要对实施完毕的纳税筹划方案的效果进行评价，考核其经济效益与最终结果是否实现纳税筹划目标，这其中可能因为执行偏差、环境改变或者由于原有方案的设计存在缺陷，从而与预期结果产生差异，对于这些差异要认真总结，通过总结经验与教训，使得以后的纳税筹划不断得以完善和改进。

项目练习

一、单项选择题

1. 纳税筹划的最终目标是要实现（ ）。

A. 利润最大化　　B. 企业价值最大化

C. 税负最小化　　D. 资金时间价值最大化

2.（ ）是指企业在不违背法律本身且不违背法律立法精神（即合法且合理）的前提下，在国家法律及税收法规许可并鼓励的范围内，采用税法所赋予的税收优惠或选择机会，来对各种涉税事项进行策划和安排，通过减轻税负来实现企业价值最大化。

A. 节税筹划　　B. 避税筹划

C. 税负转嫁筹划　　D. 涉税零风险筹划

3. 属于政府倡导的纳税筹划形式是（ ）。

A. 税负转嫁筹划　　B. 涉税零风险筹划

C. 避税筹划　　D. 节税筹划

4. 纳税人以暴力、威胁方法拒不缴纳税款的行为指的是（ ）。

A. 偷（逃）税　　B. 抗税　　C. 骗税　　D. 漏税

5. 下列关于纳税筹划的相关概念表述中，错误的是（ ）。

A. 避税是纳税人使用一种在表面上遵守税收法律法规，但实质上与立法意图相悖的非违法形式来达到自己目的的手段

B.节税筹划以追求企业价值最大化为目标

C.偷（逃）税、抗税、骗税具有违法性

D.节税和避税都是税法允许甚至鼓励的行为

6.纳税筹划是（　　）的一部分。

A.企业财务管理　　B.企业经营管理

C.企业成本管理　　D.企业利润管理

7.下列不属于偷（逃）税、抗税、骗税行为的特征的是（　　）。

A.故意性　　B.欺诈性　　C.违法性　　D.违规性

8.税负转嫁筹划通常需要借助（　　）来实现。

A.价格　　B.税率　　C.纳税人　　D.纳税期限

9.企业在从事经营活动或投资活动之前，就应把税收作为影响最终成果的一个重要因素来设计和安排，属于纳税筹划的（　　）特征。

A.风险性　　B.事先性　　C.目的性　　D.协作性

10.纳税人采取伪造、变造、隐藏、擅自销毁账簿、记账凭证，在账簿上多列支出，不列、少列收入，或者进行虚假纳税申报的手段，不缴或者少缴应纳税款的行为属于（　　）。

A.偷（逃）税　　B.漏税　　C.抗税　　D.骗税

11.纳税人在充分了解现行税法的基础上，通过掌握相关会计知识，在不触犯税法的前提下，对经济活动的筹资、投资、经营等活动做出巧妙的安排，这种安排手段处在合法与非法之间的灰色地带，达到规避或减轻税负目的的行为指的是（　　）。

A.纳税筹划　　B.避税筹划　　C.节税筹划　　D.税负转嫁筹划

二、多项选择题

1.下列各项中，属于纳税筹划特点的有（　　）。

A.全面性　　B.事先性　　C.目的性　　D.风险性

2.偷（逃）税、抗税、骗税与纳税筹划的区别包括（　　）。

A.性质不同　　B.使用的手段不同

C.承担的责任不同　　D.政府的态度不同

3.选择降低适用税率的方法进行纳税筹划的前提条件有（　　）。

A.存在税负差异　　B.存在税率差异

C.存在税目差异　　D.存在选择的机会

4.纳税筹划的具体目标主要有（　　）。

A.实现税前利润最大化　　B.实现税负最小化

C.获取资金时间价值最大化　　D.实现纳税风险最小化

5.对纳税筹划方案的分析，主要包括（　　）。

A.合法性分析　　B.可行性分析

C.目标分析　　D.合理性分析

6.下列各种纳税筹划形式的说法中，正确的有（　　）。

A.节税筹划主要利用税收优惠政策或选择机会

B.避税筹划主要利用税法漏洞

C.税负转嫁筹划主要利用调整产品税负
D.涉税零风险筹划主要通过正确进行纳税申报，及时、足额纳税
7.纳税筹划的方法包括（　　）。
A.降低计税依据　　　　　　　　B.降低适用税率
C.增加可抵扣税额　　　　　　　D.推迟纳税时间
8.实现税后利润最大化这一目标的提出，仍然没有解决的问题包括（　　）。
A.没有考虑相关的收入　　　　　B.没有考虑相关的成本
C.时间价值　　　　　　　　　　D.风险计量
9.实现纳税风险最小化的好处主要表现在（　　）。
A.可以使纳税人不至于遭受税务机关的经济处罚，避免发生不必要的经济损失
B.可以避免企业发生不必要的名誉损失，使企业的品牌和产品更容易为消费者所接受，从而有利于企业的生产经营
C.使税务机关对企业留下良好印象，以能够获取税务检查及税收优惠政策运用上的宽松待遇等
D.使企业的税负最低

三、判断题

1.纳税筹划的不违法性就是合法性。（　　）
2.通过推迟收入和费用的确认来实现推迟纳税时间。（　　）
3.涉税零风险筹划有利于形成良好的税收征纳环境，促进经济和社会和谐发展，政府对此非常提倡。（　　）
4.偷（逃）税、抗税、骗税是违法行为，一经查实，除要给予一定比例的经济处罚外，还要视情节轻重，决定是否追究刑事责任。（　　）
5.对企业整体而言，按对其进行纳税筹划的时间段，可将其分为事先筹划、事中筹划和事后筹划三大层次，三者有层次高低之分。（　　）
6.实现纳税风险最小化不一定能够直接获取税收上的好处，但能间接地获取一定的经济利益。（　　）
7.涉税零风险筹划是指企业通过努力来做到会计账目清楚，会计核算健全，纳税申报正确，业务流程规范合理，税款缴纳及时足额，使其纳税风险得以规避、降低、分散、转移、保留或利用的纳税筹划。（　　）
8.避税筹划的成功意味着行为主体对法律漏洞与缺陷找得准确，不利于税法逐步得到完善。（　　）
9.对纳税筹划而言，事后筹划不如事中筹划，事中筹划不如事前筹划。（　　）
10.纳税筹划包括事前筹划和事后筹划两大层次。（　　）
11.商品交易行为是税负转嫁的必要条件。（　　）
12.涉税零风险筹划虽然不能为企业带来直接经济利益的增加额，但却能够为企业创造出一定的间接经济利益。（　　）
13.避税筹划不违背法律本身，但违背了法律立法精神。（　　）
14.实现税负最小化的纳税筹划目标没有考虑相关的风险。（　　）

项目实训

一、实训名称

防范纳税风险案例分析

二、实训案例设计

甲公司为一工业企业，拥有一库房拟于本年7月至12月对外出租，原值1 000万元，净值800万元，现该库房闲置。乙公司拟承租该库房，双方初步商定本年7月至12月租金为80万元（含增值税）。甲公司的会计人员发现，本年7月至12月的租金收入应纳房产税8.81万元（80÷（1+9%）×12%），应纳增值税6.61万元（ 80÷（1+9%）×9%）。于是甲公司会计人员提供以下纳税方案：甲公司与乙公司协商，将房屋的租赁业务转变为仓储业务，即由甲公司代为保管乙公司原先准备承租房屋后拟存放的物品，从而将原来的租金收入转变为仓储收入。上述“租赁改仓储”的纳税筹划方案实际上是由将房屋的使用权出租给别人使用改为仍旧自用。而《中华人民共和国房产税暂行条例》规定，如果企业将房屋出租，则应按租金收入缴纳12%的房产税，这叫作“从租计征”；如果房屋自己使用，则按房产原值一次减除10%～30%后的余值缴纳房产税，这叫作“从价计征”。在本例中，假设甲公司所在省份规定的减除比例为30%，则改为仓储业务后本年7月至12月应纳房产税4.2万元（1 000×（1−30%）×1.2%÷12×6），应纳增值税4.53万元（80÷（1+6%）×6%）。两者相比降低了房产税税负4.61万元（8.81−4.2），降低了增值税税负2.08万元（6.61−4.53）。这样，“租赁改仓储”表面上看是一项值得采纳的“纳税筹划”方案。

三、实训任务要求

请从防范纳税风险的角度分析上述纳税筹划案例。

项目二
增值税的纳税筹划实务

职业能力目标

(1) 能对增值税纳税人身份的选择进行纳税筹划。
(2) 能通过合并转换增值税纳税人身份来进行纳税筹划。
(3) 能通过分立转换增值税纳税人身份来进行纳税筹划。
(4) 能通过分别核算进行纳税筹划。
(5) 能对折扣方式的选择进行纳税筹划。
(6) 能对直销行为进行纳税筹划。
(7) 能对供应商纳税人身份的选择进行纳税筹划。
(8) 能对购进时间的选择进行纳税筹划。
(9) 能通过变“收购非初级农产品”为“收购初级农产品”进行纳税筹划。
(10) 能通过分立农业生产部门进行纳税筹划。
(11) 能对存货非正常损失进行纳税筹划。
(12) 能通过避免零申报、负申报进行纳税筹划。
(13) 能通过延期纳税进行纳税筹划。
(14) 能对分别纳税与汇总纳税的选择进行纳税筹划。
(15) 能利用增值税小规模纳税人免征增值税政策进行纳税筹划。
(16) 能通过对增值税计税方法的选择进行纳税筹划。
(17) 能对全面“营改增”后小规模纳税人转化为一般纳税人进行纳税筹划。
(18) 能对全面“营改增”后变一般纳税人为小规模纳税人进行纳税筹划。
(19) 能对全面“营改增”后兼营行为进行纳税筹划。
(20) 能对全面“营改增”后混合销售行为进行纳税筹划。
(21) 能对全面“营改增”后折扣销售进行纳税筹划。
(22) 能对全面“营改增”后餐饮服务和住宿服务相互转化进行纳税筹划。
(23) 能对全面“营改增”后选择运输服务提供方进行纳税筹划。
(24) 能对全面“营改增”后个人选择销售房产时机进行纳税筹划。
(25) 能对全面“营改增”后一般计税方法与简易计税方法的选择进行纳税筹划。
(26) 能对全面“营改增”后程租、期租与光租的选择进行纳税筹划。
(27) 能对全面“营改增”后技术转让、技术开发进行纳税筹划。
(28) 能对全面“营改增”后自然人税务登记进行纳税筹划。
(29) 能对全面“营改增”后房地产开发企业销售自行开发的房地产老项目进行纳税筹划。

项目引例2-1——增值税计税方法选择的纳税筹划

甲公司是20×6年1月新成立的自来水公司，成立之初登记为增值税一般纳税人，20×6年购进一台大型设备，取得增值税专用发票，注明价款400万元，增值税税额52万元，其他可抵扣的进项税额为25万元。20×6年生产销售自来水，取得收入1 000万元（不含增值税）。20×7年及以后各年收入不变，可抵扣进项税额每年均为25万元。

任务要求

请对上述业务进行纳税筹划。

项目引例解析 见本项目的任务三。

项目引例2-2——全面“营改增”后房地产开发企业销售自行开发的房地产老项目的纳税筹划

甲房地产开发企业为增值税一般纳税人，有一合同开工日期在20×6年4月1日的自行开发房地产项目，准备于20×7年10月对外销售。该项目的售价为10 000万元（含增值税），当期允许扣除的土地价款为3 000万元，可抵扣的进项税额为50万元。该项目采用现房销售方式（非预售方式）。

任务要求

请对上述业务进行纳税筹划。

项目引例解析 见本项目的任务二十四。[①]

任务一 增值税纳税人身份选择的纳税筹划

任务案例2-1 甲公司为一家工业企业，年应征增值税销售额为450万元，现为小规模纳税人，适用3%的增值税征收率。由于其能够按照国家统一的会计制度规定设置账簿，根据合法、有效凭证核算，能够提供准确税务资料，可登记成为一般纳税人。若登记为一般纳税人，则销货适用13%的增值税税率，不含税可抵扣购进金额为300万元，购货适用13%的增值税税率。

【任务要求】请对上述业务进行纳税筹划。

【税法依据】

一、增值税纳税人身份的种类和标准

（一）增值税纳税人身份的种类

增值税纳税人分为**小规模纳税人**和**一般纳税人**两类，并实行不同的征收和管理方式。

（二）增值税纳税人身份的标准

1.小规模纳税人的标准

小规模纳税人是指年应征增值税销售额（简称为“年应税销售额”，指销售货物、劳务、服务、无形资产、不动产年应征增值税销售额之和）在规定标准以下，并且会计核算不健全，不能按规定报送有关税务资料的增值税纳税人。

---

① 根据学习的需要，本教材将增值税纳税人分为原增值税纳税人和“营改增”试点纳税人两大类。原增值税纳税人是指按照《中华人民共和国增值税暂行条例》（国务院令第538号）等文件缴纳增值税的纳税人，其主要涉税行为包括销售货物、提供加工修理修配劳务以及进口货物。“营改增”试点纳税人是指按照《财政部 国家税务总局关于全面推开营业税改征增值税试点的通知》（财税〔2016〕36号）等文件缴纳增值税的纳税人，其主要涉税行为包括销售服务、无形资产或者不动产。本项目与原增值税纳税人相关的内容为任务一至十五，与“营改增”试点纳税人相关的内容为任务十六至二十七。

凡符合下列条件的视为小规模纳税人：

（1）自2018年5月1日起，增值税小规模纳税人标准统一为年应税销售额500万元及以下。

（2）年应税销售额超过小规模纳税人标准的其他个人（指自然人）按小规模纳税人纳税（不属于一般纳税人）。

（3）对于原增值税纳税人，超过小规模纳税人标准的非企业性单位、不经常发生应税行为的企业可选择按小规模纳税人纳税；对于“营改增”试点纳税人，年应税销售额超过小规模纳税人标准但不经常发生应税行为的单位和个体工商户可选择按照小规模纳税人纳税。

2. 一般纳税人的标准

自2018年5月1日起，增值税纳税人（以下简称纳税人）年应税销售额超过财政部、国家税务总局规定的小规模纳税人标准（自2018年5月1日起为年应税销售额500万元及以下）的，除税法另有规定外，应当向其机构所在地主管税务机关办理一般纳税人登记。其中，年应税销售额是指纳税人在连续不超过12个月或四个季度的经营期内累计应征增值税销售额，包括纳税申报销售额、稽查查补销售额、纳税评估调整销售额。其中，纳税申报销售额是指纳税人自行申报的全部应征增值税销售额，包括免税销售额和税务机关代开发票销售额。稽查查补销售额和纳税评估调整销售额计入查补税款申报当月（或当季）的销售额，不计入税款所属期销售额。经营期是指在纳税人存续期内的连续经营期间，含未取得销售收入的月份或季度。

销售服务、无形资产或者不动产（简称应税行为）有扣除项目的纳税人，其应税行为年应税销售额按未扣除之前的销售额计算。纳税人偶然发生的销售无形资产、转让不动产的销售额，不计入应税行为年应税销售额。

年应税销售额未超过规定标准的纳税人，会计核算健全，能够提供准确税务资料的，可以向主管税务机关办理一般纳税人登记。会计核算健全，是指能够按照国家统一的会计制度规定设置账簿，根据合法、有效凭证核算。

二、小规模纳税人和一般纳税人的征税管理

小规模纳税人实行简易计税方法，不得抵扣进项税额。小规模纳税人销售货物、加工修理修配劳务、服务、无形资产或不动产可以由税务机关代开增值税专用发票（代开的增值税专用发票的税率一般情况下为3%，特殊情况下为5%等）。自2020年2月1日起，增值税小规模纳税人（其他个人除外）发生增值税应税行为，需要开具增值税专用发票的，可以自愿使用增值税发票管理系统自行开具。选择自行开具增值税专用发票的小规模纳税人，税务机关不再为其代开增值税专用发票。

符合增值税一般纳税人条件的纳税人应当向主管税务机关办理登记，以取得法定资格，未办理一般纳税人登记手续的，应按销售额依照增值税税率计算应纳税额，不得抵扣进项税额，也不得使用增值税专用发票。经税务机关审核登记的一般纳税人，可按规定领购和使用增值税专用发票，按增值税暂行条例规定计算缴纳增值税。**需要注意的是，纳税人登记为一般纳税人后，不得转为小规模纳税人，国家税务总局另有规定的除外。一般纳税人符合以下条件的，在2020年12月31日前，可选择转登记为小规模纳税人：转登记日前连续12个月（以1个月为1个纳税期）或者连续4个季度（以1个季度为1个纳税期）累**

计销售额未超过500万元。

三、增值税的税率和征收率

增值税一般纳税人缴纳增值税采用一般计税方法有三种比例税率。第一种是基本税率；第二种是低税率；第三种是出口货物、服务或者无形资产适用的零税率。自2017年7月1日起，简并增值税税率结构，取消原来的13%的增值税税率。自2018年5月1日起，增值税一般纳税人发生增值税应税销售行为或者进口货物，原适用17%和11%税率的，税率分别调整为16%、10%。自2019年4月1日起，增值税一般纳税人发生应税销售行为或者进口货物，原适用16%税率的，税率调整为13%；原适用10%税率的，税率调整为9%。增值税一般纳税人特殊情况下采用简易计税方法适用征收率。小规模纳税人缴纳增值税采用简易计税方法适用征收率。自2019年4月1日起，增值税税率和征收率的具体适用范围如下：

1. 基本税率

增值税的基本税率为13%，适用于纳税人销售或者进口货物（适用9%的低税率的除外）、提供加工修理修配劳务、销售有形动产租赁服务。

2. 低税率

增值税的低税率分以下两档：

（1）低税率9%。

①一般纳税人销售或者进口下列货物，税率为9%：

粮食等农产品、食用植物油、食用盐；自来水、暖气、冷气、热水、煤气、石油液化气、天然气、二甲醚、沼气、居民用煤炭制品；图书、报纸、杂志、音像制品、电子出版物；饲料、化肥、农药、农机、农膜；国务院规定的其他货物。

②纳税人销售交通运输、邮政、基础电信、建筑、不动产租赁服务，销售不动产，转让土地使用权。

（2）低税率6%。

纳税人提供增值电信服务、金融服务、现代服务和生活服务，销售土地使用权以外的无形资产，税率为6%。

3. 零税率

（1）纳税人出口货物或者劳务，一般适用零税率，国务院另有规定的除外；

（2）境内单位和个人跨境销售国务院规定范围内的服务或者无形资产（统称跨境应税行为），税率为零。

4. 征收率

一般纳税人特殊情况下采用简易计税方法适用征收率。小规模纳税人缴纳增值税采用简易计税方法适用征收率。我国增值税的法定征收率是3%；一些特殊项目适用3%减按2%的征收率。全面“营改增”后的与不动产有关的特殊项目适用5%的征收率；一些特殊项目适用5%减按1.5%的征收率。

自2020年3月1日至12月31日，对湖北省增值税小规模纳税人，适用3%征收率的应税销售收入，免征增值税；适用3%预征率的预缴增值税项目，暂停预缴增值税。自2020年3月1日至12月31日，除湖北省外，其他省、自治区、直辖市的增值税小规模纳税人，适用3%征收率的应税销售收入，减按1%征收率征收增值税；适用3%预征率的预缴增值税项目，减按1%预征率预缴增值税。

四、增值税的计算

增值税的计税方法，主要包括一般计税方法和简易计税方法。我国目前对一般纳税人增值税的计算一般情况下采用一般计税方法，某些特殊情况下采用或者选择采用简易计税方法；我国目前对小规模纳税人增值税的计算采用简易计税方法。

一般计税方法下的应纳增值税税额等于本期销项税额减本期准予抵扣进项税额。其计算公式为：

应纳增值税税额=本期销项税额-本期准予抵扣进项税额

简易计税方法的应纳增值税税额等于本期销售额乘以增值税征收率，不得抵扣进项税额。其计算公式为：

应纳增值税税额=不含税销售额×征收率

五、准予从销项税额中抵扣的进项税额

增值税一般纳税人下列进项税额准予从销项税额中抵扣：

（1）从销售方取得的增值税专用发票（含税控机动车销售统一发票，下同）上注明的增值税税额。

具体来说，购进货物或接受加工修理修配劳务，从销售方或提供劳务方取得的增值税专用发票上注明的增值税税额为进项税额，准予从销项税额中抵扣；购进服务、无形资产或者不动产，取得的增值税专用发票上注明的增值税税额为进项税额，准予从销项税额中抵扣。

2016年5月1日后取得并在会计制度上按固定资产核算的不动产或者2016年5月1日后取得的不动产在建工程，其进项税额应自取得之日起分2年从销项税额中抵扣，第一年抵扣比例为60%，第二年抵扣比例为40%。自2019年4月1日起，上述规定停止执行，即纳税人取得不动产或者不动产在建工程的进项税额不再分2年抵扣。此前按照上述规定尚未抵扣完毕的待抵扣进项税额，可自2019年4月税款所属期起从销项税额中抵扣。

（2）从海关取得的海关进口增值税专用缴款书上注明的增值税税额。

（3）自2018年5月1日起，纳税人购进农产品，原适用11%扣除率的，扣除率调整为10%。自2019年4月1日起，纳税人购进农产品，原适用10%扣除率的，扣除率调整为9%。自2019年4月1日起，纳税人购进农产品，按下列规定抵扣进项税额：

①除第②项规定外，纳税人购进农产品，取得一般纳税人开具的增值税专用发票或海关进口增值税专用缴款书的，以增值税专用发票或海关进口增值税专用缴款书上注明的增值税税额为进项税额；从按照简易计税方法依照3%征收率计算缴纳增值税的小规模纳税人取得增值税专用发票的，以增值税专用发票上注明的金额和9%（自2017年7月1日起至2018年4月30日，为11%；自2018年5月1日起至2019年3月31日，为10%）的扣除率计算进项税额；取得（开具）农产品销售发票或收购发票的，以农产品销售发票或收购发票上注明的农产品买价（买价，是指纳税人购进农产品在农产品收购发票或者销售发票上注明的价款和按照规定缴纳的烟叶税）和9%（自2017年7月1日起至2018年4月30日，为11%；自2018年5月1日起至2019年3月31日，为10%）的扣除率计算进项税额。

②自2019年4月1日起的营改增试点期间，纳税人购进用于生产或者委托加工13%税率货物的农产品，按照10%的扣除率计算进项税额（自2017年7月1日起至2018年4月30日的营改增试点期间，纳税人购进用于生产销售或委托加工17%税率货物的农产品，按照13%的扣除率计算进项税额；自2018年5月1日起至2019年3月31日的营改增试点期间，纳

税人购进用于生产销售或委托加工16%税率货物的农产品，按照12%的扣除率计算进项税额）。

③继续推进农产品增值税进项税额核定扣除试点，纳税人购进农产品进项税额已实行核定扣除的，仍按照《财政部 国家税务总局关于在部分行业试行农产品增值税进项税额核定扣除办法的通知》（财税〔2012〕38号）、《财政部 国家税务总局关于扩大农产品增值税进项税额核定扣除试点行业范围的通知》（财税〔2013〕57号）执行。其中，《农产品增值税进项税额核定扣除试点实施办法》（财税〔2012〕38号）第四条第（二）项规定的扣除率调整为9%（自2017年7月1日起至2018年4月30日，为11%；自2018年5月1日起至2019年3月31日，为10%）；第（三）项规定的扣除率调整为按本条第①项、第②项规定执行。

④纳税人从批发、零售环节购进适用免征增值税政策的蔬菜、部分鲜活肉蛋而取得的普通发票，不得作为计算抵扣进项税额的凭证。

⑤纳税人购进农产品既用于生产销售或委托加工13%（自2017年7月1日起至2018年4月30日，为17%；自2018年5月1日起至2019年3月31日，为16%）税率货物，又用于生产销售其他货物服务的，应当分别核算用于生产销售或委托加工13%（自2017年7月1日起至2018年4月30日，为17%；自2018年5月1日起至2019年3月31日，为16%）税率货物和其他货物服务的农产品进项税额。未分别核算的，统一以增值税专用发票或海关进口增值税专用缴款书上注明的增值税税额为进项税额，或以农产品收购发票或销售发票上注明的农产品买价和9%（自2017年7月1日起至2018年4月30日，为11%；自2018年5月1日起至2019年3月31日，为10%）的扣除率计算进项税额。

⑥销售发票，是指农业生产者销售自产农产品适用免征增值税政策而开具的普通发票。

（4）自境外单位或者个人购进劳务、服务、无形资产或者境内的不动产，从税务机关或者扣缴义务人取得的代扣代缴税款的完税凭证上注明的增值税税额。

纳税人凭完税凭证抵扣进项税额的，应当具备书面合同、付款证明和境外单位的对账单或者发票。资料不全的，其进项税额不得从销项税额中抵扣。

（5）自2019年4月1日起，购进国内旅客运输服务，其进项税额允许从销项税额中抵扣。

纳税人购进国内旅客运输服务未取得增值税专用发票的，暂按照以下规定确定进项税额：

①取得增值税电子普通发票的，为发票上注明的税额；

②取得注明旅客身份信息的航空运输电子客票行程单的，为按照下列公式计算的进项税额：

航空旅客运输进项税额=（票价+燃油附加费）÷（1+9%）×9%

③取得注明旅客身份信息的铁路车票的，为按照下列公式计算的进项税额：

铁路旅客运输进项税额=票面金额÷（1+9%）×9%

④取得注明旅客身份信息的公路、水路等其他客票的，按照下列公式计算进项税额：

公路、水路等其他旅客运输进项税额=票面金额÷（1+3%）×3%

六、加计抵减政策

（1）自2019年4月1日至2021年12月31日，允许生产、生活性服务业纳税人按照当期可抵扣进项税额加计10%，抵减应纳税额。

①生产、生活性服务业纳税人，是指提供邮政服务、电信服务、现代服务、生活服务（以下称四项服务）取得的销售额占全部销售额的比重超过50%的纳税人。

2019年3月31日前设立的纳税人，自2018年4月至2019年3月期间的销售额（经营期不满12个月的，按照实际经营期的销售额）符合上述规定条件的，自2019年4月1日起适用加计抵减政策。

2019年4月1日后设立的纳税人，自设立之日起3个月的销售额符合上述规定条件的，自登记为一般纳税人之日起适用加计抵减政策。

纳税人确定适用加计抵减政策后，当年内不再调整，以后年度是否适用，根据上年度销售额计算确定。

纳税人可计提但未计提的加计抵减额，可在确定适用加计抵减政策当期一并计提。

②纳税人应按照当期可抵扣进项税额的10%计提当期加计抵减额。按照现行规定不得从销项税额中抵扣的进项税额，不得计提加计抵减额；已计提加计抵减额的进项税额，按规定作进项税额转出的，应在进项税额转出当期，相应调减加计抵减额。计算公式如下：

当期计提加计抵减额=当期可抵扣进项税额×10%

当期可抵减加计抵减额=上期末加计抵减额余额+当期计提加计抵减额-当期调减加计抵减额

③纳税人应按照现行规定计算一般计税方法下的应纳税额（以下称抵减前的应纳税额）后，区分以下情形加计抵减：

A.抵减前的应纳税额等于零的，当期可抵减加计抵减额全部结转下期抵减；

B.抵减前的应纳税额大于零，且大于当期可抵减加计抵减额的，当期可抵减加计抵减额全额从抵减前的应纳税额中抵减；

C.抵减前的应纳税额大于零，且小于或等于当期可抵减加计抵减额的，以当期可抵减加计抵减额抵减应纳税额至零。未抵减完的当期可抵减加计抵减额，结转下期继续抵减。

④纳税人出口货物劳务、发生跨境应税行为不适用加计抵减政策，其对应的进项税额不得计提加计抵减额。

纳税人兼营出口货物劳务、发生跨境应税行为且无法划分不得计提加计抵减额的进项税额，按照以下公式计算：

$$\frac{\text{不得计提加计抵}}{\text{减额的进项税额}}=\frac{\text{当期无法划分的}}{\text{全部进项税额}}\times\text{当期出口货物劳务和发生跨境应税行为的销售额}\div\text{当期全部销售额}$$

⑤纳税人应单独核算加计抵减额的计提、抵减、调减、结余等变动情况。骗取适用加计抵减政策或虚增加计抵减额的，按照《中华人民共和国税收征收管理法》等有关规定处理。

⑥加计抵减政策执行到期后，纳税人不再计提加计抵减额，结余的加计抵减额停止抵减。

（2）自2019年10月1日至2021年12月31日，允许生活性服务业纳税人按照当期可抵扣进项税额加计15%，抵减应纳税额（以下称加计抵减15%政策）。

①生活性服务业纳税人，是指提供生活服务取得的销售额占全部销售额的比重超过50%的纳税人。生活服务的具体范围按照《销售服务、无形资产、不动产注释》（财税〔2016〕36号印发）执行。

2019年9月30日前设立的纳税人，自2018年10月至2019年9月期间的销售额（经营期不满12个月的，按照实际经营期的销售额）符合上述规定条件的，自2019年10月1日起适用加计抵减15%政策。

2019年10月1日后设立的纳税人，自设立之日起3个月的销售额符合上述规定条件的，自登记为一般纳税人之日起适用加计抵减15%政策。

纳税人确定适用加计抵减15%政策后，当年内不再调整，以后年度是否适用，根据上年度销售额计算确定。

②生活性服务业纳税人应按照当期可抵扣进项税额的15%计提当期加计抵减额。按照现行规定不得从销项税额中抵扣的进项税额，不得计提加计抵减额；已按照15%计提加计抵减额的进项税额，按规定作进项税额转出的，应在进项税额转出当期，相应调减加计抵减额。计算公式如下：

当期计提加计抵减额=当期可抵扣进项税额×15%

当期可抵减加计抵减额=上期末加计抵减额余额+当期计提加计抵减额-当期调减加计抵减额

【筹划思路】增值税一般纳税人在一般计税方法下购进货物、劳务、服务、无形资产或者不动产，若取得增值税专用发票等合法的扣税凭证，则可抵扣进项税额；而增值税小规模纳税人以及增值税一般纳税人在简易计税方法下购进货物、劳务、服务、无形资产或者不动产，不能抵扣进项税额，只能将进项税额计入成本。一般纳税人销售货物、劳务、服务、无形资产或者不动产时，可以自行开具增值税专用发票或者增值税普通发票；小规模纳税人销售货物、劳务、服务、无形资产或者不动产时，可以通过税务机关代开或者自行开具增值税专用发票或者增值税普通发票。小规模纳税人销售货物、劳务、服务、无形资产或者不动产，因开具的增值税专用发票的税率或者增值税普通发票的征收率较低，一般为3%或5%，因此不必由购买方负担不含税销售价格的13%、9%或6%等比例的增值税销项税额，只需由购买方负担不含税销售价格的3%或5%的增值税税额，因此销售价格相对较低。尤其对一些不需增值税专用发票或不能抵扣进项税额的购买方来说，就更愿意从小规模纳税人那里购进货物、劳务、服务、无形资产或者不动产。实际操作中可以通过比较不同纳税人身份下税负的大小来做出纳税人身份的选择。

【判别方法】

（一）毛利率判别法①

假定纳税人不含税销售额为S，适用的销售增值税税率为T_1，不含税可抵扣购进金额为P，适用的购进增值税税率为T_2，假设增值税征收率为T_3。假定一般纳税人采用一般计税方法。具体操作如下：

（1）计算毛利率。

毛利率=（不含税销售额-不含税可抵扣购进金额）÷不含税销售额=（S-P）÷S

（2）计算应纳增值税税额。

$$\text{一般纳税人采用一般计税方法的应纳增值税税额}=\text{不含税销售额}\times\text{销售增值税税率}-\text{不含税可抵扣购进金额}\times\text{购进增值税税率}=S\times T_1-P\times T_2$$

小规模纳税人应纳增值税税额=不含税销售额×征收率=$S\times T_3$

（3）计算增值税纳税均衡点下的毛利率。

令两种纳税人增值税税负相等，则：$S\times T_1-P\times T_2=S\times T_3$

得：毛利率=（S-P）/S=1-（T_1-T_3）/$T_2$②

令$T_1=13\%$，$T_2=13\%$，$T_3=3\%$，得：

毛利率=（S-P）/S=1-（13%-3%）÷13%=23.08%

---

① 传统说法一般叫作“增值率判别法”，但由于增值率=（不含税销售额-不含税可抵扣购进金额）÷不含税可抵扣购进金额=（S-P）÷P，而非（S-P）÷S，因此在此叫作“毛利率判别法”更确切。此处叫作“毛利率判别法”的前提是：毛利率=（不含税销售额-不含税可抵扣购进金额）÷不含税销售额=（S-P）÷S。

② 具体推倒过程为：$S\times T_1-P\times T_2=S\times T_3\Rightarrow S(T_1-T_3)=P\times T_2\Rightarrow P/S=(T_1-T_3)/T_2\Rightarrow(S-P)/S=[T_2-(T_1-T_3)]/T_2\Rightarrow(S-P)/S=1-(T_1-T_3)/T_2$。

由此得出结论：若 T_1=13%，T_2=13%，T_3=3%，当毛利率=23.08% 时，两者增值税税负相同，这时既可以选择一般纳税人身份，也可以选择小规模纳税人身份；当毛利率＜23.08% 时，小规模纳税人的增值税税负重于一般纳税人的增值税税负，这时选择一般纳税人身份是有利的；当毛利率＞23.08% 时，一般纳税人的增值税税负重于小规模纳税人的增值税税负，这时选择小规模纳税人身份是有利的。

将增值税税率 13%、9%、6% 及增值税征收率 3% 分别代入上式[①]，计算出两类纳税人增值税纳税均衡点下的毛利率，见表 2-1。

表 2-1 两类纳税人增值税纳税均衡点下的毛利率

一般纳税人销售增值税税率（T_1）	一般纳税人购进增值税税率（T_2）	小规模纳税人[②]增值税征收率（T_3）	增值税纳税均衡点下的毛利率
13%	13%	3%	23.08%
13%	9%	3%	-11.11%
13%	6%	3%	-66.67%
9%	13%	3%	53.85%
9%	9%	3%	33.33%
9%	6%	3%	0
6%	13%	3%	76.92%
6%	9%	3%	66.67%
6%	6%	3%	50%

（二）可抵扣购进金额占不含税销售额比重判别法（简称"不含税购销金额比判别法"）

上述方法中毛利率的测算较为复杂，在纳税筹划中难以操作，因而，可以将毛利率的计算公式进行转化。假定纳税人不含税销售额为 S，适用的销售增值税税率为 T_1，不含税可抵扣购进金额为 P，适用的购进增值税税率为 T_2。假定一般纳税人采用一般计税方法。具体操作如下：

（1）计算不含税购销金额比。

不含税购销金额比=不含税可抵扣购进金额÷不含税销售额=P÷S

（2）计算应纳增值税税额。

$$\text{一般纳税人采用一般计税方法的应纳增值税税额}=\text{不含税销售额}\times\text{销售增值税税率}-\text{不含税可抵扣购进金额}\times\text{购进增值税税率}=S\times T_1-P\times T_2$$

小规模纳税人应纳增值税税额=不含税销售额×征收率=$S\times T_3$

（3）计算增值税纳税均衡点下的不含税购销金额比。

令两种纳税人增值税税负相等，则：$S\times T_1-P\times T_2=S\times T_3$

得：不含税购销金额比 $P/S=(T_1-T_3)/T_2$

令 T_1=13%，T_2=13%，T_3=3%，得：

不含税购销金额比 P/S=（13%−3%）÷13%=76.92%

① 为了研究方便，此处不考虑 3% 减按 2% 的征收率、与不动产有关的特殊项目适用 5% 的征收率、一些特殊项目适用 5% 减按 1.5% 的征收率，同时不考虑"自 2019 年 4 月 1 日起，纳税人购进用于生产销售或委托加工 13% 税率货物的农产品，按照 10% 的扣除率计算进项税额"、"自 2019 年 4 月 1 日至 2021 年 12 月 31 日，允许生产、生活性服务业纳税人按照当期可抵扣进项税额加计 10%，抵减应纳税额"，以及"自 2019 年 10 月 1 日至 2021 年 12 月 31 日，允许生活性服务业纳税人按照当期可抵扣进项税额加计 15%，抵减应纳税额"。

② 为研究方便，若无特别说明，本书小规模纳税人征收率一般为 3% 或者 5% 等，不考虑"自 2020 年 3 月 1 日至 12 月 31 日，对湖北省增值税小规模纳税人，适用 3% 征收率的应税销售收入，免征增值税；适用 3% 预征率的预缴增值税项目，暂停预缴增值税。自 2020 年 3 月 1 日至 12 月 31 日，除湖北省外，其他省、自治区、直辖市的增值税小规模纳税人，适用 3% 征收率的应税销售收入，减按 1% 征收率征收增值税；适用 3% 预征率的预缴增值税项目，减按 1% 预征率预缴增值税。"全书同。

由此得出结论：若 T_1=13%，T_2=13%，T_3=3%，当不含税购销金额比=76.92%时，两者增值税税负相同，这时既可以选择一般纳税人身份，又可以选择小规模纳税人身份；当不含税购销金额比＞76.92%时，小规模纳税人的增值税税负重于一般纳税人的增值税税负，这时选择一般纳税人身份是有利的；当不含税购销金额比＜76.92%时，一般纳税人的增值税税负重于小规模纳税人的增值税税负，这时选择小规模纳税人身份是有利的。

将增值税税率13%、9%、6%及增值税征收率3%分别代入上式，计算出两类纳税人增值税纳税均衡点下的不含税购销金额比，见表2-2。

表2-2 两类纳税人增值税纳税均衡点下的不含税购销金额比

一般纳税人销售增值税税率（T_1）	一般纳税人购进增值税税率（T_2）	小规模纳税人增值税征收率（T_3）	增值税纳税均衡点下的不含税购销金额比
13%	13%	3%	76.92%
13%	9%	3%	111.11%
13%	6%	3%	166.67%
9%	13%	3%	46.15%
9%	9%	3%	66.67%
9%	6%	3%	100%
6%	13%	3%	23.08%
6%	9%	3%	33.33%
6%	6%	3%	50%

【筹划过程】

（一）若采用毛利率判别法

毛利率=（S-P）/S=（450-300）÷450=33.33%＞23.08%

根据表2-1的结论，此时选择作为小规模纳税人可少缴纳增值税。具体验证如下：

方案一：选择作为一般纳税人。

应纳增值税=450×13%-300×13%=19.5（万元）

方案二：选择作为小规模纳税人。

应纳增值税=450×3%=13.5（万元）

（二）若采用可抵扣购进金额占不含税销售额比重判别法

不含税购销金额比=P/S=300÷450=66.67%＜76.92%

根据表2-2的结论，此时选择作为小规模纳税人可少缴纳增值税。具体验证同上。

【筹划结论】方案二比方案一少缴纳增值税6万元（19.5-13.5），因此，应当选择方案二。

【任务点评】除了单纯考虑增值税税负因素外，在进行增值税纳税人身份选择的纳税筹划时还需注意以下因素：除增值税以外的其他税负，纳税人身份转化成本，企业货物、劳务、服务、无形资产或者不动产的性质及客户的特殊要求对企业选择纳税人身份的制约，转换后导致的收入和成本的增加或减少等。

任务二 通过合并转换增值税纳税人身份的纳税筹划

任务案例2-2 甲公司为一家商业企业，属于增值税小规模纳税人，适用3%的增值税征收率，年应税销售额为350万元，该公司购货金额为325万元。另有乙公司也为一家商业企业，属于增值税小规模纳税人，适用3%的增值税征收率，年应税销售额为250万元，该公司购货金额为225万元（以上金额均不含增值税）。此时，假设甲公司有机会合并乙公司，且是否合并乙公司对自身经营基本没有影响。合并之后可以登记为增值税一般纳税人，适用的增值税税率为13%。

【任务要求】请对上述业务进行纳税筹划。

【税法依据】同【任务案例2-1】的【税法依据】。

【筹划思路】由于一般纳税人在一般计税方法下进项税额可以抵扣，因而小规模纳税人的税负可能会重于一般纳税人。若小规模纳税人自身不具备转化为一般纳税人的条件（年应税销售额未达标准或者其他原因），则可以考虑以合并其他小规模纳税人的方式来转化为一般纳税人，从而享有一般纳税人可以抵扣进项税额的税收待遇。

【筹划过程】

方案一：甲公司不合并乙公司。

甲公司应纳增值税=350×3%=10.5（万元）

乙公司应纳增值税=250×3%=7.5（万元）

甲公司与乙公司应纳增值税合计=10.5+7.5=18（万元）

方案二：甲公司合并乙公司，并申请转为一般纳税人。

合并后的集团公司应纳增值税=（350+250）×13%-（325+225）×13%=6.5（万元）

【筹划结论】方案二比方案一少缴纳增值税11.5万元（18-6.5），因此，应当选择方案二。

【任务点评】需要注意的是，除国家税务总局另有规定外，纳税人**一经登记为一般纳税人后，不得再转为小规模纳税人**。如果企业的销售客户大多是小规模纳税人，则企业本身是不适合作为一般纳税人的。因此，通过合并变“小规模纳税人”为“一般纳税人”，不能单纯考虑税负因素。

任务三 通过分立转换增值税纳税人身份的纳税筹划

任务案例2-3 甲公司为一家工业企业，属于增值税一般纳税人，年不含税销售收入为4 000万元，销售货物适用的增值税税率13%，不含税可抵扣购进金额为250万元，购进货物适用的增值税税率为13%，且能取得增值税专用发票。甲公司销售过程中既有开具增值税专用发票的业务，也有开具增值税普通发票的业务，其中，开具增值税普通发票的业务不含税收入为480万元。

【任务要求】请对上述业务进行纳税筹划。

【税法依据】同【任务案例2-1】的【税法依据】。

【筹划思路】企业如果具有较高的销项税额和较低的进项税额，会使得增值税税负较重。这种情况下，若作为小规模纳税人，则征收率一般为3%，虽不能抵扣进项税额，但整体增值税税负较低。因此对于未达到一般纳税人标准的此类企业可以继续选择作为小规模纳税人；而对于达到一般纳税人标准的此类企业，由于其具备一般纳税人资格，可以考虑分立出一个小规模纳税人，对于与其他小规模纳税人发生的业务由此分立出的小规模纳税人进行交易，这样便可以在一定程度上降低增值税税负。

【筹划过程】

方案一：继续维持增值税一般纳税人身份。

甲公司应纳增值税=4 000×13%-250×13%=487.5（万元）

方案二：将开具增值税普通发票的业务分立出去，重新注册一个A公司，并将不含税销售收入控制在480万元。

此时，甲公司仍为一般纳税人，A公司为小规模纳税人。

甲公司应纳增值税=（4 000-480）×13%-250×（4 000-480）÷4 000×13%=429（万元）

A公司应纳增值税=480×3%=14.4（万元）

应纳增值税合计=429+14.4=443.4（万元）

【筹划结论】方案二比方案一少缴纳增值税44.1万元（487.5-443.4），因此，应当选择方案二。

【任务点评】如果企业的销售客户大多是一般纳税人，则企业本身是不适合作为小规模纳税人的。因此，通过分立进行增值税纳税人身份的转化的纳税筹划要具体情况具体分析。

项目引例解析

【税法依据】自2019年4月1日起，自来水适用税率由10%调整为9%（采用一般计税方法时）。

一般纳税人销售其自产的自来水可以选择按照简易方法依照3%的征收率计算缴纳增值税。一般纳税人一旦选择按照简易方法计算缴纳增值税后，在36个月之内不得变更。

【筹划思路】由于自来水公司在增值税纳税方式上具有一定的选择权及转变权，因此，自来水公司应当测算不同计税方式的税负大小，以便选择最优的计税方式，或适时转变为最优的计税方式。

【筹划过程】

方案一：选择按简易方法依照3%征收率计算缴纳增值税。

因为，在36个月的简易征收期间进项税额不得抵扣，所以，大型设备的进项税额不得抵扣，则：

20×6年应纳增值税=1 000×3%=30（万元）

20×7年应纳增值税=1 000×3%=30（万元）

20×8年应纳增值税=1 000×3%=30（万元）

20×9年应纳增值税=1 000×3%=30（万元）

4年应纳增值税合计=30+30+30+30=120（万元）

方案二：选择按一般计税方法计算缴纳增值税。

20×6年应纳增值税=1 000×9%-52-25=13（万元）

20×7年应纳增值税=1 000×9%-25=65（万元）

20×8年应纳增值税=1 000×9%-25=65（万元）

20×9年应纳增值税=1 000×9%-25=65（万元）

4年应纳增值税合计=13+65+65+65=208（万元）

方案三：20×6年选择按一般计税方法计算缴纳增值税，20×7年转变为简易计税方法。

20×6年应纳增值税=1 000×9%−52−25=13（万元）

20×7年应纳增值税=1 000×3%=30（万元）

20×8年应纳增值税=1 000×3%=30（万元）

20×9年应纳增值税=1 000×3%=30（万元）

4年应纳增值税合计=13+30+30+30=103（万元）

【筹划结论】方案三比方案一少缴纳增值税17万元（120−103），比方案二少缴纳增值税105万元（208−103），因此，应当选择方案三。

任务四　分别核算的纳税筹划

任务案例2-4 甲公司为增值税一般纳税人，主要生产机电设备。本年8月销售机电设备共取得收入1 500万元（不含增值税），其中农机的销售额为900万元（不含增值税），适用的增值税税率为9%，其他机电设备的销售额为600万元（不含增值税），适用的增值税税率为13%。当月可抵扣的进项税额共为120万元。

【任务要求】请对上述业务进行纳税筹划。

【税法依据】纳税人销售货物、劳务、服务、无形资产或者不动产适用不同税率或者征收率的，应当分别核算适用不同税率或者征收率的销售额，未分别核算销售额的，从高适用税率或者征收率。

【筹划思路】纳税人应当尽量将不同税率或者征收率的货物、加工修理修配劳务、服务、无形资产或者不动产分别核算，以适用不同的税率或者征收率，从而规避从高适用税率或者征收率，进而减轻企业负担。

一般纳税人销售或者进口下列货物，税率为9%：

农产品（含粮食，不含淀粉；含干姜、姜黄，不含麦芽、复合胶、人发制品）、自来水、暖气、石油液化气、天然气、食用植物油（含橄榄油，不含肉桂油、桉油、香茅油）、冷气、热水、煤气、居民用煤炭制品、食用盐、农机、饲料、农药、农膜、化肥、沼气、二甲醚、图书、报纸、杂志、音像制品、电子出版物。

【筹划过程】

方案一：未分别核算销售额。

应纳增值税=1 500×13%−120=75（万元）

方案二：分别核算销售额。

应纳增值税=600×13%+900×9%−120=39（万元）

【筹划结论】方案二比方案一少缴纳增值税36万元（75−39），因此，应当选择方案二。

【任务点评】分别核算在一定程度上会加大核算成本，但与节税额相比较，当然是非常值得的。

任务五 折扣方式选择的纳税筹划

任务案例2-5 甲商场为扩大销售，准备在本年中秋节期间开展一次促销活动，欲采用三种方式：

（1）让利（折扣）20%销售商品，即甲商场将1 000元的商品以800元的价格销售，这实际上相当于折扣销售，其折扣率为20%。

（2）赠送商品，即甲商场在销售800元商品的同时，另外再赠送200元的商品（本地税务机关认为买一赠一、捆绑销售等组合销售行为赠送的商品视同销售征收增值税）。

（3）返还20%的现金，即甲商场销售1 000元商品的同时，向顾客赠送200元现金。

以销售1 000元的商品为基数，参与该次活动的商品购进成本为600元（即购进成本占售价的60%）。以上价格为含增值税价格。假设甲商场销售商品适用的增值税税率均为13%，购进商品均取得了税率为13%的增值税专用发票。经测算，甲商场每销售1 000元（含增值税）商品可以在企业所得税前扣除的工资和其他费用为60元（不含增值税），请对其进行纳税筹划。

【任务要求】请对上述业务进行纳税筹划。

【税法依据】

（1）折扣销售：纳税人采取折扣方式销售货物，如果销售额和折扣额在同一张发票上分别注明的，可按折扣后的销售额征收增值税。纳税人采取折扣方式销售货物，销售额和折扣额在同一张发票上分别注明，是指销售额和折扣额在同一张发票上的“金额”栏分别注明的，可按折扣后的销售额征收增值税。未在同一张发票“金额”栏注明折扣额，而仅在发票的“备注”栏注明折扣额的，折扣额不得从销售额中减除。

（2）实物折扣（如买一赠一）：增值税方面，折扣销售的税收优惠仅适用于对货物价格的折扣，而不适用于实物折扣（如买一赠一）。如果销售者将自产、委托加工和购买的货物用于实物折扣的，则该实物款额不能从销售货物额中减除，且该实物应按增值税条例“视同销售货物”中的“无偿赠送他人”计算征收增值税。企业所得税方面，企业以“买一赠一”等方式组合销售本企业商品的，不属于捐赠，应将总的销售金额按各项商品的公允价值的比例来分摊确认各项的销售收入。个人所得税方面，《财政部 国家税务总局关于企业促销展业赠送礼品有关个人所得税问题的通知》（财税〔2011〕50号）规定：“根据《中华人民共和国个人所得税法》及其实施条例有关规定，现对企业和单位（包括企业、事业单位、社会团体、个人独资企业、合伙企业和个体工商户等，以下简称企业）在营销活动中以折扣折让、赠品、抽奖等方式，向个人赠送现金、消费券、物品、服务等（以下简称礼品）有关个人所得税问题通知如下：一、企业在销售商品（产品）和提供服务过程中向个人赠送礼品，属于下列情形之一的，不征收个人所得税：①企业通过价格折扣、折让方式向个人销售商品（产品）和提供服务；②企业在向个人销售商品（产品）和提供服务的同时给予赠品，如通信企业对个人购买手机赠话费、入网费，或者交话费赠手机等；③企业对累积消费达到一定额度的个人按消费积分反馈礼品……”

（3）返还现金：返还现金是指企业在销售货物的同时，返还部分现金给购买方，返还部分现金相当于赠送现金给购买方。企业发生的公益性捐赠支出，在年度利润总额12%以内的部分，准予在计算应纳税所得额时扣除，超过年度利润总额12%的部分，准予结转以后3年内在计算应纳税所得额时扣除。除此以外的捐赠支出都不允许税前扣除。返还现金不属于公益性捐赠，不得在企业所得税前扣除。

【筹划思路】 对于折扣销售，应尽量使得销售额和折扣额在同一张发票的金额栏中分别注明，按折扣后的销售额计征增值税，这样便可达到节税的目的。企业在选择折扣方式时，应当尽量不选择实物折扣，在必须采用实物折扣的销售方式时，企业可以在发票上作适当的调整，变“实物折扣”为“价格折扣（折扣销售）”或采用捆绑销售方式，以达到节税的目的。对于返还现金的折扣方式，由于这部分金额不得在税前扣除，所以加重了企业所得税税负，同样若选择变“返还现金”为“价格折扣（折扣销售）”，便会达到节税效果。

【筹划过程】

方案一：让利（折扣）20%销售商品，即甲商场将1 000元的商品以800元价格销售，或者甲商场的销售价格仍为1 000元，但是，在同一张发票上的金额栏反映折扣额为200元。

应纳增值税=（800−600）÷（1+13%）×13%=23.01（元）

应纳城建税及教育费附加=23.01×（7%+3%）=2.30（元）

应纳税所得额=（800−600）÷（1+13%）−60−2.30=114.69（元）

应纳企业所得税=114.69×25%=28.67（元）

应纳税额合计=23.01+2.30+28.67=53.98（元）

税后利润=（800−600）÷（1+13%）−60−2.30−28.67=86.02（元）

方案二：赠送商品，即甲商场在销售800元商品的同时，另外再赠送200元的商品（本地税务机关认为买一赠一、捆绑销售等组合销售行为赠送的商品视同销售征收增值税）。

甲商场在销售800元商品的同时，另外再赠送200元的商品，若销售额（1 000元）和折扣额（200元）未在同一张发票“金额”栏注明折扣额，而仅在发票的“备注”栏注明折扣额（200元）的，或者将赠送200元的商品另开发票，则折扣额（200元）不得从销售额（1 000元）中减除。在这种情况下，本地税务机关认为买一赠一、捆绑销售等组合销售行为赠送的商品视同销售征收增值税。

甲商场销售800元商品时：

应纳增值税=800÷（1+13%）×13%−480÷（1+13%）×13%=36.81（元）

赠送200元的商品，应视同销售处理，则：

应纳增值税=200÷（1+13%）×13%−120÷（1+13%）×13%=9.20（元）

合计应纳增值税=36.81+9.20=46.01（元）

应纳城建税及教育费附加=46.01×（7%+3%）=4.60（元）

应纳税所得额=（800−480−120）÷（1+13%）−60−4.60−200÷（1+13%）×13%=89.38（元）①

应纳企业所得税=89.38×25%=22.35（元）

应纳税额合计=46.01+4.60+22.35=72.96（元）

税后利润=（800−480−120）÷（1+13%）−60−4.60−200÷（1+13%）×13%−22.35=67.03（元）

---

① 对于企业所得税，国税函〔2008〕875号规定：企业以买一赠一等方式组合销售本企业商品的，不属于捐赠，应将总的销售金额按各项商品的公允价值的比例来分摊确认各项的销售收入。因此，买一赠一、捆绑销售等组合销售中的赠送商品视同销售的增值税销项税额23.01元（200÷（1+13%）×13%）可以作为销售费用从应纳税所得额中扣除。具体会计分录为：

借：销售费用（123.89+23.01）　146.90

　贷：库存商品　（140÷（1+13%））　123.89

　　　应交税费——应交增值税（销项税额）（200÷（1+13%）×13%）　23.01

方案三：返还20%的现金，即甲商场销售1 000元商品的同时，向顾客赠送200元现金。

应纳增值税=（1 000−600）÷（1+13%）×13%=46.02（元）

应纳城建税及教育费附加=46.02×（7%+3%）=4.60（元）

应纳税所得额=（1 000−600）÷（1+13%）−60−4.60=289.38（元）

应纳企业所得税=289.38×25%=72.35（元）

（注：甲商场返还的现金不得在企业所得税税前扣除）

应纳税额合计=46.02+4.60+72.35=122.97（元）

税后利润=（1 000−600）÷（1+13%）−60−200−4.60−72.35≐17.03（元）

将以上方案计算结果进行汇总分析（见表2-3）。

表2-3 各方案的税收负担及利润比较 单位：元

方案	增值税	城建税及教育费附加	企业所得税	税负合计	企业税后利润
方案一	23.01	2.30	28.67	53.98	86.02
方案二	46.01	4.60	22.35	72.96	67.03
方案三	46.02	4.60	72.35	122.97	17.03

【筹划结论】方案一比方案二少缴税18.98元（72.96−53.98），多获取税后利润18.99元（86.02−67.03），方案一比方案三少缴税68.99元（122.97−53.98），多获取税后利润68.99元（86.02−17.03），因此，应当选择方案一。

【任务点评】企业在选择折扣方式之前，不能盲目，而应当全面权衡，综合筹划，选择最佳的折扣方式，以便降低成本，获得最大的经济效益。

任务六 直销行为的纳税筹划

任务案例2-6 甲公司是一家保健品公司，为增值税一般纳税人。甲公司采用直销方式推销产品，由业务员为其推销，其业务员并非本公司雇用的员工，而是一些兼职人员，所签合同并非劳动合同，而是业务或劳务合同。合同中有如下条款："业务员从甲公司的提货价必须要与卖给客户的零售价一致，然后根据销售额的5%从甲公司获取提成。"本年7月甲公司直销收入总额为10 000万元（不含增值税），进项税额为500万元。该产品的增值税税率为13%。

【任务要求】请对上述业务进行纳税筹划。

【税法依据】一般纳税人采用一般计税方法的应纳增值税税额=本期销项税额−本期准予抵扣进项税额

小规模纳税人应纳增值税税额=不含税销售额×征收率

《关于直销企业增值税销售额确定有关问题的公告》（国家税务总局公告2013年第5号）规定：根据《中华人民共和国增值税暂行条例》及其实施细则规定，现将直销企业采取直销方式销售货物增值税销售额确定有关问题公告如下：

一、直销企业先将货物销售给直销员，直销员再将货物销售给消费者的，直销企业的销售额为其向直销员收取的全部价款和价外费用。直销员将货物销售给消费者时，应按照现行规定缴纳增值税。

二、直销企业通过直销员向消费者销售货物，直接向消费者收取货款，直销企业的销售额为其向消费者收取的全部价款和价外费用。

【筹划思路】一般纳税人采用一般计税方法销售货物、劳务、服务、无形资产或者不动产，只要其采购时取得增值税专用发票等扣税凭证，则可以抵扣进项税额，即相当于按增值额来缴纳增值税；但小规模纳税人的应纳增值税与增值额无关，仅与销售额有关。因此，我们应当尽量避免小规模纳税人从一般纳税人购进货物、劳务、服务、无形资产或者不动产的情况，在小规模纳税人（含个人，下同）作为一般纳税人直销企业业务员的直销业务中，应当避免出现"一般纳税人直销企业先将产品卖给小规模纳税人，小规模纳税人再对外销售"的合同条款。

【筹划过程】

方案一：仍采用原合同的条款。

须分为两道销售环节：第一道是甲公司将商品按照提货价卖给业务员，甲公司应纳增值税=10 000×13%−500=800（万元）；第二道是业务员将商品按照零售价卖给客户，业务员应纳增值税=10 000×3%=300（万元）。（这300万元的增值税一般由甲公司通过其他方式补偿给业务员）

方案二：修改合同条款为："业务员以甲公司的名义对外销售，按照甲公司统一定价卖给客户，然后根据销售额的5%从甲公司获取提成。"

则只有一道销售环节，即甲公司销售给客户。

甲公司应纳增值税=10 000×13%−500=800（万元）

【筹划结论】方案二比方案一少缴纳增值税300万元（800+300−800），因此，应当选择方案二。

【任务点评】聘请财税专业人士审查合同，避免不必要的税收风险，成为企业签订合同时越来越需要注意的问题。

任务七 选择供应商纳税人身份的纳税筹划

任务案例2-7 甲公司为增值税一般纳税人，适用的增值税税率为13%，本年7月购买原材料时，有以下几种方案可供选择：方案一，从一般纳税人A公司购买，可取得A公司开具的税率为13%的增值税专用发票，每吨含税价格为10 900元；方案二，从小规模纳税人B公司购买，则可取得由税务机关代开的税率为3%的增值税专用发票，每吨含税价格为10 000元；方案三，从小规模纳税人C公司购买，只能取得C公司开具的征收率为3%的增值税普通发票，每吨含税价格为9 100元。甲公司用此原材料生产的产品每吨不含税销售额为20 000元，其他相关费用为3 000元，城建税税率为7%，教育费附加征收率为3%。甲公司以净利润（税后利润）最大化为目标。

【任务要求】请对上述业务进行纳税筹划。

【税法依据】同【任务案例2-1】的【税法依据】。

【筹划思路】若购买方为增值税一般纳税人，一方面，从其他一般纳税人购进货物、劳务、服务、无形资产或者不动产可以按不含税价格的13%、9%或者6%等比例抵扣增值税进项税额，而从小规模纳税人购进货物、劳务、服务、无形资产或者不动产则无法抵扣增值税进项税额，或者即便能取得小规模纳税人通过主管税务机关代开或者自行开具的增值税专用发票，也只能抵扣货物不含税价格3%（特殊情况下为5%等）的增值税进项税额；另一方面，一般情况下，从其他一般纳税人比从小规模纳税人购进货物、劳务、服务、无形资产或者不动产的价格要高。所以，一般纳税人在选择供应商时，需要综合考虑上述两方面内容。

若购买方为增值税小规模纳税人，是从一般纳税人还是从小规模纳税人购进货物、劳务、服务、无形资产或者不动产，其选择是比较容易的，由于小规模纳税人不能抵扣进项税额，含税购进价格中的增值税税额对其意味着单纯的现金流出，所以，只要比较一下供应商给出的含税销售价格的高低即可。

【筹划方法】

若购买方**以净利润（税后利润）最大化为目标**，则我们可以采用净利润法（又称税后利润法），即比较选择不同供应商的净利润的大小，进而选择净利润最大的方案。

（一）一般纳税人对供应商纳税人身份的选择

（1）一般纳税人选择供应商纳税人身份的类型。一般纳税人在采购货物、劳务、服务、无形资产或者不动产的时候，可以选择不同增值税纳税人身份的供应商。概括起来，共有三种类型：一是从一般纳税人采购；二是从小规模纳税人采购，并可取得由主管税务机关代开的增值税专用发票或小规模纳税人自行开具的增值税专用发票；三是从小规模纳税人采购，只能取得增值税普通发票。

（2）一般纳税人选择供应商纳税人身份的纳税筹划方法。若供应商既可以是一般纳税人，又可以是小规模纳税人，则需在两者之间做出选择。

首先，分别计算不同情况下的净利润情况。

①假定购买方作为一般纳税人，其不含税销售额为S，销售货物、劳务、服务、无形资产或者不动产的增值税税率为T，从一般纳税人购进货物、劳务、服务、无形资产或者不动产的含税购进金额为P_1，购进货物、劳务、服务、无形资产或者不动产的增值税税率为T_1（假设从一般纳税人购进货物、劳务、服务、无形资产或者不动产，能取得增值税专用发票），其他费用为F[①]，此时，净利润为L_1。假定城建税税率为7%，教育费附加征收率为3%，企业所得税税率为25%。

L_1=（不含税销售额−不含税购进金额−其他费用−城建税和教育费附加）×（1−企业所得税税率）

$$=\{S-P_1\div(1+T_1)-F-[S\times T-P_1\div(1+T_1)\times T_1]\times(7\%+3\%)\}\times(1-25\%)$$

②假定购买方作为一般纳税人，其不含税销售额为S，销售货物、劳务、服务、无形资产或者不动产的增值税税率为T，从小规模纳税人购进货物、劳务、服务、无形资产或者不动产的含税购进金额为P_2，购进货物、劳务、服务、无形资产或者不动产的增值税征收率为T_2（假设从小规模纳税人购进货物、劳务、服务、无形资产或者不动产，能取得由主管税务机关代开或者小规模纳税人自行开具的增值税专用发票），其他费用为F，此时，

① 不管对供应商如何选择都不影响其他费用F。下同。

净利润为L_2。

L_2=（不含税销售额－不含税购进金额－其他费用－城建税和教育费附加）×（1－企业所得税税率）

$=\{S-P_2\div(1+T_2)-F-[S\times T-P_2\div(1+T_2)\times T_2]\times(7\%+3\%)\}\times(1-25\%)$

③假定购买方作为一般纳税人，其不含税销售额为S，销售货物、劳务、服务、无形资产或者不动产的增值税税率为T，从小规模纳税人购进货物、劳务、服务、无形资产或者不动产的含税购进金额为P_3，购进货物、劳务、服务、无形资产或者不动产的增值税征收率为T_3（假设从小规模纳税人购进货物、劳务、服务、无形资产或者不动产，只能取得增值税普通发票，不能取得增值税专用发票），其他费用为F，此时，净利润为L_3。

L_3=（不含税销售额－含税购进金额－其他费用－城建税和教育费附加）×（1－企业所得税税率）

$=[S-P_3-F-S\times T\times(7\%+3\%)]\times(1-25\%)$

其次，根据不同情况下的净利润，计算净利润均衡点价格比。

①令$L_1=L_2$，得：净利润均衡点价格比$P_1/P_2=\dfrac{(1+T_1)\times(1-0.1T_2)}{(1+T_2)\times(1-0.1T_1)}$

当$T_1=13\%$，$T_2=3\%$时，代入上式得：$P_1/P_2=[(1+13\%)\times(1-0.1\times3\%)]\div[(1+3\%)\times(1-0.1\times13\%)]=1.1082$

也就是说，若$T_1=13\%$，$T_2=3\%$，且$P_1/P_2=1.1082$时，无论是从一般纳税人还是从能取得由主管税务机关代开或者自行开具增值税专用发票的小规模纳税人采购，其净利润是一样的；当$P_1/P_2>1.1082$时，则从由主管税务机关代开或者自行开具增值税专用发票的小规模纳税人采购，产生的净利润较大，此时应当选择从小规模纳税人采购；当$P_1/P_2<1.1082$时，应当选择从一般纳税人采购。

②令$L_1=L_3$，得：净利润均衡点价格比$P_1/P_3=(1+T_1)/(1-0.1T_1)$

当$T_1=13\%$时，代入上式得：$P_1/P_3=(1+13\%)\div(1-0.1\times13\%)=1.1449$

也就是说，若$T_1=13\%$，且$P_1/P_3=1.1449$时，无论是从一般纳税人还是从只能开具增值税普通发票的小规模纳税人采购，其净利润是一样的；当$P_1/P_3>1.1449$时，则从小规模纳税人采购产生的净利润较大，此时应当选择从小规模纳税人采购；当$P_1/P_3<1.1449$时，应当选择从一般纳税人采购。

③令$L_2=L_3$，得：净利润均衡点价格比$P_2/P_3=(1+T_2)/(1-0.1T_2)$

当$T_2=3\%$时，代入上式得：$P_2/P_3=(1+3\%)\div(1-0.1\times3\%)=1.0331$

也就是说，若$T_2=3\%$，且$P_2/P_3=1.0331$时，无论是从能取得由主管税务机关代开或者自行开具增值税专用发票的小规模纳税人，还是从只能开具增值税普通发票的小规模纳税人采购，其净利润是一样的；当$P_2/P_3>1.0331$时，则从只能开具增值税普通发票的小规模纳税人采购产生的净利润较大，此时应当选择从只能开具增值税普通发票的小规模纳税人采购；当$P_2/P_3<1.0331$时，应当选择从能取得由主管税务机关代开或者自行开具增值税专用发票的小规模纳税人采购。

同理，我们可以得出其他情况下净利润均衡点价格比[①]（见表2-4）。

---

① 为了研究方便，此处不考虑免征增值税、3%减按1%的征收率、3%减按2%的征收率、与不动产有关的特殊项目适用5%的征收率、一些特殊项目适用5%减按1.5%的征收率，同时不考虑“自2019年4月1日起，纳税人购进用于生产销售或委托加工13%税率货物的农产品，按照10%的扣除率计算进项税额”、“自2019年4月1日至2021年12月31日，允许生产、生活性服务业纳税人按照当期可抵扣进项税额加计10%，抵减应纳税额”，以及“自2019年10月1日至2021年12月31日，允许生活性服务业纳税人按照当期可抵扣进项税额加计15%，抵减应纳税额”。

表 2-4　　不同情况下净利润均衡点价格比汇总表

项目	13%税率的增值税专用发票	9%税率的增值税专用发票	6%税率的增值税专用发票	3%税率的增值税专用发票
3%税率的增值税专用发票	$P_1/P_2=1.1082$	$P_1/P_2=1.0647$	$P_1/P_2=1.0322$	—
3%征收率的增值税普通发票	$P_1/P_3=1.1449$	$P_1/P_3=1.100$	$P_1/P_3=1.0664$	$P_2/P_3=1.0331$

（二）小规模纳税人对供应商纳税人身份的选择

（1）小规模纳税人选择供应商纳税人身份的类型。小规模纳税人在购进货物、劳务、服务、无形资产或者不动产的时候，也可以选择不同纳税人身份的供应商。概括起来，共有3种类型，同上述一般纳税人选择供应商纳税人身份的类型。

（2）小规模纳税人选择供应商纳税人身份的纳税筹划方法。对于小规模纳税人来说，无论是从增值税一般纳税人购进货物、劳务、服务、无形资产或者不动产，还是从小规模纳税人购进，都不能抵扣进项税额。所以，小规模纳税人在选择供应商纳税人身份时，主要考虑购进货物、劳务、服务、无形资产或者不动产的含税价格的高低，选择提供的价格最低的供应商就可以了。

【筹划过程】

P_1/P_2=10 900÷10 000=1.09＜1.1082，根据表2-4的结论，方案一与方案二相比，应当选择方案一。

P_1/P_3=10 900÷9 100=1.1978＞1.1449，根据表2-4的结论，方案一与方案三相比，应当选择方案三。

P_2/P_3=10 000÷9 100=1.0989＞1.0331，根据表2-4的结论，方案二与方案三相比，应当选择方案三。

综上所述，应当选择方案三。具体验证如下：

方案一：从一般纳税人A公司购买。

净利润={20 000−10 900÷（1+13%）−3 000−［20 000×13%−10 900÷（1+13%）×13%］×（7%+3%）}×（1−25%）=5 414.54（元）

方案二：从小规模纳税人B公司购买。

净利润={20 000−10 000÷（1+3%）−3 000−［20 000×13%−10 000÷（1+3%）×3%］×（7%+3%）}×（1−25%）=5 295.29（元）

方案三：从小规模纳税人C公司购买。

净利润=［20 000−9 100−3 000−20 000×13%×（7%+3%）］×（1−25%）=5 730（元）

【筹划结论】方案三比方案一多获取净利润315.46元（5 730−5 414.54），比方案二多获取净利润434.71元（5 730−5 295.29），因此，方案三为最优方案，其次是方案一，最后是方案二。

【任务点评】以上是在“购买方以净利润最大化为目标”的前提下进行讨论的。事实上，企业选择供应商时除了需要考虑净利润大小以外，还应当考虑诸如现金净流量、信用关系、售后服务、购进运费等其他因素，以便做出全面、合理的决策。

任务八 购进时间选择的纳税筹划

任务案例2-8 甲公司为增值税小规模纳税人。预计本年11月年应税销售额（连续不超过12个月的经营期内累计应征增值税销售额）将超过500万元。甲公司本年11月初准备购买价格为113万元（含增值税）的设备来扩大生产，且取得增值税专用发票，该设备的增值税税率为13%。假设甲公司本年12月登记为一般纳税人，且甲公司选择的一般纳税人资格生效之日为本年12月1日。

【任务要求】请对上述业务进行纳税筹划。

【税法依据】小规模纳税人实行简易征税办法，不能自行领购和使用增值税专用发票，也不得抵扣进项税额。经税务机关审核登记的一般纳税人，可按规定领购和使用增值税专用发票，按增值税条例规定计算缴纳增值税，可以抵扣进项税额。

纳税人年应税销售额超过规定标准的，且不符合可以选择按小规模纳税人纳税的有关政策规定，应当在年应税销售额超过规定标准的月份（或季度）的所属申报期结束后15日内按照上述规定办理一般纳税人登记手续；未按规定时限办理的，主管税务机关应当在规定期限结束后5个工作日内制作“税务事项通知书”，告知纳税人应当在5个工作日内向主管税务机关办理一般纳税人登记手续。逾期仍不办理的，次月起按销售额依照增值税税率计算应纳税额，不得抵扣进项税额，直至纳税人办理一般纳税人登记手续为止。

纳税人自一般纳税人生效之日起，按照增值税一般计税方法计算应纳税额，并可以按照规定领用增值税专用发票，财政部、国家税务总局另有规定的除外。生效之日，是指纳税人办理登记的当月1日或者次月1日，由纳税人在办理登记手续时自行选择。

【筹划思路】企业在即将转化为一般纳税人之前应当尽量推迟原材料、固定资产等的购买时间，等到成为一般纳税人之后再进行购买，以便能够抵扣进项税额。

【筹划过程】

方案一：本年11月购进设备。

购置设备的进项税额不能抵扣，而是要计入固定资产原值。

方案二：本年12月购进设备。

购置设备的进项税额能够抵扣。

与购置设备相关的进项税额=113÷（1+13%）×13%=13（万元）

【筹划结论】方案二比方案一多抵扣进项税额13万元，相当于少缴纳增值税13万元，因此，应当选择方案二。

【任务点评】若增值税小规模纳税人即将转化为增值税一般纳税人，并且在转化为增值税一般纳税人之前因为生产急需，已经购置了相关原材料或固定资产，如果购置金额比较大且条件允许，企业可以采取退货重购的方式，以便能够抵扣进项税额。但需要注意的是，退货重购又会产生一定的费用，还会有一定的风险。因此企业应当综合考虑。

任务九 变“收购非初级农产品”为“收购初级农产品”的纳税筹划

任务案例2-9 甲公司为一家家具生产企业，本年7月从农民手中收购经农民加工过的板材价值1 200万元，并于当月全部领用用于生产家具，假设农民加工这1 200万元板材耗用树木的成本为800万元。甲公司本年7月销售家具，取得不含税销售收入4 000万元，销售家具适用的增值税税率为13%，其他可抵扣的进项税额为150万元。

【任务要求】请对上述业务进行纳税筹划。

【税法依据】自2018年5月1日起，纳税人购进农产品，原适用11%扣除率的，扣除率调整为10%。自2019年4月1日起，纳税人购进农产品，原适用10%扣除率的，扣除率调整为9%。自2019年4月1日起，纳税人购进农产品，按下列规定抵扣进项税额：

①除第②项规定外，纳税人购进农产品，取得一般纳税人开具的增值税专用发票或海关进口增值税专用缴款书的，以增值税专用发票或海关进口增值税专用缴款书上注明的增值税税额为进项税额；从按照简易计税方法依照3%征收率计算缴纳增值税的小规模纳税人取得增值税专用发票的，以增值税专用发票上注明的金额和9%（自2017年7月1日起至2018年4月30日，为11%；自2018年5月1日起至2019年3月31日，为10%）的扣除率计算进项税额；取得（开具）农产品销售发票或收购发票的，以农产品销售发票或收购发票上注明的农产品买价（买价，是指纳税人购进农产品在农产品收购发票或者销售发票上注明的价款和按照规定缴纳的烟叶税）和9%（自2017年7月1日起至2018年4月30日，为11%；自2018年5月1日起至2019年3月31日，为10%）的扣除率计算进项税额。

②自2019年4月1日起的营改增试点期间，纳税人购进用于生产或者委托加工13%税率货物的农产品，按照10%的扣除率计算进项税额（自2017年7月1日起至2018年4月30日的营改增试点期间，纳税人购进用于生产销售或委托加工17%税率货物的农产品，按照13%的扣除率计算进项税额；自2018年5月1日起至2019年3月31日的营改增试点期间，纳税人购进用于生产销售或委托加工16%税率货物的农产品，按照12%的扣除率计算进项税额）。

③继续推进农产品增值税进项税额核定扣除试点，纳税人购进农产品进项税额已实行核定扣除的，仍按照《财政部 国家税务总局关于在部分行业试行农产品增值税进项税额核定扣除办法的通知》（财税〔2012〕38号）、《财政部 国家税务总局关于扩大农产品增值税进项税额核定扣除试点行业范围的通知》（财税〔2013〕57号）执行。其中，《农产品增值税进项税额核定扣除试点实施办法》（财税〔2012〕38号）第四条第（二）项规定的扣除率调整为9%（自2017年7月1日起至2018年4月30日，为11%；自2018年5月1日起至2019年3月31日，为10%）；第（三）项规定的扣除率调整为按上述第①项、第②项规定执行。

④纳税人从批发、零售环节购进适用免征增值税政策的蔬菜、部分鲜活肉蛋而取得的普通发票，不得作为计算抵扣进项税额的凭证。

⑤纳税人购进农产品既用于生产销售或委托加工13%（自2017年7月1日起至2018年4月30日，为17%；自2018年5月1日起至2019年3月31日，为16%）税率货物，又用于

生产销售其他货物服务的，应当分别核算用于生产销售或委托加工13%（自2017年7月1日起至2018年4月30日，为17%；自2018年5月1日起至2019年3月31日，为16%）税率货物和其他货物服务的农产品进项税额。未分别核算的，统一以增值税专用发票或海关进口增值税专用缴款书上注明的增值税税额为进项税额，或以农产品收购发票或销售发票上注明的农产品买价和9%（自2017年7月1日起至2018年4月30日，为11%；自2018年5月1日起至2019年3月31日，为10%）的扣除率计算进项税额。

⑥销售发票，是指农业生产者销售自产农产品适用免征增值税政策而开具的普通发票。

农产品，是指种植业、养殖业、林业、牧业、水产业生产的各种植物、动物的初级产品。

【筹划思路】 上文税法中的初级产品就是没有经过任何加工的农业产品，初级产品一旦经过加工，哪怕是最简单的加工，也就失去了税法规定的初级产品的特点，就不能按照扣除率计算进项税额。因此企业应该直接收购没有经过加工的农产品，来充分享受优惠政策，从而减轻税负。

【筹划过程】

方案一：甲公司从农民手中收购经农民加工过的板材。

应纳增值税=4 000×13%-150=370（万元）

方案二：甲公司直接收购树木，然后雇用农民加工成板材。

自2019年4月1日起，纳税人购进用于生产销售或委托加工13%税率货物的农产品，按照10%的扣除率计算进项税额。

应纳增值税=4 000×13%-800×10%-150=290（万元）

【筹划结论】 方案二比方案一少缴纳增值税80万元（370-290），因此，应当选择方案二。

【任务点评】 企业直接收购树木，然后雇用农民加工成板材，产生的人工成本应当不高于480万元（1 200-800+80），否则将会得不偿失。

任务十　分立农业生产部门的纳税筹划

任务案例2-10 甲纺织厂为增值税一般纳税人，以亚麻为原材料生产纺织品，纺织品的增值税税率为13%，生产所用原材料亚麻主要由本厂的种植园提供。甲纺织厂预计本年7月至12月纺织品实现销售收入6 300万元，种植园自产亚麻的成本为2 000万元，种植园购置原材料等可抵扣的进项税额很少，仅有10万元，另外甲纺织厂外购其他原材料等可抵扣的进项税额为100万元。

【任务要求】 请对上述业务进行纳税筹划。

【税法依据】 销售自产农产品免征增值税。销售自产农产品，是指农业生产者销售的自产初级农产品（包括制种、“公司+农户”经营模式的畜禽饲养）。

农产品，是指种植业、养殖业、林业、牧业、水产业生产的各种植物、动物的初级产品。

自2018年5月1日起，纳税人购进农产品，原适用11%扣除率的，扣除率调整为10%。自2019年4月1日起，纳税人购进农产品，原适用10%扣除率的，扣除率调整为9%。自2019年4月1日起，纳税人购进农产品，按下列规定抵扣进项税额：

①除第②项规定外，纳税人购进农产品，取得一般纳税人开具的增值税专用发票或海关进口增值税专用缴款书的，以增值税专用发票或海关进口增值税专用缴款书上注明的增值税税额为进项税额；从按照简易计税方法依照3%征收率计算缴纳增值税的小规模纳税人取得增值税专用发票的，以增值税专用发票上注明的金额和9%（自2017年7月1日起至2018年4月30日，为11%；自2018年5月1日起至2019年3月31日，为10%）的扣除率计算进项税额；取得（开具）农产品销售发票或收购发票的，以农产品销售发票或收购发票上注明的农产品买价（买价，是指纳税人购进农产品在农产品收购发票或者销售发票上注明的价款和按照规定缴纳的烟叶税）和9%（自2017年7月1日起至2018年4月30日，为11%；自2018年5月1日起至2019年3月31日，为10%）的扣除率计算进项税额。

②自2019年4月1日起的营改增试点期间，纳税人购进用于生产或者委托加工13%税率货物的农产品，按照10%的扣除率计算进项税额（自2017年7月1日起至2018年4月30日的营改增试点期间，纳税人购进用于生产销售或委托加工17%税率货物的农产品，按照13%的扣除率计算进项税额；自2018年5月1日起至2019年3月31日的营改增试点期间，纳税人购进用于生产销售或委托加工16%税率货物的农产品，按照12%的扣除率计算进项税额)。

③继续推进农产品增值税进项税额核定扣除试点，纳税人购进农产品进项税额已实行核定扣除的，仍按照《财政部 国家税务总局关于在部分行业试行农产品增值税进项税额核定扣除办法的通知》(财税〔2012〕38号)、《财政部 国家税务总局关于扩大农产品增值税进项税额核定扣除试点行业范围的通知》(财税〔2013〕57号）执行。其中，《农产品增值税进项税额核定扣除试点实施办法》(财税〔2012〕38号）第四条第（二）项规定的扣除率调整为9%（自2017年7月1日起至2018年4月30日，为11%；自2018年5月1日起至2019年3月31日，为10%)；第（三）项规定的扣除率调整为按本条第①项、第②项规定执行。

④纳税人从批发、零售环节购进适用免征增值税政策的蔬菜、部分鲜活肉蛋而取得的普通发票，不得作为计算抵扣进项税额的凭证。

⑤纳税人购进农产品既用于生产销售或委托加工13%（自2017年7月1日起至2018年4月30日，为17%；自2018年5月1日起至2019年3月31日，为16%）税率货物，又用于生产销售其他货物服务的，应当分别核算用于生产销售或委托加工13%（自2017年7月1日起至2018年4月30日，为17%；自2018年5月1日起至2019年3月31日，为16%）税率货物和其他货物服务的农产品进项税额。未分别核算的，统一以增值税专用发票或海关进口增值税专用缴款书上注明的增值税税额为进项税额，或以农产品收购发票或销售发票上注明的农产品买价和9%（自2017年7月1日起至2018年4月30日，为11%；自2018年5月1日起至2019年3月31日，为10%）的扣除率计算进项税额。

⑥销售发票，是指农业生产者销售自产农产品适用免征增值税政策而开具的普通发票。

【筹划思路】 对农业生产者销售的自产农产品（如亚麻）免征增值税，但以自产农产品（如亚麻）为原材料加工后的产品并不属于农产品免税范围。企业要想享受销售自产农产品免税的政策，可以考虑把种植园和纺织厂分为两个独立法人，采取纺织厂购买种植园亚麻的经营模式，一方面，种植园可以享受销售自产农产品免征增值税的政策；另一方面，纺织厂还可以按采购亚麻金额乘以扣除率计算抵扣进项税额。

【筹划过程】

方案一：将种植园和纺织厂作为一个独立法人。

本年7月至12月应纳增值税=6 300×13%−10−100=709（万元）

方案二：将种植园和纺织厂分为两个独立法人，种植园将自己生产的亚麻以2 400万元的市场价格直接销售给纺织厂。

（1）本年7月至12月种植园实现销售收入2 400万元，由于其自产自销未经加工的亚麻符合农业生产者自产自销农产品的条件，因而可以享受免税待遇，税负为零，相应的进项税额10万元也不予抵扣。

（2）纺织厂购进亚麻。

自2019年4月1日起，纳税人购进用于生产销售或委托加工13%税率货物的农产品，按照10%的扣除率计算进项税额。

本年7月至12月应纳增值税=6 300×13%−2 400×10%−100=479（万元）

【筹划结论】方案二比方案一少缴纳增值税230万元（709−479），因此，应当选择方案二。

【任务点评】将种植园和纺织厂分为两个独立法人，必然要多支出一部分开办费用及其他费用。但这笔费用与省下来的增值税相比要少很多，所以采用上述方式是非常划算的。

任务十一　存货非正常损失的纳税筹划

任务案例2-11 甲公司为增值税一般纳税人，适用13%的增值税税率。本年7月甲公司购入一批原材料，不含税价格为200万元，取得的增值税专用发票注明的增值税税额为26万元，且认证通过后已经作为进项税额抵扣。本年12月该批原材料由于仓库发生火灾（因管理不善）导致发生损失，甲公司对其进行盘存清理，发现有不含增值税价格35万元的原材料经过一定处理仍能使用，为回笼资金决定将其变价卖出。本年12月甲公司其他业务增值税销项税额为100万元，可抵扣的进项税额为60万元。

【任务要求】请对上述业务进行纳税筹划。

【税法依据】下列项目的**进项税额不得从销项税额中抵扣**：

（1）用于简易计税方法计税项目、免征增值税项目、集体福利或者个人消费的购进货物、劳务、服务、无形资产和不动产。其中涉及的无形资产、不动产，仅指专用于上述项目的无形资产（不包括其他权益性无形资产）、不动产。

纳税人的交际应酬消费属于个人消费。

（2）非正常损失的购进货物，以及相关的加工修理修配劳务和交通运输服务。

（3）非正常损失的在产品、产成品所耗用的购进货物（不包括固定资产）、劳务和交通运输服务。

（4）非正常损失的不动产，以及该不动产所耗用的购进货物、设计服务和建筑服务。

（5）非正常损失的不动产在建工程所耗用的购进货物、设计服务和建筑服务。

纳税人新建、改建、扩建、修缮、装饰不动产，均属于不动产在建工程。

（6）购进的贷款服务、餐饮服务、居民日常服务和娱乐服务。

（7）财政部和国家税务总局规定的其他情形。

上述第（4）点、第（5）点所称货物，是指构成不动产实体的材料和设备，包括建筑装饰材料和给排水、采暖、卫生、通风、照明、通讯、煤气、消防、中央空调、电梯、电气、智能化楼宇设备及配套设施。

非正常损失，是指因管理不善造成货物被盗、丢失、霉烂变质，以及因违反法律法规造成货物或者不动产被依法没收、销毁、拆除的情形。

纳税人接受贷款服务向贷款方支付的与该笔贷款直接相关的投融资顾问费、手续费、咨询费等费用，其进项税额不得从销项税额中抵扣。

已抵扣进项税额的购进服务，发生上述规定情形（简易计税方法计税项目、免征增值税项目除外）的，应当将该进项税额从当期进项税额中扣减；无法确定该进项税额的，按照当期实际成本计算应扣减的进项税额。

已抵扣进项税额的无形资产或者不动产，发生上述规定情形的，按照下列公式计算不得抵扣的进项税额：

不得抵扣的进项税额=无形资产或者不动产净值×适用税率

按照《中华人民共和国增值税暂行条例》第十条和上述不得抵扣且未抵扣进项税额的固定资产、无形资产、不动产，发生用途改变，用于允许抵扣进项税额的应税项目，可在用途改变的次月按照下列公式，依据合法有效的增值税扣税凭证，计算可以抵扣的进项税额：

可以抵扣的进项税额=固定资产、无形资产、不动产净值÷（1+适用税率）×适用税率

上述可以抵扣的进项税额应取得合法有效的增值税扣税凭证。

【筹划思路】由于非正常损失存货进项税额不能抵扣，因此，在合理且精确地计算存货非正常损失额的基础上，尽量降低非正常损失存货的会计核算额具有重要意义。

【筹划过程】

方案一：会计核算上按照200万元作为非正常损失。

进项税转出额=200×13%=26（万元）

35万元的原材料变价销售的销项税额=35×13%=4.55（万元）

应纳增值税=100+4.55-（60-26）=70.55（万元）

方案二：会计核算上按照165万元（200-35）作为非正常损失。

进项税转出额=165×13%=21.45（万元）

35万元的原材料变价销售的销项税额=35×13%=4.55（万元）

应纳增值税=100+4.55-（60-21.45）=66（万元）

【筹划结论】方案二比方案一少缴纳增值税4.55万元（70.55-66），因此，应当选择方案二。

【任务点评】尽量降低非正常损失存货的会计核算额的前提在于合理且精确地将报废的存货和仍能使用的存货分开，并在会计核算上能按照数量、单价和金额正确体现。

任务十二 避免零申报、负申报的纳税筹划

任务案例2-12 甲公司为一家电子产品的代理商，本年由于代理的商品购销价格受到产品生产厂家的控制，因此，毛利率偏低。近期一方面由于集中购入产品，导致进项税额急剧上升，另一方面由于前期库存商品的市场销售价格下跌，导致销项税额下降，已连续两个月（本年10—11月）增值税应纳税额负申报。具体来说，本年10—11月的销项税额分别为120万元、80万元，认证通过可抵扣的进项税额分别为140万元、100万元，这样到本年12月仍有40万元的进项税额留抵。本年12月销项税额为70万元，购入产品取得增值税专用发票注明的增值税税额为50万元。假设甲公司连续三个月增值税零申报或负申报时，有可能被当地主管税务机关作为异常户进行管理。

【任务要求】 请对上述业务进行纳税筹划。

【税法依据】 自2020年3月1日起，增值税一般纳税人取得2017年1月1日及以后开具的增值税专用发票、海关进口增值税专用缴款书、机动车销售统一发票、收费公路通行费增值税电子普通发票，取消认证确认、稽核比对、申报抵扣的期限。纳税人在进行增值税纳税申报时，应当通过本省（自治区、直辖市和计划单列市）增值税发票综合服务平台对上述扣税凭证信息进行用途确认。

自2020年3月1日起，增值税一般纳税人取得2016年12月31日及以前开具的增值税专用发票、海关进口增值税专用缴款书、机动车销售统一发票，超过认证确认、稽核比对、申报抵扣期限，但符合规定条件的，仍可按照《国家税务总局关于逾期增值税扣税凭证抵扣问题的公告》(2011年第50号，国家税务总局公告2017年第36号、2018年第31号修改)、《国家税务总局关于未按期申报抵扣增值税扣税凭证有关问题的公告》(2011年第78号，国家税务总局公告2018年第31号修改）的规定，继续抵扣进项税额。

【筹划思路】 企业对增值税的纳税申报，如果在一定时期内均为零申报或者负申报，则可能被主管税务机关作为异常户进行管理。企业将被税务机关约谈，要求说明纳税申报异常的原因，甚至还有可能接受税务机关的调查和检查。为了避免上述麻烦,增值税一般纳税人企业在取得2017年1月1日及以后开具的增值税专用发票、海关进口增值税专用缴款书、机动车销售统一发票、收费公路通行费增值税电子普通发票后，可以适当推迟通过本省(自治区、直辖市和计划单列市)增值税发票综合服务平台对上述扣税凭证信息进行用途确认的时间。

【筹划过程】

方案一：甲公司本年12月将增值税税额为50万元的增值税专用发票在增值税发票综合服务平台对其信息进行用途确认。

本年12月应纳增值税=70-50-40=-20（万元）

即本年12月仍是负申报，且有20万元进项税额留抵。甲公司连续三个月增值税负申报，可能导致的后果是，甲公司将被税务机关约谈，并要求说明纳税申报异常的原因，甚至可能接受税务机关的调查和检查。

方案二：甲公司本年12月对增值税税额为50万元的增值税专用发票暂不在增值税发票综合服务平台对其信息进行用途确认。

本年12月应纳增值税=70−40=30（万元）

则使本年12月产生适当的应纳增值税税额30万元，从而避免因长期增值税负申报带来的诸多麻烦。

【筹划结论】方案二与方案一相比，会避免企业税收风险。

【任务点评】纳税筹划的目的不仅仅是节税，更重要的是防范税收风险，为企业营造一个安全稳妥的经营环境。

任务十三　延期纳税的纳税筹划

任务案例2-13　甲公司是一家大型机械生产企业，乙公司欲订购甲公司生产的设备一台，不含税金额为2 000万元。双方在合同中约定本年1月先由乙公司预先支付总价款的30%；本年6月甲公司将设备制造完成后，乙公司再向其支付总价款的20%，同时甲公司发出货物；在将设备安装调试合格后6个月内，预计本年12月乙公司支付剩余的50%货款。该设备适用的增值税税率为13%。

【任务要求】请对上述业务进行纳税筹划。

【税法依据】采取赊销和分期收款方式销售货物，纳税义务发生时间为书面合同约定的收款日期的当天，无书面合同的或者书面合同没有约定收款日期的，纳税义务发生时间为货物发出的当天。采取预收货款方式销售货物，纳税义务发生时间为货物发出的当天，但生产销售生产工期超过12个月的大型机械设备、船舶、飞机等货物，纳税义务发生时间为收到预收款或者书面合同约定的收款日期的当天。

【筹划思路】通过改变合同条款与字眼，充分利用经济法律、会计及税收政策与条文，尽量满足赊销或分期收款合同条件，合理合法地延迟纳税义务发生时间，从而充分利用资金的时间价值。

【筹划过程】

方案一：维持原合同不变。

很明显该销售行为属于采用预收款方式销售货物，按规定其纳税义务发生时间为货物发出的当天，即甲公司必须在发出货物时（本年6月）将截至发出货物日累计收回的货款1 000万元（2 000×30%+2 000×20%）和剩余的未收回的1 000万元（2 000×50%）货款全部确认为增值税应税销售额。则：

本年6月应纳增值税=2 000×13%=260（万元）

方案二：甲公司在合同中可以将本年1月先行收取的600万元约定为合同订金，并在收取时将该款项记入“其他应付款”科目。

甲公司与乙公司进一步约定，合同的主要条款履行后，即本年6月甲公司发出设备时由乙公司支付50%的货款（2 000×50%=1 000万元）时，同时将订金返还给乙公司，该订金并非冲抵货款而是冲销“其他应付款”科目，然后在设备安装调试合格（这以双方签署手续为准）后的6个月内（合同中具体到某日收款），乙公司再支付剩余的50%的货款

（2 000×50%=1 000万元）。这样，此销售行为从法律及财税的角度，都属于分期收款方式的销售行为，从而避免提前产生纳税义务。但是这里应当注意，本年6月甲公司发出设备时，不能开出2 000万元（含税价2 260万元）的发票，因为税法规定，“先开出发票的，为开出发票的当天”。也就是说，销售发票作为“索款凭据”，一旦开具便产生纳税义务，于是，只能先按货款的50%即1 000万元（含税价1 130万元）开出发票。等到设备安装调试合格后的6个月内，如本年12月再按其剩余货款的50%即1 000万元（含税价1 130万元）开出发票。这样本年6月应纳增值税130万元（1 000×13%），本年12月应纳增值税130万元（1 000×13%）。

【筹划结论】方案二比方案一将130万元的纳税义务延期了6个月，充分利用了资金的时间价值，因此，应当选择方案二。

【任务点评】通过变更合同字眼，从而改变涉税业务活动的实质，进而改变税负，是纳税筹划的常用思路。

任务十四　分别纳税与汇总纳税选择的纳税筹划

任务案例2-14 甲服装连锁经营企业在某省设立了十几家连锁经营的零售门店（年销售额均为500万元以上），在正常情况下，各零售门店应在所在地主管税务机关办理税务登记，申请认定为一般纳税人，分别申报缴纳增值税。

【任务要求】请对上述业务进行纳税筹划。

【税法依据】固定业户应当向其机构所在地的主管税务机关申报纳税。总机构和分支机构不在同一县（市）的，应当分别向各自所在地的主管税务机关申报纳税；经国务院财政、税务主管部门或者其授权的财政、税务机关批准，可以由总机构汇总向总机构所在地的主管税务机关申报纳税。

【筹划思路】从长远的角度来看，连锁经营企业在存货采购及销售总额一定的前提下，无论是由总公司汇总申报纳税还是由零售门店分别申报纳税，其应缴纳的增值税总额是相等的，但汇总缴纳可以减少办税成本，降低纳税风险。

【筹划过程】

方案一：各零售门店分别缴纳增值税。

各零售门店分别缴纳增值税存在较多不利因素：①总机构统一从供应商采购服装，再调拨给各分支机构即零售门店，这一调拨过程在会计核算上并不属于销售行为，但根据《中华人民共和国增值税暂行条例实施细则》第四条的规定，需要视同销售，缴纳增值税。②企业需为每一零售门店专门配备办税人员，购置税控装置，进行增值税发票管理。而且零售门店作为独立的增值税纳税义务人，就必须进行准确的增值税核算，这样便会加大核算成本。③由于零售门店众多，办税人员素质参差不齐，容易产生少报、漏报、错报增值税税额等的风险。④每一零售门店作为一个独立的增值税纳税义务人，必须应对主管税务机关的日常管理和税务检查，从而产生一定的成本与风险。⑤《中华人民共和国企业所得税法》第五十条规定：居民企业在中国境内设立不具有法人资格的营业机构的，应当汇总计算并缴纳企业所得税。但如果对于增值税实行总分机构各自分别纳税，则不同税种纳税方式不同，容易给零售门店造成认识和行为上的混淆。

方案二：甲连锁经营企业经过努力，根据税法及当地主管税务机关的要求，在会计核算、发票管理、内部控制、人员配置等方面做了必要的调整，最后经当地财政、税务主管部门批准，各零售门店实行汇总缴纳增值税。

企业将各零售门店的增值税税款汇总起来，统一缴纳，可大大节约办税成本，避免了方案一带来的诸多麻烦。

【筹划结论】方案二比方案一减少了办税成本，降低了纳税风险，因此，应当选择方案二。

【任务点评】通过努力得到相关部门的批准来取得税收上的某些资格或好处，是纳税筹划的常用思路。

任务十五 增值税小规模纳税人免征增值税的纳税筹划

任务案例2-15 甲公司是一家商业企业，为增值税小规模纳税人，选择以1个月为纳税期限，本年7月含税销售额为103 010元。假设不考虑城市维护建设税和教育费附加。

【任务要求】请对上述业务进行纳税筹划。

【税法依据】自2019年1月1日至2021年12月31日，小规模纳税人发生增值税应税销售行为，合计月销售额未超过10万元（以1个季度为1个纳税期的，季度销售额未超过30万元，下同）的，免征增值税。小规模纳税人发生增值税应税销售行为，合计月销售额超过10万元，但扣除本期发生的销售不动产的销售额后未超过10万元的，其销售货物、劳务、服务、无形资产取得的销售额免征增值税。适用增值税差额征税政策的小规模纳税人，以差额后的销售额确定是否可以免征增值税政策。按固定期限纳税的小规模纳税人可以选择以1个月或1个季度为纳税期限，一经选择，一个会计年度内不得变更。

【筹划思路】增值税小规模纳税人如果月销售额刚刚超过10万元（以1个季度为1个纳税期的，季度销售额刚刚超过30万元），则应减少销售额至10万元或者10万元以下（以1个季度为1个纳税期的，减少销售额至30万元或者30万元以下），以便规避增值税纳税义务。

【筹划过程】

方案一：将月含税销售额仍定为103 010元。

则不含税销售额=103 010÷（1+3%）=100 009.71（元），超过100 000元，需要全额缴纳增值税。

应纳增值税=100 009.71×3%=3 000.29（元）

增值税税后收入=103 010−3 000.29=100 009.71（元）

方案二：将月含税销售额降至103 000元。

则不含税销售额=103 000÷（1+3%）=100 000（元），未超过100 000元，免征增值税。

增值税税后收入=103 000元

【筹划结论】方案二比方案一少缴纳增值税3 000.29元（3 000.29−0），多获取增值税税后收入2 990.29元（103 000−100 009.71），因此，应当选择方案二。

【任务点评】增值税小规模纳税人免征增值税的纳税筹划仅适用于增值税小规模纳税人月销售额刚刚超过10万元（以1个季度为1个纳税期的，季度销售额刚刚超过30万元）的情况，因此，其应用空间较小。

任务十六　全面“营改增”后小规模纳税人转化为一般纳税人的纳税筹划

任务案例2-16　甲咨询服务公司本年1月经测算年应税销售额为450万元（不含增值税），则该公司仍然可作为小规模纳税人。而若登记成为一般纳税人，则可抵扣的进项税额为18万元，且满足增值税加计抵减政策的条件。

【任务要求】请对上述业务进行纳税筹划。

【税法依据】同【任务案例2-1】的【税法依据】。

【筹划思路】对于年应税销售额未超过500万元以及新开业的纳税人，若经测算发现作为增值税一般纳税人更有利，则应当在满足会计核算健全，能够提供准确税务资料这一条件的基础上，主动向其机构所在地主管税务机关办理一般纳税人登记，成为一般纳税人。

【筹划过程】

方案一：仍然作为小规模纳税人。

应纳增值税=450×3%=13.5（万元）

方案二：在满足“会计核算健全，能够提供准确税务资料”这一条件的基础上，主动向主管税务机关申请成为一般纳税人。

应纳增值税=450×6%−18−18×10%=7.2（万元）

【筹划结论】方案二比方案一少缴纳增值税6.3万元（13.5−7.2），因此，应当选择方案二。

【任务点评】通过主动创造条件来满足税法规定，是纳税筹划常用的思路，但应当注意的是，除国家税务总局另有规定外，企业一旦转化为一般纳税人就不能再恢复为小规模纳税人。

任务十七　全面“营改增”后变一般纳税人为小规模纳税人的纳税筹划

任务案例2-17　甲咨询公司是一家新开业的公司，现为小规模纳税人，预计本年5月底年应税销售额将超过500万元（不含增值税），若登记成为一般纳税人，则预计未来一年的年应税销售额为689万元（含增值税），未来一年的年可抵扣进项税额为10万元，且满足增值税加计抵减政策的条件。

【任务要求】请对上述业务进行纳税筹划。

【税法依据】同【任务案例2-1】的【税法依据】。

【筹划思路】对于“营改增”试点纳税人来说，“营改增”后成为一般纳税人后的适用税率高于小规模纳税人的征收率，当企业可抵扣进项税额较少时，在符合成为一般纳税人的条件（年应税销售额标准为500万元）之前，企业应当尽量分拆为小规模纳税人，以降低企业增值税税负，达到节税的目的。

【筹划过程】

方案一：本年5月底年销售额超过500万元（不含增值税），应当登记成为增值税一般纳税人。

未来一年应纳增值税=689÷（1+6%）×6%-10-10×10%=28（万元）

方案二：本年5月初在年销售额尚未超过500万元（不含增值税）之前，将甲公司分拆为A公司和B公司，年应税销售额为206.7万元的服务由A公司提供、482.3万元的服务由B公司提供。

则A公司和B公司都可作为小规模纳税人。

A公司应纳增值税=206.7÷（1+3%）×3%=6.02（万元）

B公司应纳增值税=482.3÷（1+3%）×3%=14.05（万元）

合计应纳税额=6.02+14.05=20.07（万元）

【筹划结论】方案二比方案一少缴纳增值税7.93万元（28-20.07），因此，应当选择方案二。

【任务点评】小规模纳税人征收率比一般纳税人税率要低很多，对于规模不大的企业，当可抵扣进项税额较少时，可以根据自己的营收状况、资产状况，通过分拆业务、新设公司等方式成为小规模纳税人，享受小规模纳税人3%（特殊情况下为5%、5%减按1.5%或者3%减按2%）的征收率。但同时又应当考虑自身客户和供应商因素，最终选择适合的纳税人身份。

任务十八　全面“营改增”后兼营行为的纳税筹划

任务案例2-18 甲公司在“营改增”试点后登记为增值税一般纳税人，本年7月共取得销售额600万元（含增值税），其中，提供设备租赁取得的销售额为400万元（含增值税），对境内单位提供信息技术咨询服务取得的销售额为200万元（含增值税），当月可抵扣的进项税额共为30万元，且满足增值税加计抵减政策的条件。

【任务要求】请对上述业务进行纳税筹划。

【税法依据】纳税人兼营销售货物、劳务、服务、无形资产或者不动产，适用不同税率或者征收率的，应当**分别核算**适用不同税率或者征收率的销售额；**未分别核算的，从高适用税率**。

纳税人销售货物、加工修理修配劳务、服务、无形资产或者不动产适用不同税率或者征收率的，应当分别核算适用不同税率或者征收率的销售额，未分别核算销售额的，按照以下方法适用税率或者征收率：①兼有不同税率的销售货物、加工修理修配劳务、服务、无形资产或者不动产，从高适用税率。②兼有不同征收率的销售货物、加工修理修配劳务、服务、无形资产或者不动产，从高适用征收率。③兼有不同税率和征收率的销售货物、加工修理修配劳务、服务、无形资产或者不动产，从高适用税率。

另外，参见【任务案例2-1】的【税法依据】。

【筹划思路】纳税人若兼营销售货物、劳务、服务、无形资产或者不动产，则应当尽量将适用不同税率或者征收率的货物、劳务、服务、无形资产或者不动产分别核算，以适用不同的税率或者征收率计算纳税，从而规避从高适用税率或者征收率，进而减轻企业负担。

【筹划过程】

方案一：未分别核算销售额。

应纳增值税=600÷（1+13%）×13%-30-30×10%=36.03（万元）

方案二：分别核算销售额。

应纳增值税=400÷（1+13%）×13%+200÷（1+6%）×6%-30-30×10%=24.34（万元）

【筹划结论】方案二比方案一少缴纳增值税11.69万元（36.03-24.34），因此，应当选择方案二。

【任务点评】分别核算在一定程度上会加大核算成本，但若节税额比较大，当然是非常值得的。

任务十九 全面"营改增"后混合销售行为的纳税筹划

任务案例2-19 甲公司是一家销售并安装设备的企业（非设备生产企业），为增值税一般纳税人，本年7月销售设备（适用的增值税税率为13%）并同时提供安装服务（由于设备属于高尖端产品，因此安装费用较高，与设备价款相当），共取得销售额100万元（含增值税），与此相关的可以抵扣的进项税额为7万元。

【任务要求】请对上述业务进行纳税筹划。

【税法依据】一项销售行为如果既涉及服务又涉及货物，为混合销售。从事货物的生产、批发或者零售的单位和个体工商户的混合销售行为，按照销售货物缴纳增值税；其他单位和个体工商户的混合销售行为，按照销售服务缴纳增值税。从事货物的生产、批发或者零售的单位和个体工商户，包括以从事货物的生产、批发或者零售为主，并兼营销售服务的单位和个体工商户在内。

【筹划思路】企业可以通过控制销售货物和服务所占的比例，结合销售货物和服务的税率或征收率的大小，来选择按照销售货物还是按照销售服务缴纳增值税。也就是说，在混合销售行为中，若想按照销售货物缴纳增值税，则应尽量使纳税人从事货物的生产、批发或者零售的年货物销售额超过50%；反之，若想按照销售服务缴纳增值税，则应尽量使纳税人从事货物的生产、批发或者零售的年货物销售额低于50%。

由于销售设备的增值税税率为13%，安装服务（属于建筑服务）的增值税税率为9%，因此，应尽量使企业从事货物的生产、批发或者零售的年货物销售额低于50%，这样可以按照9%的税率缴纳增值税。

【筹划过程】

方案一：使甲公司从事货物的生产、批发或者零售的年货物销售额超过50%。

按照销售货物缴纳增值税，适用的增值税税率为13%：

应纳增值税=100÷（1+13%）×13%−7=4.50（万元）

方案二：使甲公司从事货物的生产、批发或者零售的年货物销售额低于50%。

按照销售服务缴纳增值税，适用的增值税税率为9%：

应纳增值税=100÷（1+9%）×9%−7=1.26（万元）

【筹划结论】方案二比方案一少缴纳增值税3.24万元（4.50−1.26），因此，应当选择方案二。

【任务点评】纳税人在对混合销售行为进行纳税筹划时，主要是对比销售货物和服务的税率或征收率的大小，最终选择税率或征收率最小的方案。同时需要注意，纳税人的销售行为是否属于混合销售行为，由主管税务机关确定，这是税务机关拥有自由裁量权的具体表现。也就是说，税务机关可能将其认定为混合销售行为，也可能不将其认定为混合销售行为；可能将其认定为按照销售货物缴纳增值税的混合销售行为，也可能将其认定为按照销售服务缴纳增值税的混合销售行为。因此，纳税人对混合销售行为进行纳税筹划应事先得到税务机关的认可，以获取正当的纳税利益。

任务二十　全面“营改增”后折扣销售的纳税筹划

任务案例2-20 甲房地产企业本年11月采用以下方式促销：凡一次性购买房产达到1 000万元的（含增值税），给予价格上10%的折扣。假设当月有5名业主一次性购买房产达到1 000万元（含增值税），共计5 000万元（含增值税），可抵扣的相关进项税额为200万元。

【任务要求】请对上述业务进行纳税筹划。

【税法依据】纳税人发生应税行为，将价款和折扣额在同一张发票上分别注明的，以折扣后的价款为销售额；未在同一张发票上分别注明的，以价款为销售额，不得扣减折扣额。

纳税人采取折扣方式销售货物，**销售额和折扣额在同一张发票上分别注明**（指销售额和折扣额在同一张发票上的“金额”栏分别注明的），可按折扣后的销售额征收增值税；未在同一张发票的“金额”栏注明折扣额，而仅在发票的“备注”栏注明折扣额的，折扣额不得从销售额中减除。

【筹划思路】纳税人采取折扣方式销售服务、无形资产或者不动产，应使得销售额和折扣额在同一张发票的“金额”栏中分别注明，按折扣后的销售额计征增值税，这样便能降低计税依据，从而减轻企业增值税税负。

【筹划过程】

方案一：销售额和折扣额未在同一张发票上分别注明的或者仅在发票的“备注”栏注明折扣额。

应纳增值税=5 000÷（1+9%）×9%−200=212.84（万元）

方案二：销售额和折扣额在同一张发票上的“金额”栏分别注明。

应纳增值税=5 000×（1−10%）÷（1+9%）×9%−200=171.56（万元）

【筹划结论】方案二比方案一少缴纳增值税41.28万元（212.84−171.56），因此，应当选择方案二。

【任务点评】将销售额和折扣额在同一张发票的“金额”栏中分别注明，举手之劳，便能降低增值税税负。

任务二十一 全面“营改增”后餐饮服务和住宿服务相互转化的纳税筹划

任务案例2-21 甲公司本年11月派出50名员工去外地出差两周，出差的餐饮和住宿预算支出为500 000元（含增值税），其中，餐饮预算支出为300 000元，住宿预算支出为200 000元。

【任务要求】请对上述业务进行纳税筹划。

【税法依据】购进的贷款服务、餐饮服务、居民日常服务和娱乐服务的进项税额不得从销项税额中抵扣。

餐饮住宿服务，包括餐饮服务和住宿服务。(1) 餐饮服务，是指通过同时提供饮食和饮食场所的方式为消费者提供饮食消费服务的业务活动。(2) 住宿服务，是指提供住宿场所及配套服务等的活动，包括宾馆、旅馆、旅社、度假村和其他经营性住宿场所提供的住宿服务。

【筹划思路】购进的餐饮服务的进项税额不得从销项税额中抵扣，但购进的住宿服务的进项税额可以从销项税额中抵扣。企业应当合理分配购进的餐饮服务和住宿服务的支出，努力增加可抵扣的进项税额。

【筹划过程】

方案一：购进餐饮服务300 000元，购进住宿服务200 000元。

可抵扣的进项税额=200 000÷（1+6%）×6%=11 320.75（元）

方案二：购进餐饮服务200 000元，购进住宿服务300 000元。

可抵扣的进项税额=300 000÷（1+6%）×6%=16 981.13（元）

【筹划结论】方案二比方案一多抵扣增值税5 660.38元（16 981.13−11 320.75），因此，应当选择方案二。

【任务点评】企业可以通过在提高住宿质量的同时，适当降低餐饮质量，以获取抵扣更多进项税额的好处，并且若符合增值税加计抵减政策的条件，还会获取更多的优惠。

任务二十二 全面“营改增”后选择运输服务提供方的纳税筹划

任务案例2-22 甲公司为增值税一般纳税人，本年11月欲接受一家企业提供的交通运输服务，现有以下几种方案可供选择：一是接受乙公司（增值税一般纳税人）提供的运输服务，取得乙公司开具的增值税专用发票，价税合计为31 000元；二是接受丙公司（增值税小规模纳税人）提供的运输服务，取得由税务机关代开的增值税专用发票，价税合计为30 000元；三是接受丁公司（增值税小规模纳税人）提供的运输服务，取得丁公司开具的增值税普通发票，价税合计为29 000元。

【任务要求】 请对上述业务进行纳税筹划。

【税法依据】 下列进项税额准予从销项税额中抵扣：

（1）从销售方取得的**增值税专用发票**（含税控机动车销售统一发票，下同）上注明的增值税税额。

（2）从海关取得的**海关进口增值税专用缴款书**上注明的增值税税额。

（3）自2018年5月1日起，纳税人购进农产品，原适用11%扣除率的，扣除率调整为10%。自2019年4月1日起，纳税人购进农产品，原适用10%扣除率的，扣除率调整为9%。自2019年4月1日起，纳税人购进农产品，按下列规定抵扣进项税额：

①除第②项规定外，纳税人购进农产品，取得一般纳税人开具的增值税专用发票或海关进口增值税专用缴款书的，以增值税专用发票或海关进口增值税专用缴款书上注明的增值税税额为进项税额；从按照简易计税方法依照3%征收率计算缴纳增值税的小规模纳税人取得增值税专用发票的，以增值税专用发票上注明的金额和9%（自2017年7月1日起至2018年4月30日，为11%；自2018年5月1日起至2019年3月31日，为10%）的扣除率计算进项税额；取得（开具）农产品销售发票或收购发票的，以农产品销售发票或收购发票上注明的农产品买价（买价，是指纳税人购进农产品在农产品收购发票或者销售发票上注明的价款和按照规定缴纳的烟叶税）和9%（自2017年7月1日起至2018年4月30日，为11%；自2018年5月1日起至2019年3月31日，为10%）的扣除率计算进项税额。

②自2019年4月1日起的营改增试点期间，纳税人购进用于生产或者委托加工13%税率货物的农产品，按照10%的扣除率计算进项税额（自2017年7月1日起至2018年4月30日的营改增试点期间，纳税人购进用于生产销售或委托加工17%税率货物的农产品，按照13%的扣除率计算进项税额；自2018年5月1日起至2019年3月31日的营改增试点期间，纳税人购进用于生产销售或委托加工16%税率货物的农产品，按照12%的扣除率计算进项税额）。

③继续推进农产品增值税进项税额核定扣除试点，纳税人购进农产品进项税额已实行核定扣除的，仍按照《财政部 国家税务总局关于在部分行业试行农产品增值税进项税额核定扣除办法的通知》（财税〔2012〕38号）、《财政部 国家税务总局关于扩大农产品增值税进项税额核定扣除试点行业范围的通知》（财税〔2013〕57号）执行。其中，《农产品增值税进项税额核定扣除试点实施办法》（财税〔2012〕38号）第四条第（二）项规定的扣除率调整为9%（自2017年7月1日起至2018年4月30日，为11%；自2018年5月1日起至2019年3月31日，为10%）；第（三）项规定的扣除率调整为按本条第①项、第②项规定执行。

④纳税人从批发、零售环节购进适用免征增值税政策的蔬菜、部分鲜活肉蛋而取得的普通发票，不得作为计算抵扣进项税额的凭证。

⑤纳税人购进农产品既用于生产销售或委托加工13%（自2017年7月1日起至2018年4月30日，为17%；自2018年5月1日起至2019年3月31日，为16%）税率货物又用于生产销售其他货物服务的，应当分别核算用于生产销售或委托加工13%（自2017年7月1日起至2018年4月30日，为17%；自2018年5月1日起至2019年3月31日，为16%）税率货物和其他货物服务的农产品进项税额。未分别核算的，统一以增值税专用发票或海关进

口增值税专用缴款书上注明的增值税税额为进项税额，或以农产品收购发票或销售发票上注明的农产品买价和9%（自2017年7月1日起至2018年4月30日，为11%；自2018年5月1日起至2019年3月31日，为10%）的扣除率计算进项税额。

⑥销售发票，是指农业生产者销售自产农产品适用免征增值税政策而开具的普通发票。

（4）自境外单位或者个人购进劳务、服务、无形资产或者境内的不动产，从税务机关或者扣缴义务人取得的**代扣代缴税款的完税凭证**上注明的增值税税额。

（5）自2019年4月1日起，购进国内旅客运输服务，其进项税额允许从销项税额中抵扣。

【筹划思路】2013年8月1日除了铁路运输业以外的交通运输业在全国推行“营改增”后，取消了试点纳税人和原增值税纳税人，按交通运输费用结算单据上注明的运输费用金额和7%的扣除率计算进项税额的政策；取消了试点纳税人接受试点小规模纳税人提供交通运输服务，按增值税专用发票注明的金额和7%的扣除率计算进项税额的政策。上述政策于2013年8月1日取消后，纳税人除了取得铁路运输费用结算单据外（由于2013年8月1日至2013年12月31日交通运输业中只有铁路运输未实行“营改增”，因此在这段时间内纳税人取得的铁路运输费用结算单据仍可抵扣进项税额），将统一按照增值税专用发票的票面税额抵扣进项税额。另外，自2014年1月1日起，铁路运输也纳入“营改增”试点，自此交通运输业全部纳入“营改增”试点，按交通运输费用结算单据上注明的运输费用金额和7%的扣除率计算进项税额的政策全部取消。

接受运输服务的企业应当综合考虑接受运输服务的价格和可抵扣的进项税额两方面因素，其中对于存在的可抵扣的进项税额（会使增值税税负减少），又会相应地减少城市维护建设税和教育费附加。这样我们可通过比较不同方案下的现金净流量或现金流出量的大小，最终选择现金净流量最大或现金流出量最小的方案。

【筹划过程】

方案一：接受乙公司（增值税一般纳税人）提供的运输服务，取得乙公司开具的增值税专用发票，价税合计为31 000元。

甲公司现金流出量=31 000−31 000÷（1＋9%）×9%×（1+7%+3%）=28 184.40（元）

方案二：接受丙公司（增值税小规模纳税人）提供的运输服务，取得由税务机关代开的增值税专用发票，价税合计为30 000元。

甲公司现金流出量=30 000−30 000÷（1＋3%）×3%×（1+7%+3%）=29 038.83（元）

方案三：接受丁公司（增值税小规模纳税人）提供的运输服务，取得丁公司开具的增值税普通发票，价税合计为29 000元。

甲公司现金流出量=29 000元

【筹划结论】方案一比方案二现金流出量少854.43元（29 038.83−28 184.40），比方案三现金流出量少815.60元（29 000−28 184.40），因此，应当选择方案一。

【任务点评】值得注意的是，选择提供运输服务方时，不能仅考虑价格和税负因素，还应考虑到对方提供的运输服务的质量、信用、耗用时间等多种因素。

任务二十三 全面“营改增”后个人选择销售房产时机的纳税筹划

任务案例2-23 孙某于20×7年1月1日在山东济南购买了一套100平方米的普通住宅，该住宅为孙某的第2套住宅，买价为650 000元（包括相关费用）。孙某准备于20×9年1月前对外售出，预计市场价格为800 000元。

【任务要求】请对上述业务进行纳税筹划。

【税法依据】个人将购买不足2年的住房对外销售的，按照5%的征收率全额缴纳增值税；个人将购买2年以上（含2年）的住房对外销售的，免征增值税。上述政策适用于北京市、上海市、广州市和深圳市之外的地区。

个人将购买不足2年的住房对外销售的，按照5%的征收率全额缴纳增值税；个人将购买2年以上（含2年）的非普通住房对外销售的，以销售收入减去购买住房价款后的差额按照5%的征收率缴纳增值税；个人将购买2年以上（含2年）的普通住房对外销售的，免征增值税。上述政策仅适用于北京市、上海市、广州市和深圳市。

【筹划思路】个人在转让住房时，应当把握上述时间限定因素，以尽量避免纳税义务。尽量在购买住房满2年后对外销售，以享受减免税款的优惠政策。

【筹划过程】

方案一：孙某于20×8年12月对外销售。个人将购买不足2年的住房对外销售的，按照5%的征收率全额缴纳增值税。

应纳增值税=800 000÷（1+5%）×5%=38 095.24（元）

方案二：孙某于20×9年1月对外销售。个人将购买2年以上（含2年）的住房对外销售的，免征增值税。

应纳增值税=0

【筹划结论】方案二比方案一少缴纳增值税38 095.24元，因此应当选择方案二。

【任务点评】选择售房时机是个人出售房产的重要纳税筹划思路，但由于目前享受税收优惠的限定为2年，因此，该纳税筹划思路仅对出售接近2年房龄的房产适用。另外，需要注意的是，2年的时限一般以房产证上的日期为起点计算。

任务二十四 全面“营改增”后简易计税方法与一般计税方法选择的纳税筹划

任务案例2-24 甲电影院为增值税一般纳税人，预计本年度实现收入1 000万元（不含增值税），可抵扣的进项税额为15万元，且满足增值税加计抵减政策的条件。

【任务要求】请对上述业务进行纳税筹划。

【税法依据】一般纳税人发生下列应税行为**可以选择适用简易计税方法计税**：

（1）公共交通运输服务。

公共交通运输服务，包括轮客渡、公交客运、地铁、城市轻轨、出租车、长途客运、班车。

班车，是指按固定路线、固定时间运营并在固定站点停靠的运送旅客的陆路运输服务。

（2）经认定的动漫企业为开发动漫产品提供的动漫脚本编撰、形象设计、背景设计、动画设计、分镜、动画制作、摄制、描线、上色、画面合成、配音、配乐、音效合成、剪辑、字幕制作、压缩转码（面向网络动漫、手机动漫格式适配）服务，以及在境内转让动漫版权（包括动漫品牌、形象或者内容的授权及再授权）。

动漫企业和自主开发、生产动漫产品的认定标准和认定程序，按照《文化部 财政部 国家税务总局关于印发〈动漫企业认定管理办法（试行）〉的通知》（文市发〔2008〕51号）的规定执行。

（3）电影放映服务、仓储服务、装卸搬运服务、收派服务和文化体育服务。

（4）以纳入“营改增”试点之日前取得的有形动产为标的物提供的经营租赁服务。

（5）在纳入“营改增”试点之日前签订的尚未执行完毕的有形动产租赁合同。

（6）提供物业管理服务的纳税人，向服务接受方收取的自来水水费，以扣除其对外支付的自来水水费后的余额为销售额，按照简易计税方法依3%征收率计算缴纳增值税。

（7）非企业性单位中的一般纳税人提供的研发和技术服务、信息技术服务、鉴证咨询服务，以及销售技术、著作权等无形资产，可以选择简易计税方法按照3%征收率计算缴纳增值税。

非企业性单位中的一般纳税人提供“技术转让、技术开发和与之相关的技术咨询、技术服务”，可以参照上述规定，选择简易计税方法按照3%征收率计算缴纳增值税。

（8）一般纳税人提供教育辅助服务，可以选择简易计税方法按照3%征收率计算缴纳增值税。

【筹划思路】 对于可以选择适用简易计税方法计税的情况，纳税人应当比较一般计税方法和简易计税方法下税负的大小，选择税负小的方案。

【筹划过程】

方案一：选择一般计税方法。

应纳增值税=1 000×6%−15−15×10%=43.5（万元）

方案二：选择简易计税方法。

应纳增值税=1 000×3%=30（万元）

【筹划结论】 方案二比方案一少缴纳增值税13.5万元（43.5−30），因此，应当选择方案二。

【任务点评】 需要注意的是，一般纳税人发生财政部和国家税务总局规定的特定应税行为，**可以选择适用简易计税方法计税**，但一经选择，**36个月内不得变更**。因此，企业应当权衡利弊，综合考虑，慎重选择计税方法。

项目引例解析

【税法依据】《国家税务总局关于发布〈房地产开发企业销售自行开发的房地产项目增值税征收管理暂行办法〉的公告》（国家税务总局公告2016年第18号）规定如下：

房地产开发企业中的一般纳税人（以下简称“一般纳税人”）销售自行开发的房地产项目，适用一般计税方法计税，按照取得的全部价款和价外费用，扣除当期销售房地产项目对应的土地价款后的余额计算销售额。销售额的计算公式如下：

销售额=（全部价款和价外费用-当期允许扣除的土地价款）÷（1+9%）

当期允许扣除的土地价款按照以下公式计算：

$$\text{当期允许扣除的土地价款}=\frac{\text{当期销售房地产项目建筑面积}}{\text{房地产项目可供销售建筑面积}}\times\text{支付的土地价款}$$

一般纳税人销售自行开发的房地产老项目，可以选择适用简易计税方法按照5%的征收率计税。一经选择简易计税方法计税，36个月内不得变更为一般计税方法计税。

房地产老项目，是指：

（一）“建筑工程施工许可证”注明的合同开工日期在2016年4月30日前的房地产项目；

（二）“建筑工程施工许可证”未注明合同开工日期或者未取得“建筑工程施工许可证”但建筑工程承包合同注明的开工日期在2016年4月30日前的建筑工程项目。

一般纳税人销售自行开发的房地产老项目适用简易计税方法计税的，以取得的全部价款和价外费用为销售额，不得扣除对应的土地价款。

一般纳税人采取预收款方式销售自行开发的房地产项目，应在收到预收款时按照3%的预征率预缴增值税。

应预缴税款按照以下公式计算：

应预缴税款=预收款÷（1+适用税率或征收率）×3%

适用一般计税方法计税的，按照9%的适用税率计算；适用简易计税方法计税的，按照5%的征收率计算。

一般纳税人销售自行开发的房地产项目适用一般计税方法计税的，应按照《营业税改征增值税试点实施办法》第四十五条规定的纳税义务发生时间，以当期销售额和9%的适用税率计算当期应纳税额，抵减已预缴税款后，向主管税务机关申报纳税。未抵减完的预缴税款可以结转下期继续抵减。

一般纳税人销售自行开发的房地产项目适用简易计税方法计税的，应按照《营业税改征增值税试点实施办法》第四十五条规定的纳税义务发生时间，以当期销售额和5%的征收率计算当期应纳税额，抵减已预缴税款后，向主管国税机关申报纳税。未抵减完的预缴税款可以结转下期继续抵减。

【筹划思路】房地产开发企业中的一般纳税人销售自行开发的房地产老项目，可以选择适用一般计税方法计税，也可以选择适用简易计税方法按照5%的征收率计税。企业应当比较不同计税方法下增值税税负的大小，选择税负小的方案。

【筹划过程】

方案一：选择适用一般计税方法计税。

销售额=（全部价款和价外费用−当期允许扣除的土地价款）÷（1+9%）

=（10 000−3 000）÷（1+9%）=6 422.02（万元）

应纳增值税=6 422.02×9%−50=527.98（万元）

方案二：选择适用简易计税方法按照5%的征收率计税。

销售额=全部价款和价外费用÷（1+5%）=10 000÷（1+5%）=9 523.81（万元）

应纳增值税=9 523.81×5%=476.19（万元）

【筹划结论】方案二比方案一少缴纳增值税51.79万元（527.98−476.19），因此，应当选择方案二。

【引例点评】需要注意的是，房地产企业一般纳税人销售自行开发的房地产老项目，可以选择适用简易计税方法按照5%的征收率计税。但一经选择简易计税方法计税，36个月内不得变更为一般计税方法计税。房地产企业一般纳税人应从长远的角度考虑与测算应当采取何种计税方法。

任务二十五 全面“营改增”后程租、期租与光租选择的纳税筹划

任务案例2-25 甲公司本年11月为乙公司提供一次光租业务，收费200万元（含增值税），相关成本费用100万元（不含增值税），相关可抵扣的进项税额为15万元。若提供期租业务，自身多支出成本费用50万元（不含增值税），需要收费250万元（含增值税），相关可抵扣进项税额为20万元。若提供程租业务，自身多支出成本费用100万元（不含增值税），需要收费300万元（含增值税），相关可抵扣进项税额为22万元。甲公司不满足增值税加计抵减政策的条件。

【任务要求】请对上述业务进行纳税筹划。

【税法依据】水路运输的程租、期租业务，属于水路运输服务，按照交通运输服务缴纳增值税，适用9%的增值税税率。程租业务，是指运输企业为租船人完成某一特定航次的运输任务并收取租赁费的业务。期租业务，是指运输企业将配备有操作人员的船舶承租给他人使用一定期限，承租期内听候承租方调遣，不论是否经营，均按天向承租方收取租赁费，发生的固定费用均由船东负担的业务。

水路运输的光租业务，属于经营租赁，按照有形动产经营租赁服务缴纳增值税，适用13%的增值税税率。光租业务，是指运输企业将船舶在约定的时间内出租给他人使用，不配备操作人员，不承担运输过程中发生的各项费用，只收取固定租赁费的业务活动。

【筹划思路】水路运输的**程租、期租业务**，属于水路运输服务，按照交通运输服务缴纳增值税，**适用9%的增值税税率**；水路运输的**光租业务**，属于经营租赁，按照有形动产经营租赁服务缴纳增值税，**适用13%的增值税税率**。因此，企业应当尽量提供程租、期租业务，以适用较低的增值税税率。

【筹划过程】

方案一：提供光租业务。

应纳增值税=200÷（1+13%）×13%-15=8.01（万元）

应纳城建税和教育费附加=8.01×（7%+3%）=0.80（万元）

税后利润=［200÷（1+13%）-100-0.80］×（1-25%）=57.14（万元）

方案二：提供期租业务。

应纳增值税=250÷（1+9%）×9%-20=0.64（万元）

应纳城建税和教育费附加=0.64×（7%+3%）=0.06（万元）

税后利润=［250÷（1+9%）-100-50-0.06］×（1-25%）=59.47（万元）

方案三：提供程租业务。

应纳增值税=300÷（1+9%）×9%-22=2.77（万元）

应纳城建税和教育费附加=2.77×（7%+3%）=0.28（万元）

税后利润=［300÷（1+9%）-100-100-0.28］×（1-25%）=56.21（万元）

【筹划结论】方案二比方案一多获取税后利润2.33万元（59.47-57.14），比方案三多获取税后利润3.26万元（59.47-56.21），因此，应当选择方案二。

【任务点评】相对于水路运输的光租业务来说，提供水路运输的程租、期租业务的运输企业需要承担一定的责任，因此，运输企业应当权衡利弊、综合考虑，以选择最优方案。

任务二十六 全面“营改增”后与技术转让、技术开发相关的纳税筹划

任务案例2-26 甲公司为增值税一般纳税人，本年11月为乙公司提供技术转让、技术开发和与之相关的技术咨询、技术服务，其中，技术转让、技术开发收入1 000万元，与之相关的技术咨询、技术服务收入500万元，与提供技术转让、技术开发相关的可抵扣的进项税额为15万元，与提供技术咨询、技术服务相关的可抵扣的进项税额为5万元。甲公司已经持技术转让、开发的书面合同，到纳税人所在地省级科技主管部门进行认定，但并未持有关的书面合同和科技主管部门审核意见证明文件报主管税务机关备查。甲公司根据技术转让或者开发合同的规定，为帮助乙公司掌握所转让的技术，提供技术咨询、技术服务业务，但这部分技术咨询、技术服务的价款与技术转让或者技术开发的价款分别开具了两张发票。甲公司不满足增值税加计抵减政策的条件

【任务要求】请对上述业务进行纳税筹划。

【税法依据】纳税人提供技术转让、技术开发和与之相关的技术咨询、技术服务免征增值税。

（1）技术转让、技术开发，是指《销售服务、无形资产、不动产注释》中“转让技术”及“研发服务”范围内的业务活动。技术咨询，是指就特定技术项目提供可行性论证、技术预测、专题技术调查、分析评价报告等业务活动。与技术转让、技术开发相关的技术咨询、技术服务，是指转让方（或者受托方）根据技术转让或者开发合同的规定，为帮助受让方（或者委托方）掌握所转让（或者委托开发）的技术，而提供的技术咨询、技术服务业务，且这部分技术咨询、技术服务的价款与技术转让或者技术开发的价款应当在同一张发票上开具。

（2）备案程序。试点纳税人申请免征增值税时，须持技术转让、开发的书面合同，到

纳税人所在地省级科技主管部门进行认定，并持有关的书面合同和科技主管部门审核意见证明文件报主管税务机关备查。

【筹划思路】对于纳税人提供技术转让、技术开发和与之相关的技术咨询、技术服务，首先，试点纳税人要申请免征增值税，须持技术转让、开发的书面合同，到纳税人所在地省级科技主管部门进行认定，并持有关的书面合同和科技主管部门审核意见证明文件报主管税务机关备查。其次，与技术转让、技术开发相关的技术咨询、技术服务，要满足以下条件：转让方（或者受托方）根据技术转让或者开发合同的规定，为帮助受让方（或者委托方）掌握所转让（或者委托开发）的技术，而提供的技术咨询、技术服务业务，且这部分技术咨询、技术服务的价款与技术转让或者技术开发的价款应当在同一张发票上开具。

【筹划过程】

方案一：甲公司未持有关的书面合同和科技主管部门审核意见证明文件报主管税务机关备查。甲公司提供的技术咨询、技术服务的价款与技术转让或者技术开发的价款分别开具两张发票。

由于没有满足提供技术转让、技术开发和与之相关的技术咨询、技术服务免征增值税的条件，因此不能享受免税待遇。

应纳增值税=（1 000+500）×6%−15−5=70（万元）

方案二：甲公司持有关的书面合同和科技主管部门审核意见证明文件报主管税务机关备查。甲公司提供的技术咨询、技术服务的价款与技术转让或者技术开发的价款分别开具两张发票。

由于没有满足与提供技术转让、技术开发相关的技术咨询、技术服务免征增值税的条件，因此技术咨询、技术服务这部分收入不能享受免税待遇。

应纳增值税=500×6%−5=25（万元）

方案三：甲公司持有关的书面合同和科技主管部门审核意见证明文件报主管税务机关备查。甲公司提供的技术咨询、技术服务的价款与技术转让或者技术开发的价款在同一张发票上开具。

由于满足了提供技术转让、技术开发和与之相关的技术咨询、技术服务免征增值税的条件，因此能够享受免税待遇。

应纳增值税=0

【筹划结论】方案三比方案一少缴纳增值税70万元（70−0），比方案二少缴纳增值税25万元（25−0），因此，应当选择方案三，其次是方案二，最后是方案一。

【任务点评】在需要满足一定条件才能享受税收优惠的情况下，企业应当积极满足该条件，以享受税收优惠待遇。

任务二十七 全面“营改增”后自然人税务登记的纳税筹划

任务案例2-27 张某是我国的自然人（其他个人），现为灵活就业者，未办理税务登记或者临时税务登记（均通过办理“一照一码”登记来实现，下同），对外提供咨询服务。本年7月共提供咨询服务30次，每次取得咨询服务收入3 000元（含增值税），并通过税务机关代开发票。本月取得咨询服务收入总额为90 000元（含增值税）。当地规定的增值税起征点为每次（日）500元。假设不考虑城市维护建设税和教育费附加。

【任务要求】请对上述业务进行纳税筹划。

【税法依据】个人发生应税行为的销售额未达到增值税起征点的，免征增值税；达到起征点的，全额计算缴纳增值税。增值税起征点不适用于登记为一般纳税人的个体工商户。增值税起征点幅度如下：（1）按期纳税的，为月销售额5 000~20 000元（含本数）。（2）按次纳税的，为每次（日）销售额300~500元（含本数）。起征点的调整由财政部和国家税务总局规定。省、自治区、直辖市财政厅（局）和税务局应当在规定的幅度内，根据实际情况确定本地区适用的起征点，并报财政部和国家税务总局备案。

自2019年1月1日至2021年12月31日，小规模纳税人发生增值税应税销售行为，合计月销售额未超过10万元（以1个季度为1个纳税期的，季度销售额未超过30万元）的，免征增值税。小规模纳税人发生增值税应税销售行为，合计月销售额超过10万元，但扣除本期发生的销售不动产的销售额后未超过10万元的，其销售货物、劳务、服务、无形资产取得的销售额免征增值税。适用增值税差额征税政策的小规模纳税人，以差额后的销售额确定是否可以免征增值税。按固定期限纳税的小规模纳税人可以选择以1个月或1个季度为纳税期限，一经选择，一个会计年度内不得变更。

【筹划思路】增值税适用按次纳税还是按期纳税，以是否办理税务登记或者临时税务登记作为划分标准。

对于未办理税务登记或临时税务登记的小规模纳税人个人发生增值税应税销售行为，除特殊规定外，执行《增值税暂行条例》及其实施细则关于按次纳税的起征点有关规定，每次销售额未达到300~500元（各地的起征点一般确定为500元，下同）的，享受增值税免税政策，达到300~500元的则需要全额缴纳增值税。而对于办理了税务登记或临时税务登记的小规模纳税人个人发生增值税应税销售行为，执行按期纳税的有关规定，合计月销售额未超过10万元（以1个季度为1个纳税期的，季度销售额未超过30万元）的，都可以按规定享受增值税免税政策。

因此，对于经常通过税务机关代开发票的自然人（其他个人），应当主动办理税务登记或临时税务登记，以充分享受小规模纳税人合计月销售额未超过10万元（以1个季度为1个纳税期的，季度销售额未超过30万元）的增值税免税政策。

【筹划过程】

方案一：张某不办理税务登记或临时税务登记。

每次不含增值税销售额=3 000÷（1+3%）=2 912.62（元），超过当地规定的增值税起征点每次（日）500元，因此，需要全额缴纳增值税。

本月应纳增值税=30×3 000÷（1+3%）×3%=2 621.36（元）

本月增值税税后收益=30×3 000−2 621.36=87 378.64（元）

方案二：张某通过办理税务登记或临时税务登记，登记为小规模纳税人的个体工商户，并选择以1个月为纳税期限。

本月不含增值税销售额=30×3 000÷（1+3%）=87 378.64（元），未超过100 000元，因此，免缴增值税。

本月增值税税后收益=30×3 000=90 000（元）

【筹划结论】方案二比方案一少缴纳增值税2 621.36元（2 621.36−0），多获取增值税税后收益2 621.36元（90 000−87 378.64），因此，应当选择方案二。

【任务点评】 自然人通过税务登记成为小规模纳税人的个体工商户，需要定期进行纳税申报，也可能增加一定的运营成本，因此，纳税人应当权衡利弊、综合考虑。

项目练习

一、单项选择题

1.关于划分增值税小规模纳税人和一般纳税人所依据的年应税销售额和经营期，下列表述正确的是（　　）。

A.年应税销售额未超过小规模纳税人标准的企业，不能登记为一般纳税人

B.稽查查补的销售额和纳税评估调整的销售额应计入税款所属期销售额，不计入查补税款申报当月或当季的销售额

C.年应税销售额，包括纳税申报销售额、稽查查补销售额、纳税评估调整销售额。其中，纳税申报销售额是指纳税人自行申报的全部应征增值税销售额（其中包括免税销售额和税务机关代开发票销售额）

D.经营期是指在纳税人存续期内的连续经营期间，不含未取得销售收入的月份或季度

2.甲公司为增值税一般纳税人，本年7月销售自产电视机10台，开具增值税专用发票注明价款30 000元，另外取得延期付款利息2 260元，则甲公司当月应缴纳增值税（　　）元。

A.4 160　　B.4 698.97　　C.5 120　　D.5 497.8

3.甲公司为增值税一般纳税人，本年7月购进免税农产品一批，本月全部领用用于生产13%增值税税率的产品，支付给农业生产者的收购价款为40 000元，且开具合法的收购发票。甲公司准予抵扣的进项税额为（　　）元。

A.4 000　　B.4 800　　C.6 800　　D.0

4.根据增值税法律制度的规定，关于增值税纳税义务发生时间的下列表述中，不正确的是（　　）。

A.纳税人采取预收货款结算方式销售货物的，为收到预收款的当天

B.纳税人采取赊销方式销售货物的，为书面合同约定的收款日期的当天

C.纳税人发生视同销售货物行为，为货物移送的当天

D.纳税人进口货物，为报关进口的当天

5.甲工业企业年不含税应征增值税销售额为480万元，现为小规模纳税人，销货适用3%的增值税征收率。其会计核算制度比较健全，符合作为一般纳税人的条件，若登记成为一般纳税人，则销货适用13%的增值税税率；不含税可抵扣购进金额为200万元，购货适用13%的增值税税率，且取得增值税专用发票。若单从增值税税负因素上考虑，则该企业应当选择的纳税人身份是（　　）。

A.一般纳税人　　B.小规模纳税人　　C.都一样　　D.不一定

6.甲公司为增值税一般纳税人，本年10月从国外进口一批空调，海关核定的关税完税价格为113万元，缴纳关税11.3万元。已知增值税税率为13%，甲公司该笔业务应缴纳增值税税额的下列计算中，正确的是（　　）。

A.113×13%=14.69（万元）

B.（113+11.3）×13%=16.159（万元）

C.113÷（1+13%）×13%=13（万元）

D.（113+11.3）÷（1+13%）×13%=14.3（万元）

7.毛利率判别法中的毛利率等于（　　）。

A.（不含税销售额–不含税可抵扣购进金额）÷不含税可抵扣购进金额

B.（不含税销售额–不含税可抵扣购进金额）÷不含税销售额

C.（含税销售额–含税可抵扣购进金额）÷含税可抵扣购进金额

D.（含税销售额–含税可抵扣购进金额）÷含税销售额

8.甲单位采取折扣方式销售货物，折扣额单独开发票，增值税销售额是（　　）。

A.折扣额　　B.加上折扣额的销售额

C.扣除折扣额的销售额　　D.不扣除折扣额的销售额

9.下列各项中，适用增值税出口退税“免退税”办法的是（　　）。

A.收购货物出口的外贸企业　　B.受托代理出口货物的外贸企业

C.自营出口自产货物的生产企业　　D.委托出口自产货物的生产企业

10.增值税的纳税期限不包括（　　）。

A.1日　　B.1个月　　C.7日　　D.1个季度

11.增值税纳税人身份选择的筹划，可通过计算（　　）的平衡点来决定适当的纳税人身份。

A.毛利率　　B.退税率　　C.净利率　　D.利润率

12.某广播影视公司为增值税一般纳税人，本年10月份提供广告设计服务取得不含税销售额80万元，提供广告发布服务取得不含税销售额250万元。当月接受贷款服务，支付不含税价款20万元，则该广播影视公司本年10月份应缴纳增值税（　　）万元。

A.15.5　　B.12.86　　C.19.8　　D.25.54

13.“营改增”试点一般纳税人既提供有形动产租赁服务，又提供建筑服务，未分别核算的，应按（　　）的税率缴纳增值税。

A.6%　　B.3%　　C.9%　　D.13%

14.境内的单位和个人提供适用增值税零税率的服务或者无形资产，如果属于适用简易计税方法的，实行（　　）办法。

A.免征增值税　　B.免抵退税　　C.免退税　　D.免抵退税或免退税

15.北京市甲公司（增值税一般纳税人，按一般计税方法计税）专门从事认证服务，满足增值税加计抵减政策的条件。本年11月甲公司发生如下业务：（1）10日，取得认证服务收入106万元，开具增值税专用发票，价税合计为106万元。（2）12日，购进一台经营用设备，取得的增值税专用发票上注明价款20万元、增值税税额2.6万元。（3）14日，接受乙公司提供的设计服务，取得的增值税专用发票上注明价款5万元、增值税税额0.3万元。（4）16日，接受丙公司提供的交通运输服务，取得的增值税专用发票上注明价款1万元、增值税税额0.09万元。甲公司适用的增值税税率为6%。则甲公司当月应纳增值税（　　）万元。

A.2.71　　B.3.01　　C.2.49　　D.2.79

16.下列选项中，试点纳税人适用13%税率计税的是（　　）。

A.提供有形动产融资租赁服务　　B.提供交通运输业服务

C.提供不动产融资租赁服务　　D.提供仓储服务

17.下列属于交通运输服务中的航空运输服务的是（　　）。

A.期租业务 B.湿租业务 C.水路运输 D.程租业务

18.下列选项中，不得登记为一般纳税人的是（ ）。

A.非企业性单位

B.不经常发生应税行为的企业

C.应税行为年销售额超过小规模纳税人标准的自然人

D.应税行为年销售额超过小规模纳税人标准的个体工商户

19.一般纳税人提供财政部和国家税务总局规定的特定应税行为，可以选择适用简易计税方法计税，但一经选择（ ）内不得变更。

A.12个月 B.24个月 C.36个月 D.180日

二、多项选择题

1.增值税一般纳税人取得的下列发票或凭证中，可据以抵扣进项税额的有（ ）。

A.外购免税农产品的收购发票

B.进口大型设备取得的海关专用缴款书

C.外购原材料支付运费取得的增值税专用发票

D.委托加工货物取得的增值税专用发票

2.根据增值税法律制度的规定，增值税一般纳税人发生的下列情形中，暂按简易办法依照3%征收率计算缴纳增值税的有（ ）。

A.寄售商店代销企业寄售的物品 B.典当业销售死当物品

C.生产企业销售废旧材料 D.寄售商店代销居民个人寄售的物品

3.下列各项中，视同销售货物计算缴纳增值税的有（ ）。

A.销售代销货物 B.将货物交付他人代销

C.将自产货物分配给股东 D.将购买货物用于集体福利

4.增值税纳税义务发生时间正确的有（ ）。

A.以预收款方式销售货物的，为发出货物的当天

B.委托他人代销货物的，为货物发出的当天

C.采用赊销方式销售货物的，为合同约定的收款日期的当天

D.采取分期收款方式销售货物的，为实际收到货款的当天

5.划分一般纳税人和小规模纳税人的标准有（ ）。

A.销售额达到规定标准 B.经营效益好

C.会计核算健全 D.有上级主管部门

6.下列关于进口货物增值税的税务处理的表述中，正确的有（ ）。

A.除特殊情况外进口货物均需在进口环节由海关代为征收增值税

B.进口货物增值税计算一律以组成计税价格为计税依据

C.组成计税价格=关税完税价格＋关税＋消费税＋增值税

D.组成计税价格=关税完税价格＋关税＋消费税

7.关于增值税计税销售额的规定，下列说法中正确的有（ ）。

A.以物易物销售货物由多支付货款的一方以差价计算缴纳增值税

B.以旧换新方式销售货物以实际收取的不含增值税的价款计算缴纳增值税（金银首饰除外）

C.还本销售方式销售货物，以实际销售额计算缴纳增值税

D.现金折扣方式销售货物不得从计税销售额中扣减折扣额

8.根据增值税法律制度的规定，下列各项可以作为增值税的扣税凭证的有（　　）。

A.税控机动车销售统一发票

B.海关进口增值税专用缴款书

C.接受境外单位提供的应税服务，从境内代理人处取得的解缴税款的完税凭证

D.增值税普通发票

9.下列各项中，适用9%增值税税率的有（　　）。

A.销售不动产　　B.销售著作权

C.不动产融资租赁服务　　D.有形动产融资租赁服务

10.境内的单位和个人销售（　　）免征增值税，但财政部和国家税务总局规定适用零税率的除外。

A.工程项目在境外的建筑服务

B.存储地点在境外的仓储服务

C.在境外提供的广播影视节目（作品）的播映服务

D.在境外提供的文化体育服务、教育医疗服务、旅游服务

11.下列各项中，属于“营改增”范围的应税行为有（　　）。

A.不动产租赁　　B.交通运输　　C.有形动产租赁　　D.金融业务

12.下列纳税期限为一个季度的增值税纳税人有（　　）。

A.银行　　B.信托投资公司　　C.保险公司　　D.信用社

13.试点纳税人提供下列应税服务，免征增值税的有（　　）。

A.在境外提供的广播影视节目（作品）的播映服务

B.会议展览地点在境外的会议展览服务

C.存储地点在境外的仓储服务

D.标的物在境外使用的有形动产租赁服务

14.下列凭证中，当前作为增值税扣税凭证的有（　　）。

A.海关进口增值税专用缴款书　　B.农产品收购发票

C.农产品销售发票　　D.铁路运输费用结算单据

15.试点一般纳税人不得从销项税额中抵扣进项税额的项目有（　　）。

A.非正常损失的购进货物，以及相关的加工修理修配劳务和交通运输服务

B.非正常损失的在产品、产成品所耗用的购进货物（不包括固定资产）、加工修理修配劳务和交通运输服务

C.非正常损失的不动产，以及该不动产所耗用的购进货物、设计服务和建筑服务

D.非正常损失的不动产在建工程所耗用的购进货物、设计服务和建筑服务

三、判断题

1.一般纳税人销售给小规模纳税人货物、劳务、服务、无形资产或者不动产，不能开具增值税专用发票。（　　）

2.小规模纳税人可以抵扣增值税进项税额。（　　）

3.自2013年8月1日起，纳税人自用的应征消费税的摩托车、汽车、游艇，其进项税额准予从销项税额中抵扣。（　　）

4. 外贸企业委托生产企业加工收回后报关出口的货物，按购进国内原辅材料的增值税专用发票上注明的进项税额，依原辅材料的退税率计算原辅材料的退税额。（ ）

5. 增值税扣缴义务发生时间为纳税人支付货款的当天。（ ）

6. 纳税人销售旧货，按照简易办法依照3%的征收率缴纳增值税。（ ）

7. 一般纳税人销售或者进口鲜奶、图书、报纸、杂志，按低税率计征增值税，税率为9%。（ ）

8. 甲公司未按规定向乙公司支付货款，乙公司按合同规定向甲公司收取违约金，由于违约金是在销售实现后收取的，故不应征收增值税。（ ）

9. 一般纳税人提供财政部和国家税务总局规定的特定应税行为，可以选择适用简易计税方法计税，但一经选择，12个月内不得变更。（ ）

10. 取得索取销售款项凭据的当天，是指书面合同确定的付款日期；未签订书面合同或者书面合同未确定付款日期的，为服务、无形资产转让完成的当天或者不动产权属变更的当天。（ ）

11. 增值税混合销售行为的税务处理是分开核算、分别缴税的。（ ）

12. 餐饮住宿服务，包括餐饮服务和住宿服务。（ ）

13. 试点纳税人中的一般纳税人提供管道运输服务，对其增值税实际税负超过3%的部分实行增值税即征即退政策。（ ）

14. 境内单位和个人向中华人民共和国境外单位提供电信服务，免征增值税。（ ）

15. 境内的单位和个人销售适用增值税零税率的服务或无形资产的，可以放弃适用增值税零税率，选择免税或按规定缴纳增值税。放弃适用增值税零税率后，12个月内不得再申请适用增值税零税率。（ ）

16. 符合一般纳税人条件的纳税人应当向主管税务机关办理一般纳税人登记，应当办理一般纳税人登记而未办理的，应按税率计算应纳税额，不得抵扣进项税额。（ ）

17. 外贸企业外购服务或者无形资产出口实行免退税办法，外贸企业直接将服务或自行研发的无形资产出口，也实行免退税办法。（ ）

四、案例题

1. 某投资者本年7月投资设立一工业企业，预计年应纳增值税销售额为800万元，会计核算制度也比较健全，符合作为一般纳税人条件，适用的增值税税率为13%。但该企业准予从销项税额中抵扣的进项税额较少，只占销项税额的15%。若投资设立两个小规模纳税人企业，各自作为独立核算单位，则这两个小企业年应税销售额分别为450万元和350万元，适用3%的征收率。请对其进行纳税筹划。

2. 甲商业企业为一般纳税人，若甲企业从一般纳税人处采购商品，则不含税购买价为2 000元，且可取得税率为13%的增值税专用发票，该商品的不含税销售价为2 200元；若甲企业从小规模纳税人处采购商品，则不含税购买价为1 800元，且可取得税率为3%的增值税专用发票，该商品的不含税销售价仍为2 200元。请对甲商业企业的供应商进行选择。

3. 甲公司本年7月向乙公司出租汽车不配司机，收费100 000元（含增值税），相关成本费用50 000元（不含增值税），相关可抵扣的进项税额为8 000元。若出租汽车连带配司机（假设甲公司不满足增值税加计抵减政策的条件）需多支出成本费用10 000元（不含增值税），需要收费110 000元（含增值税），相关可抵扣的进项税额仍为8 000元。请对其进行纳税筹划。

4. 甲家电超市销售空调2 000台，不含税销售额为800万元，当月与销售空调相关的可抵扣进项税额为100万元；同时为客户提供上门安装服务，收取安装费33.9万元，当月与安装服务相关的可抵扣进项税额为1万元。请对其进行纳税筹划。

项目实训2-1

一、实训名称

折扣方式选择的纳税筹划

二、实训案例设计

甲商场是增值税一般纳税人，本年7月为促销欲采用五种方式：一是商品8折销售，即原先价值为1 000元的商品，现在售价为800元；二是按原价捆绑销售，即顾客只需花800元即可捆绑购买原价800元的商品与另外价值200元的商品，且价值200元的商品其购进价格为140元，均为含税价（若本地税务机关认可买一赠一、捆绑销售等组合销售行为赠送的商品不征增值税）；三是按原价捆绑销售，即顾客只需花800元即可捆绑购买原价800元的商品与另外价值200元的商品，且价值200元的商品其购进价格为140元，均为含税价（若本地税务机关认为买一赠一、捆绑销售等组合销售行为赠送的商品视同销售征收增值税）；四是赊购货物满1 000元，在10天内付款，给予含税价1 000元的20%的折扣，在30天内付款不给予折扣（假设对方在10天内付款）；五是按原价销售，但购物满1 000元，返还200元的现金。甲商场销售利润率为30%，即若销售额1 000元，则进价700元。假设甲商场销售和购进产品的增值税税率均为13%。另外，甲商场每销售原价1 000元商品，便发生可以在企业所得税前扣除的工资和其他费用50元。假设不考虑城建税和教育费附加。

三、实训任务要求

1. 能够区分不同的折扣方式，能够明确各种折扣方式的税法规定。
2. 能够设计折扣方式选择的纳税筹划思路。
3. 能够正确计算各种折扣方式下的税负及税后利润。
4. 能够通过比较分析，选择最优的折扣方式。

项目实训2-2

一、实训名称

全面“营改增”后湿租与干租选择的纳税筹划

二、实训案例设计

甲公司本年7月为乙公司提供一次干租业务（假设甲公司不满足增值税加计抵减政策的条件），收费500万元，相关成本费用300万元，相关可抵扣进项税为40万元。若提供湿租业务，收费600万元，相关成本费用400万元，相关可抵扣进项税为45万元。请对其进行纳税筹划。

三、实训任务要求

1. 能够明确湿租与干租的相关政策。
2. 能够设计湿租与干租选择的纳税筹划思路。
3. 能够正确计算湿租与干租方式下的应纳增值税税额。
4. 能够通过比较分析，选择合适的航空运输方式。

项目三

消费税的纳税筹划实务

职业能力目标

（1）能通过规避消费税进行纳税筹划。

（2）能通过降低价格的方式进行纳税筹划。

（3）能通过先销售来降低计税依据的方式进行纳税筹划。

（4）能利用折扣销售进行纳税筹划。

（5）能对临界点进行纳税筹划。

（6）能对进口应税消费品进行纳税筹划。

（7）能对成套消费品进行纳税筹划。

（8）能对白酒生产企业委托加工与自行加工的选择进行纳税筹划。

（9）能对应税消费品的成本核算进行纳税筹划。

（10）能对出口应税消费品进行纳税筹划。

（11）能通过延期纳税进行纳税筹划。

（12）能通过合并变“外购原料”为“自行加工”进行纳税筹划。

项目引例——通过合并变“外购原料”为“自行加工”的纳税筹划

某地区有甲和乙两家大型酒厂，都是独立核算的法人企业。甲公司主要经营粮食类白酒，以当地生产的大米和玉米为原料进行酿造，按照消费税法律制度的规定，应该适用20%的比例税率，粮食白酒的定额税率为每500克0.5元。乙公司以甲公司生产的粮食白酒为原料，生产系列药酒，按照税法规定，适用10%的消费税税率。甲公司每年要向乙公司提供价值10 000万元、共计2 500万千克的粮食白酒。假定药酒的销售额为20 000万元，销售数量为2 500万千克。此时，假设甲公司有机会合并乙公司，且是否合并乙公司对自身经营基本没有影响。以上价格均不含增值税。

★任务要求

请对上述业务进行纳税筹划。

▶项目引例解析 见本项目的任务八。

任务一 规避消费税的纳税筹划

任务案例3-1 本年甲公司选择生产经营范围时，有以下两种方案可供选择：一是生产高档化妆品；二是生产护肤品。若该公司生产高档化妆品，预计本年能取得销售收入1 000万元，耗用成本500万元；若该公司生产护肤品，预计本年能取得销售收入1 000万元，耗用成本600万元。

【任务要求】请对上述业务进行纳税筹划。

【税法依据】消费税**共有15个税目**，它们分别是：烟、酒、高档化妆品、贵重首饰及珠宝玉石、鞭炮及焰火、高尔夫球及球具、高档手表、游艇、木制一次性筷子、实木地板、成品油、摩托车、小汽车、电池、涂料。

自2016年10月1日起，取消对普通美容、修饰类化妆品征收消费税，将“化妆品”税目名称更名为“**高档化妆品**”，征收范围包括高档美容、修饰类化妆品，高档护肤类化妆品和成套化妆品，**税率调整为15%**。

【筹划思路】消费税的征收范围比较窄，应税消费品仅仅限于15个税目。企业在选择经营范围时，可以避开上述15个税目。而选择其他符合国家产业政策、国家给予税收优惠产品的生产经营。

【筹划过程】

方案一：生产销售高档化妆品。

应纳消费税=1 000×15%=150（万元）

税后利润=（1 000-500-150）×（1-25%）=262.5（万元）

方案二：生产销售护肤品。

应纳消费税=0

税后利润=（1 000-600）×（1-25%）=300（万元）

【筹划结论】方案二比方案一少缴纳消费税150万元，多获取税后利润37.5万元（300-262.5），因此，应当选择方案二。

【任务点评】随着社会经济的发展，人民生活质量的提高，以前认为是奢侈品的应税消费品，现在成为人们生活中的必需品（例如护肤护发品、非高档化妆品等），相应地已经不属于消费税征税范围了。同时，又有一些高档和新兴的消费品（如高尔夫球及球具、高档手表等），已经列入消费税的征税范围。未来像高档娱乐消费品等，都有可能要调整成为消费税的征收范围。因此，企业在选择生产经营范围时，要考虑国家未来对消费税的调整趋势。

任务二　降低价格的纳税筹划

任务案例3-2 甲啤酒厂位于市区，本年7月生产销售某品牌啤酒，每吨出厂价格为3 010元（不含增值税），与此相关的成本费用为2 500元，可抵扣的进项税额为330元。

【任务要求】请对上述业务进行纳税筹划。

【税法依据】每吨啤酒出厂不含增值税价格（含包装物及包装物押金，下同）在3 000元（含3 000元）以上的，单位税额为250元/吨；每吨啤酒出厂不含增值税价格在3 000元（不含3 000元）以下的，单位税额为220元/吨。娱乐业、饮食业自制啤酒，单位税额为250元/吨。

【筹划思路】我国啤酒消费税的税率实质上是一种全额累进性质的定额税率，其特点是：在临界点上下，税收负担变化较大。当每吨啤酒的销售价格稍微低于临界点时，将销售价格从临界点之下提高到临界点之上，会出现税收负担的增加额大于销售价格的增加额的情况。当每吨啤酒的销售价格稍微高于临界点时，适当降低销售价格至临界点之下，反而能够增加税后利润。

【筹划过程】

方案一：将啤酒的价格仍然定为3 010元，则：

每吨啤酒应纳增值税=3 010×13%−330=61.3（元）

每吨啤酒应纳消费税=250元

应纳城建税和教育费附加=（61.3+250）×（7%+3%）=31.13（元）

每吨啤酒的税后利润=（3 010−2 500−250−31.13）×（1−25%）=171.65（元）

方案二：将啤酒的价格降至2 990元，则：

每吨啤酒应纳增值税=2 990×13%−330=58.7（元）

每吨啤酒应纳消费税=220元

应纳城建税和教育费附加=（58.7+220）×（7%+3%）=27.87（元）

每吨啤酒的税后利润=（2 990−2 500−220−27.87）×（1−25%）=181.60（元）

【筹划结论】方案二比方案一每吨啤酒少缴纳消费税30元（250−220），少缴纳城建税和教育费附加3.26元（31.13−27.87），多获取税后利润9.95元（181.60−171.65），因此，应当选择方案二。

【任务点评】当每吨啤酒的销售价格稍微高于临界点时，将每吨啤酒的销售价格从临界点之上适当地降低至临界点之下，不仅可以降低消费税税负，多获取税后利润，而且可以增加产品在价格上的竞争力，使销售数量得以提升。

任务三 通过先销售来降低计税依据的纳税筹划

任务案例3-3 甲公司为一家摩托车生产企业，本年7月对外销售同型号的摩托车时共有3种价格，以6 000元的单价销售500辆，以6 500元的单价销售200辆，以7 000元的单价销售100辆。当月以300辆同型号的摩托车对乙公司进行投资，双方按当月的加权平均销售价格确定投资金额。以上价格均不含增值税。此类摩托车的消费税税率为10%。

【任务要求】请对上述业务进行纳税筹划。

【税法依据】纳税人自产的应税消费品用于**换取**生产资料和消费资料、**投资入股或抵偿债务**等方面，应当以纳税人同类应税消费品的**最高销售价格**作为计税依据。

【筹划思路】实际上，当纳税人用应税消费品换取生产资料和消费资料、投资入股或抵偿债务时，一般是按照双方的协议价或评估价确定的，而协议价往往是市场的平均价。如果以同类应税消费品的最高销售价格作为计税依据，显然会加重纳税人的负担。可以考虑采取先销售应税消费品给对方，然后再以现金进行易物（入股、抵债）的方式，从而降低消费税税负。

【筹划过程】

方案一：甲公司直接以300辆摩托车对乙公司进行投资。

应纳消费税=7 000×300×10%=210 000（元）

方案二：甲公司先按照当月的加权平均价格将这300辆摩托车销售给乙公司后，再以收到的现金对乙公司进行投资。

应纳消费税=（6 000×500+6 500×200+7 000×100）÷（500+200+100）×300×10%

=187 500（元）

【筹划结论】方案二比方案一少缴纳消费税2.25万元（21−18.75），因此，应当选择方案二。

【任务点评】通过先销售后投资的方式，可以规避按照同类应税消费品的最高销售价格作为计税依据的规定，多了一道环节，却降低了计税依据，从而降低了消费税税负。

任务四 利用折扣销售的纳税筹划

任务案例3-4 本年8月，甲啤酒公司实施买4吨送1吨的优惠活动，8月份销售啤酒200吨，赠送啤酒50吨，即共销售250吨啤酒，每吨售价为3 500元（不含增值税）。假设本地税务机关认为买一赠一、捆绑销售等组合销售行为赠送的商品视同销售征收增值税。

【任务要求】请对上述业务进行纳税筹划。

【税法依据】啤酒消费税的税率为从量定额税率，同时根据啤酒的单位价格实行全额累进。每吨啤酒出厂不含增值税价格（含包装物及包装物押金）在3 000元（含3 000元）以上的，单位税额为250元/吨；每吨啤酒出厂不含增值税价格在3 000元（不含3 000元）以下的，单位税额为220元/吨。娱乐业、饮食业自制啤酒，单位税额为250元/吨。

折扣销售的税收优惠仅适用于价格折扣，而不适用于实物折扣。如果销售者将自产、委托加工或购买的货物用于实物折扣，则该实物款额不能从销售额中减除，且该实物应按“视同销售货物”中的“无偿赠送他人”计算缴纳增值税。

【筹划思路】甲啤酒公司可以将实物折扣改为折扣销售，一方面，通过降低每吨啤酒的单价，从而有可能降低啤酒的消费税税率；另一方面，可以避免增值税视同销售行为，从而降低增值税税负。

【筹划过程】

方案一：采用实物折扣的方式。

由于每吨啤酒售价=3 500元＞3 000元，因此消费税适用的定额税率为250元/吨。

应纳消费税=（200＋50）×250=62 500（元）

增值税销项税额=（200+50）×3 500×13%=113 750（元）

方案二：将实物折扣改为折扣销售，即按八折销售。

每吨啤酒的销售价格=3 500×80%=2 800（元）

由于每吨啤酒售价降为2 800元＜3 000元，因此消费税适用的定额税率为220元/吨。

应纳消费税=250×220=55 000（元）

增值税销项税额=250×2 800×13%=91 000（元）

【筹划结论】方案二比方案一少缴纳消费税7 500元（62 500-55 000），少缴纳增值税22 750元（113 750-91 000），因此，应当选择方案二。

【任务点评】应当注意的是，打折后的价格应当合理，否则有可能被税务机关进行纳税调整。

任务五 临界点的纳税筹划

任务案例3-5 飞翔汽车生产企业本年设计生产一辆小轿车，价格为30万元（不含增值税），排气量为1.502升。

【任务要求】请对上述业务进行纳税筹划。

【税法依据】《财政部 国家税务总局关于调整乘用车消费税政策的通知》（财税〔2008〕105号）规定，乘用车消费税税率规定如下：

（1）汽缸容量（排气量，下同）在1.0升（含1.0升）以下的，消费税税率为1%；

（2）汽缸容量在1.0升以上至1.5升（含1.5升）的，消费税税率为3%；

（3）汽缸容量在1.5升以上至2.0升（含2.0升）的，消费税税率为5%；

（4）汽缸容量在2.0升以上至2.5升（含2.5升）的，消费税税率为9%；

（5）汽缸容量在2.5升以上至3.0升（含3.0升）的，消费税税率为12%；

（6）汽缸容量在3.0升以上至4.0升（含4.0升）的，消费税税率为25%；

（7）汽缸容量在4.0升以上的，消费税税率为40%。

【筹划思路】我国乘用车消费税的税率实质上是一种全额累进性质的定额税率，其特点是：在临界点税收负担变化比较大，会出现税收负担的增加大于计税依据的增加的情况。在这种情况下，巧妙运用临界点的规定能降低税率，从而减轻税收负担。与此同时，企业要充分考虑事先对业务流程进行设计，即企业在设计乘用车汽缸容量时，务必考虑到税收问题，若等到汽缸容量已经设计好了，乘用车已经生产出来了，再考虑税收问题，有可能为时已晚了。

【筹划过程】

方案一：事先不重视业务流程的设计，将小轿车排气量设计为1.502升。

应纳消费税=30×5%=1.5（万元）

方案二：事先重视业务流程的设计，将小轿车排气量设计为1.5升。

应纳消费税=30×3%=0.9（万元）

【筹划结论】方案二比方案一每辆同类型的小轿车少缴纳消费税0.6万元（1.5-0.9），因此，应当选择方案二。

【任务点评】企业很多情况下都是等到业务流程已经设计好了，并且所有涉税事项也按照业务流程的设计已经发生了，然后再让财务部门考虑并解决税收问题，往往为时已晚。因此，纳税筹划的过程理念对于做好纳税筹划工作至关重要。

任务六 进口应税消费品的纳税筹划

任务案例3-6 甲公司是一家国外的汽车生产企业，乙公司为甲公司在中国的销售公司。乙公司先以每辆120万元的关税完税价格从甲公司进口汽车10辆，然后再以每辆200万元的价格（不含增值税）将其全部销售给中国的丙公司，关税税率为15%，消费税税率为25%。假设不考虑乙公司国内销售环节的城市维护建设税和教育费附加。

【任务要求】 请对上述业务进行纳税筹划。

【税法依据】 从价定率计征关税应纳税额的计算公式为：

关税应纳税额=完税价格×关税税率

纳税人进口应税消费品，按照组成计税价格和规定的税率计算应纳税额。从价定率计征消费税应纳税额的计算公式为：

组成计税价格=（关税完税价格+关税）÷（1-消费税比例税率）

消费税应纳税额=组成计税价格×消费税比例税率

正常情况下，进口货物采用以成交价格为基础的完税价格。进口货物的完税价格包括货物的货价、货物运抵我国输入地点起卸前的运输及相关费用、保险费。对于价格不符合成交条件或成交价格不能确定的进口货物，由海关估价确定。

【筹划思路】 进口货物的关税完税价格越小，越能降低进口关税以及进口环节的增值税和消费税。企业可以通过与中国境内关联方之间进行转让定价的方式来降低关税完税价格，从而降低进口环节相关税负。

【筹划过程】

方案一：乙公司先以每辆120万元的关税完税价格从甲公司进口汽车10辆，然后再以每辆200万元的价格（不含增值税）将其全部销售给中国的丙公司。

乙公司进口环节应纳关税=120×10×15%=180（万元）

乙公司进口环节应纳消费税=（120×10+180）÷（1-25%）×25%

=460（万元）

乙公司进口环节应纳增值税=（120×10+180）÷（1-25%）×13%

=239.2（万元）

乙公司销售给丙公司汽车应纳增值税=200×10×13%-239.2=20.8（万元）

乙公司税负合计=180+460+239.2+20.8=900（万元）

方案二：乙公司先以每辆90万元的关税完税价格从甲公司进口汽车10辆，然后再以每辆200万元的价格（不含增值税）将其全部销售给中国的丙公司。

乙公司进口环节应纳关税=90×10×15%=135（万元）

乙公司进口环节应纳消费税=（90×10+135）÷（1-25%）×25%

=345（万元）

乙公司进口环节应纳增值税=（90×10+135）÷（1-25%）×13%

=179.4（万元）

乙公司销售给丙公司汽车应纳增值税=200×10×13%-179.4=80.6（万元）

乙公司税负合计=135+345+179.4+80.6=740（万元）

【筹划结论】 方案二比方案一少缴纳关税45万元（180-135），少缴纳消费税115万元

（460-345），少缴税合计160万元（900-740），因此应当选择方案二。

【任务点评】关税完税价格的调整应在价格符合成交条件的前提下进行，应当合法合理，否则有可能被海关估价确定。

任务七 成套消费品的纳税筹划

任务案例3-7 为了进一步扩大销售，甲公司采取多样化生产策略，将生产的粮食白酒与药酒组成礼品套装进行销售。本年8月份，甲公司对外销售700套套装酒，单价100元/套，其中，粮食白酒、药酒各1瓶，均为500克装（若单独销售，粮食白酒30元/瓶，药酒70元/瓶）。假设此包装属于简易包装，包装费忽略不计。粮食白酒的比例税率为20%，定额税率为0.5元/斤；药酒的比例税率为10%，无定额税率。

【任务要求】请对上述业务进行纳税筹划。

【税法依据】对纳税人兼营不同税率的应税消费品，应当分别核算其销售额或销售数量。未分别核算销售额或销售数量的，或者将不同税率的应税消费品组成成套消费品销售的，从高适用税率征收。

【筹划思路】上述规定要求企业在会计核算的过程中尽量做到账目清楚，即分别核算不同税率的应税消费品，以免产生不必要的损失。在涉及成套消费品销售的问题上，看是否有必要组成成套的消费品，避免给企业造成不必要的税收负担。对于有必要组成成套的消费品的情况，可以采用变“先包装后销售”为“先销售后包装”的方式，这样往往可以大大降低消费税税负，同时保持增值税税负不变。具体的操作方法可以从两方面着手：第一，将上述产品先分品种和类别销售给零售商，再由零售商包装后对外销售，这样做实际上只是在生产流程上换了一个包装地点，在销售环节将不同品种和类别的产品分别开具发票，在账务处理环节对不同的产品分别核算销售收入。第二，如果当地税务机关对有关操作环节要求比较严格，还可以采取分设机构的操作方法，即另外再设立一个独立核算且专门从事包装业务然后对外销售的销售公司。

【筹划过程】

方案一：采取“先包装后销售”的方式。

药酒不仅要按20%的高税率从价计税，而且还要按0.5元/斤的定额税率从量计税。

应纳消费税=（30+70）×700×20%+700×1×2×0.5=14 700（元）

方案二：采取“先销售后包装”的方式。

药酒不仅按10%的低税率从价计税，而且不必按0.5元/斤的定额税率从量计税。

应纳消费税=30×700×20%+700×1×0.5+70×700×10%=9 450（元）

【筹划结论】方案二比方案一少缴纳消费税5 250元（14 700-9 450），因此，应当选择方案二。

【任务点评】在现实经营活动中，很多工业企业销售应税消费品时，为图方便而习惯采用“先包装后销售”的方式进行，人为地将低税率产品和非应税产品并入高税率产品一并计税，造成不必要的税负增加。如果改为“先销售后包装”方式，就可以大大降低消费税税负，增加企业经济收益。因此，企业兼营不同税率应税消费品时，在单独核算的基础上，没有必要组成成套消费品销售的，最好单独销售，以尽量降低企业的税负。对于有必要组成成套消费品的，可以采用变通的方式，即先销售后包装，来降低应税消费品的总体税负率，从而降低税负。

任务八 白酒生产企业委托加工与自行加工选择的纳税筹划

任务案例3-8 本年7月10日，甲公司接到一笔生产500吨白酒的业务合同，议定单价为2万元/吨，则销售额共计1 000万元。要求在本年9月10日前交货。由于交货时间比较紧迫，甲公司有四种生产方案：

一是甲公司委托乙公司加工酒精，收回后由甲公司将其生产成A品牌白酒销售，即甲公司以价值为250万元的原料委托乙公司加工酒精，双方协议加工费为150万元，加工成300吨酒精运回甲公司以后，再由本公司加工成500吨A品牌白酒销售，每吨售价2万元，公司加工的成本以及应该分摊的相关费用合计为70万元。

二是甲公司委托乙公司加工高纯度白酒，收回后由甲公司将其生产成白酒销售，即甲公司以价值为250万元的原料委托乙公司加工高纯度白酒，双方协议加工费为180万元，加工成400吨高纯度白酒运回公司以后，再由本公司加工成500吨A品牌白酒销售，每吨售价2万元，公司加工的成本以及应该分摊的相关费用合计为40万元。

三是甲公司委托乙公司加工最终产品（A品牌白酒），收回后甲公司直接销售（全部委托加工方式），即甲公司将酿酒原料交给乙公司，由乙公司完成所有的制作程序，使得甲公司从乙公司收回的产品就是指定的A品牌白酒，协议加工费为220万元。产品运回后仍以原价直接销售。

四是甲公司自己完成A品牌白酒的生产后销售，即由甲公司自己生产A品牌白酒，其发生的生产成本恰好等于委托乙公司的加工费，即220万元。

企业所得税税率为25%。以上价格均为不含增值税价格。假设受托方均无同类消费品的销售价格。假设不考虑城建税及教育费附加。

【任务要求】 请对上述业务进行纳税筹划。

【税法依据】 国家通过征收消费税对一些消费品的生产和消费进行限制，而白酒类产品又是消费税税负比较重的消费品。国家对白酒类消费品税收政策进行了多次调整，目的在于“扶优限劣，扶大限小”，使中国白酒企业逐步走上规模化、集团化发展的道路。

2001年，国家为了加强对白酒产业的管理，对白酒消费税政策进行调整，规定从2001年5月1日起，白酒生产企业生产的白酒实行按从价定率和从量定额复合计税的方式征收消费税，对粮食白酒和薯类白酒除分别按25%和15%的从价比例税率征收消费税外，还要按0.5元/斤从量定额征收消费税。很明显，这对低价白酒的生产极其不利，由于低价白酒往往由小规模白酒生产企业生产，所以此政策调整不利于小规模白酒生产企业的发展。同时停止执行“对外购或委托加工酒及酒精产品连续生产应税消费品销售时已纳消费税进行抵扣”的政策。也就是说，对于外购或委托加工已税的酒及酒精产品连续生产应税消费品销售时，不能扣除外购或委托加工应税消费品已纳的消费税税款。很明显，这对需要先外购或委托加工已税的酒及酒精产品，然后连续生产应税消费品的白酒生产企业十分不利。

2006年，国家对白酒消费税政策又作了比较大的调整，主要是取消了粮食白酒和薯类白酒的差别税率，从2006年4月1日起，粮食白酒和薯类白酒从价计征的比例税率由原来分别为25%和15%，统一为20%，从量定额税率仍为0.5元/斤。从整体上来看，与原政策相比，新政策有利于以生产粮食白酒为主的大中型企业，不利于以生产薯类白酒为主的中小型企业。

2009年，国家税务总局制定了《白酒消费税最低计税价格核定管理办法（试行）》，将对计税价格偏低的白酒核定消费税最低计税价格。有关管理办法于2009年8月1日起实施：（1）白酒生产企业销售给销售单位的白酒，生产企业消费税计税价格高于销售单位对外销售价格70%（含70%）以上的，税务机关暂不核定消费税最低计税价格。（2）白酒生产企业销售给销售单位的白酒，生产企业消费税计税价格低于销售单位对外销售价格70%以下的，消费税最低计税价格由税务机关根据生产规模、白酒品牌、利润水平等情况在销售单位对外销售价格50%至70%范围内自行核定。其中生产规模较大、利润水平较高的企业生产的需要核定消费税最低计税价格的白酒，税务机关核价幅度原则上应选择在销售单位对外销售价格60%至70%范围内。

2009年1月1日开始实施的修订后的《中华人民共和国消费税暂行条例》第八条规定：委托加工的应税消费品，按照受托方的同类消费品的销售价格计算纳税；没有同类消费品销售价格的，按照组成计税价格计算纳税。实行从价定率办法计算纳税的组成计税价格计算公式：组成计税价格=（材料成本+加工费）÷（1-比例税率）（如委托加工烟丝、高档化妆品）；实行复合计税办法计算纳税的组成计税价格计算公式：组成计税价格=（材料成本+加工费+委托加工数量×定额税率）÷（1-比例税率）（如委托加工卷烟、白酒）。

委托加工的应税消费品直接出售的，不再缴纳消费税。委托方将收回的应税消费品，以**不高于受托方的计税价格**出售的，**为直接出售，不再缴纳消费税**；委托方以**高于**受托方的计税价格出售的，不属于直接出售，需按照规定申报缴纳消费税，在计税时**准予扣除**受托方已代收代缴的消费税。

自2014年12月1日起，取消酒精消费税。取消酒精消费税后，“酒及酒精”品目相应改为“酒”，并继续按现行消费税政策执行。

【筹划思路】 为了避免重复征税，原来的白酒消费税政策规定外购或者委托加工所缴纳的消费税，用于连续生产应税消费品的，可以按规定抵扣。这个规定，类似于增值税的抵扣原理，所以无论生产环节有多少，消费税的税收负担不增加。但为了调整白酒产业，税法规定，从2001年5月1日起，一方面，对外购或委托加工已税酒和酒精生产的酒，其外购酒及酒精已纳税款或委托方代收代缴税款不再予以抵扣；另一方面，还要从量征收消费税（酒精除外）。这样从以上两个方面造成消费税负担增加，而且，生产环节越多，税收负担增加的幅度越大。这就启示我们，像白酒这样的应税消费品的生产应当注意尽量避免委托加工成半成品后收回继续加工成白酒的生产方式。但从2014年12月1日起，由于取消了对酒精征收消费税，因此委托加工酒精收回后继续加工白酒的委托加工酒精环节，不需要再缴纳消费税了，这样，企业又可以不需避免委托加工酒精收回继续加工成白酒的生产方式，但仍需避免委托加工成酒类半成品（如高度白酒）后收回继续加工成白酒（如低度白酒）的生产方式。

【筹划过程】

方案一：甲公司委托乙公司加工酒精，收回后由甲公司生产成A品牌白酒销售。

甲公司以价值为250万元的原料委托乙公司加工酒精，双方协议加工费为150万元，加工成300吨酒精运回甲公司以后，再由甲公司加工成500吨A品牌白酒销售，每吨售价

2万元，甲公司加工的成本以及应该分摊的相关费用合计为70万元。

（1）甲公司在向乙公司支付加工费的同时，由于自2014年12月1日起，酒精不再缴纳消费税，因此在委托加工酒精这一环节不需要再由受托方乙公司针对酒精代收代缴消费税。

（2）甲公司销售白酒后：

甲公司应纳消费税=1 000×20%+500×1 000×2×0.5÷10 000=250（万元）

（3）甲公司税后利润=（1 000−250−150−70−250）×（1−25%）=210（万元）

方案二：甲公司委托乙公司加工高纯度白酒，收回后由甲公司生产成A品牌白酒销售。

甲公司以价值为250万元的原料委托乙公司加工高纯度白酒，双方协议加工费为180万元，加工成400吨高纯度白酒运回甲公司以后，再由甲公司加工成500吨A品牌白酒销售，每吨售价2万元，甲公司加工的成本以及应该分摊的相关费用合计为40万元。

（1）当甲公司收回委托加工产品时，向受托方乙公司支付由其代收代缴的消费税：

消费税组成计税价格=（250+180+400×1 000×2×0.5÷10 000）÷（1−20%）=587.5（万元）

甲公司向乙公司支付由乙公司代收代缴的消费税=587.5×20%+400×1 000×2×0.5÷10 000=157.5（万元）

（2）甲公司销售白酒后：

甲公司应纳消费税=1 000×20%+500×1 000×2×0.5÷10 000=250（万元）

（3）在委托加工高纯度白酒方式下，甲公司向乙公司支付由乙公司代收代缴的消费税157.5万元，甲公司应纳消费税250万元：

甲公司税后利润=（1 000−250−180−40−157.5−250）×（1−25%）
=91.88（万元）

方案三：甲公司委托乙公司直接加工最终产品（A品牌白酒），收回后甲公司直接销售（全部委托加工方式）。

甲公司将酿酒原料交给乙公司，由乙公司完成所有的制作程序，即甲公司从乙公司收回的产品就是指定的A品牌白酒，协议加工费为220万元。产品运回后仍以原价直接销售。

（1）当甲公司收回委托加工产品时，向受托方乙公司支付由其代收代缴的消费税。

消费税组成计税价格=（250+220+500×1 000×2×0.5÷10 000）÷（1−20%）=650（万元）

甲公司向乙公司支付由乙公司代收代缴的消费税=650×20%+500×1 000×2×0.5÷10 000=180（万元）

（2）委托方将收回的应税消费品，以不高于受托方的计税价格出售的，为直接出售，不再缴纳消费税；委托方以高于受托方的计税价格出售的，不属于直接出售，需按照规定申报缴纳消费税，在计税时准予扣除受托方已代收代缴的消费税。

由于1 000万元＞650万元，因此属于委托方甲公司以高于受托方的计税价格出售的情况，不属于直接出售，需按照规定申报缴纳消费税，甲公司在计税时准予扣除受托方乙公司已代收代缴的消费税。

甲公司应纳消费税=1 000×20%+500×1 000×2×0.5÷10 000−180=70（万元）

（3）在全部委托加工方式下，甲公司向乙公司支付由乙公司代收代缴的消费税180万元，甲公司应纳消费税70万元：

甲公司税后利润=（1 000−250−220−180−70）×（1−25%）=210（万元）

方案四：甲公司自己完成A品牌白酒的生产后销售。

由甲公司自己生产A品牌白酒，其发生的生产成本恰好等于委托乙公司的加工费，即220万元。

（1）甲公司应纳消费税=1 000×20%+500×1 000×2×0.5÷10 000=250（万元）

（2）在自产自销方式下，甲公司应纳消费税为250万元。

甲公司税后利润=（1 000-250-220-250）×（1-25%）=210（万元）

以上四种方案的税负及税后利润的比较见表3-1。

表3-1 甲公司各种白酒生产方式税负及税后利润比较表 单位：万元

备选方案	甲公司向乙公司支付由乙公司代收代缴的消费税	甲公司应纳消费税	消费税合计	税后利润
方案一	0	250	250	210
方案二	157.5	250	407.5	91.88
方案三	180	70	250	210
方案四	0	250	250	210

【筹划结论】通过表3-1可知，此业务的操作方式以方案一、方案三和方案四最佳，方案二最差。

【任务点评】对于酒类生产企业来说，可以得到以下结论：第一，尽量避免采用委托加工成半成品，待收回后继续加工的方式。第二，若必须采取委托加工成酒类半成品，待收回后继续加工的方式，可以考虑通过合并上游企业的方式来降低消费税税负。

项目引例解析

【税法依据】纳税人生产的应税消费品，于纳税人销售时纳税。纳税人自产自用的应税消费品，用于连续生产应税消费品的，不纳税；用于其他方面的，于移送使用时纳税。

从2001年5月1日起，对外购或委托加工已税酒生产的酒，其外购酒已纳税款或委托方代收代缴税款不再予以抵扣。

【筹划思路】企业自产的酒类应税消费品，被企业内部其他部门作为原材料领用，用于连续生产另一种酒类应税消费品的，这一环节不用缴纳消费税。而对外购或委托加工已税酒生产的酒，其外购酒已纳税款或委托方代收代缴税款不予抵扣。这样，在涉及外购某种酒类应税消费品用于连续生产另一种酒类应税消费品的情况，企业可以创造条件通过并购上游企业，使原来企业间的购销环节转变为企业内部的原材料领用环节，从而达到规避重复缴纳消费税的目的。

【筹划过程】

方案一：甲公司不合并乙公司。

甲公司应纳消费税=10 000×20%+2 500×2×0.5=4 500（万元）

乙公司应纳消费税=20 000×10%=2 000（万元）

合计应纳消费税=4 500+2 000=6 500（万元）

方案二：甲公司合并乙公司。

合并后应纳消费税=20 000×10%=2 000（万元）

【筹划结论】方案二比方案一本期少缴纳消费税4 500万元（6 500-2 000），因此，应当选择方案二。

【引例点评】当然，企业的合并（兼并）行为不能单单考虑消费税税负的大小，还应考虑到自身有无兼并的能力、对企业未来发展的影响、被兼并的企业是否存在严重的遗留问题等诸多因素。

任务九 应税消费品成本核算中的纳税筹划

任务案例3-9 本年8月，某汽车制造公司销售甲型小汽车30辆，生产的50辆乙型小汽车中，25辆作为奖励发放给优秀员工，25辆作为样品送给各经销商。甲型和乙型小汽车均由汽车制造公司的A车间生产，且A车间只生产这两种型号的小汽车。每辆甲型小汽车的直接材料成本为8万元，直接人工成本为2.5万元。每辆乙型小汽车的直接材料成本为10万元，直接人工成本为1万元。A车间归集的制造费用共计4万元。针对制造费用现有两种分配方法可供选择：一种是生产工时比例法，生产甲型、乙型小汽车的生产工时分别为50小时、150小时；另一种是生产工人工资比例法，生产甲型、乙型小汽车的生产工人工资分别为10万元、10万元（注：由于甲型小汽车生产需要技术高的工人，因此，其工资与工时不成正比），甲型小汽车的销售价格为40万元，乙型小汽车无销售价格也无同类小汽车的销售价格。甲、乙两种小汽车的消费税税率均为25%，成本利润率均为8%。

【任务要求】 请对上述业务进行纳税筹划。

【税法依据】 纳税人生产的应税消费品，于纳税人销售时纳税。纳税人自产自用的应税消费品，用于**连续生产应税消费品的，不纳税；用于其他方面的，于移送使用时纳税**。

用于连续生产应税消费品，是指纳税人将自产自用的应税消费品作为直接材料生产最终应税消费品，自产自用应税消费品构成最终应税消费品的实体。

用于其他方面，是指纳税人将自产自用应税消费品用于生产非应税消费品、在建工程、管理部门、非生产机构、提供劳务、馈赠、赞助、集资、广告、样品、职工福利、奖励等方面。

（1）实行从价定率办法计算纳税的自产自用应税消费品计税依据和应纳消费税税额的确定。

按照纳税人生产的同类消费品的销售价格计算纳税；没有同类消费品销售价格的，按照组成计税价格计算纳税。

实行从价定率办法计算纳税的组成计税价格和应纳消费税税额计算公式：

组成计税价格=（成本+利润）÷（1−比例税率）=成本×（1+成本利润率）÷（1−比例税率）

应纳消费税税额=组成计税价格×比例税率

（2）实行从量定额办法计算纳税的自产自用应税消费品计税依据和应纳消费税税额的确定。

实行从量定额办法计算纳税的自产自用应税消费品计税依据为移送使用数量。

实行从量定额办法计算纳税的应纳消费税税额计算公式：

应纳消费税税额=移送使用数量×定额税率

（3）实行复合计税办法计算纳税的自产自用应税消费品计税依据和应纳消费税税额的确定。

从价部分，按照纳税人生产的同类消费品的销售价格计算纳税；没有同类消费品销售价格的，按照组成计税价格计算纳税。从量部分，按照纳税人自产自用应税消费品的移送使用数量作为计税依据计算纳税。

实行复合计税办法计算纳税的组成计税价格和应纳消费税税额计算公式：

组成计税价格=（成本+利润+自产自用数量×定额税率）÷（1-比例税率）

=［成本×（1+成本利润率）+自产自用数量×定额税率］÷（1-比例税率）

应纳消费税税额=组成计税价格×比例税率+自产自用数量×定额税率

【筹划思路】只生产一种产品的车间，制造费用可以直接计入该产品生产成本。生产多种产品的车间，制造费用应采用既合理又简便的分配方法，分配计入各种产品的生产成本。常见的制造费用分配方法有生产工时比例法、生产工人工资比例法、机器工时比例法和按年度计划分配率分配法等。其中，生产工时比例法和生产工人工资比例法的具体解释如下：

（1）生产工时比例法是按照各种产品所耗用生产工人工时的比例分配制造费用的一种方法。其计算公式如下：

制造费用分配率=制造费用总额÷车间产品生产工时总额

某种产品应分配的制造费用=该种产品生产工时×制造费用分配率

（2）生产工人工资比例法是按照各种产品所耗用生产工人工资的比例分配制造费用的一种方法。其计算公式如下：

制造费用分配率=制造费用总额÷车间产品生产工人工资总额

某种产品应分配的制造费用=该种产品的生产工人工资×制造费用分配率

纳税人自产自用的实行从价定率办法计算纳税的应税消费品，没有同类消费品销售价格的，按组成计税价格计税，而组成计税价格=（成本+利润）÷（1-比例税率），由于成本的高低在一定程度上决定了组成计税价格的高低，因此，企业可以通过改变成本费用分摊方法的方式，来降低成本账面金额，从而降低组成计税价格，进而达到节税的目的。

【筹划过程】

方案一：采用生产工时比例法分配制造费用。

制造费用分配率=4÷（50+150）=0.02（万元/小时）

甲型小汽车应分配的制造费用=50×0.02=1（万元）

乙型小汽车应分配的制造费用=150×0.02=3（万元）

甲型小汽车应纳消费税=40×30×25%=300（万元）

乙型小汽车应纳消费税=（10+1+3÷50）×（1+8%）÷（1-25%）×50×25%=199.08（万元）

应纳税额合计=300+199.08=499.08（万元）

方案二：采用生产工人工资比例法分配制造费用。

制造费用分配率=4÷（10+10）=0.2

甲型小汽车应分配的制造费用=10×0.2=2（万元）

乙型小汽车应分配的制造费用=10×0.2=2（万元）

甲型小汽车应纳消费税=40×30×25%=300（万元）

乙型小汽车应纳消费税=（10+1+2÷50）×（1+8%）÷（1-25%）×50×25%=198.72（万元）

应纳税额合计=300+198.72=498.72（万元）

【筹划结论】方案二比方案一少缴纳消费税0.36万元（499.08-498.72），因此，应当选择方案二。

【任务点评】采用不同的费用分摊方法，会改变企业的税负。但应当注意的是：费用分摊方法在企业开始生产经营时确定，一旦确定，一般情况下不得随意变动。

任务十 出口应税消费品的纳税筹划

任务案例3-10 本年7月，甲钟表制造公司出口一批高档手表，价款800万元，消费税税率为20%，办理出口免税手续后因故发生退货，所退货物将于本年12月销售给国内一商场。假设1个月的市场利率为1%。

【任务要求】 请对上述业务进行纳税筹划。

【税法依据】 出口的应税消费品办理退税后，发生退关，或者国外退货进口时予以免税的，报关出口者必须及时向其机构所在地或者居住地主管税务机关申报补缴已退的消费税税款。纳税人直接出口的应税消费品办理免税后，发生退关或者国外退货，进口时已予以免税的，经机构所在地或者居住地主管税务机关批准，可暂不办理补税，待其**转为国内销售**时，再申报补缴消费税。

【筹划思路】 企业可以在发生退货时经机构所在地或者居住地主管税务机关批准，暂不办理补税，待到转为国内销售时，再申报补缴消费税，这样可以延期纳税，充分利用资金的时间价值。

【筹划过程】

方案一：本年7月退货时申报补缴消费税。

应纳消费税=800×20%=160（万元）

应纳城建税及教育费附加=160×（7%＋3%）=16（万元）

应纳税额合计=160＋16=176（万元）

应纳税额合计现值=176万元

方案二：本年12月转为国内销售时申报补缴消费税。

应纳消费税=800×20%=160（万元）

应纳城建税及教育费附加=160×（7%＋3%）=16（万元）

应纳税额合计=160＋16=176（万元）

但可以延期5个月纳税。

应纳税额合计现值=176×（P/F，1%，5）=176×0.9515=167.464（万元）

【筹划结论】 方案二比方案一应纳税额合计现值少8.536万元（176−167.464），因此，应当选择方案二。

【任务点评】 在发生出口货物退关或者退货时，采用适当方法延迟补税的时间，可以在一定时期内占用消费税税款，充分利用资金的时间价值。

任务十一 延期纳税的纳税筹划

任务案例3-11 甲公司为一家高档化妆品生产企业，现向A客户赊销高档化妆品一批，不含增值税价格为4 000万元，合同中约定的收款日期为本年7月31日。高档化妆品的消费税税率为15%，甲公司消费税纳税期限为1个月，同期银行存款利率为3%。

【任务要求】请对上述业务进行纳税筹划。

【税法依据】纳税人采取赊销和分期收款结算方式的，其纳税义务发生时间为销售合同规定的收款日期的当天，书面合同没有约定收款日期或者无书面合同的，其纳税义务发生时间为发出应税消费品的当天；纳税人采取预收货款结算方式的，其纳税义务发生时间为发出应税消费品的当天；纳税人采取托收承付和委托银行收款方式的，其纳税义务发生时间为发出应税消费品并办妥托收手续的当天；纳税人采取其他结算方式的，其纳税义务发生时间为收讫销售款或者取得索取销售款的凭据的当天。纳税人以1个月或者1个季度为1个纳税期的，自期满之日起15日内申报纳税。

【筹划思路】纳税人可以充分利用消费税纳税义务发生时间和纳税期限的有关规定，合理延迟纳税义务发生时间，从而可以充分利用资金的时间价值。

【筹划过程】

方案一：合同中该笔款项的收款时间仍确定为本年7月31日。

则7月份为纳税义务发生时间，甲公司须于8月15日之前缴纳税款。假设8月10日缴纳税款，则8月10日纳税额=4 000×15%=600（万元）。

方案二：经与客户协商，将合同中该笔款项的收款时间确定为本年8月1日。

则8月份为纳税义务发生时间，甲公司须于9月15日之前缴纳税款。假设9月10日缴纳税款，则折现到8月10日的纳税额=600÷（1+3%÷12）=598.5（万元）。

【筹划结论】方案二比方案一纳税支出现值少1.5万元（600−598.5），因此，应当选择方案二。

【任务点评】通过合同中将赊销收款日期延迟1天，从而使纳税义务发生时间延迟一个月，进而充分利用了资金的时间价值，相当于从银行获取一笔1个月的无息贷款。若同时考虑增值税及城市维护建设税和教育费附加，则节税效果更加明显。

项目练习

一、单项选择题

1.根据消费税法律制度的规定，下列消费品中，实行从价定率和从量定额相结合的复合计征办法征收消费税的是（　　）。

A.高档化妆品　　B.白酒　　C.啤酒　　D.柴油

2.下列各项中，符合消费税纳税义务发生时间规定的是（　　）。

A.采取分期收款结算方式的，为销售合同规定的收款日期的当天

B.进口的应税消费品，为取得进口货物的当天

C.采取委托银行收款方式的，为银行收到款项的当天

D.采取预收货款结算方式的，为收到预收款的当天

3.根据消费税法律制度的规定，下列各项中，属于消费税征税范围的是（　　）。

A.汽车轮胎　　B.食用酒精　　C.铂金首饰　　D.体育上用的发令纸

4.某电池厂为增值税一般纳税人，下设一非独立核算的门市部，本年7月该厂将生产的一批电池交门市部，计价70万元。门市部将其零售，取得含税销售收入90.4万元，则该项业务应缴纳的消费税税额为（　　）。

A.2万元　　B.2.8万元　　C.3.2万元　　D.2.808万元

5.甲公司生产一批高档化妆品用于本企业职工福利，没有同类产品价格可供比照，需要组成计税价格缴纳消费税。其组成计税价格是（　　）。

A.（材料成本+加工费）÷（1+消费税税率）

B.（成本+利润）÷（1−消费税税率）

C.（材料成本+加工费）÷（1−消费税税率）

D.（成本+利润）÷（1+消费税税率）

6.甲啤酒厂本年7月销售A型啤酒20吨给乙副食品公司，开具增值税专用发票，注明价款60 000元（不含增值税），收取包装物押金2 000元；销售B型啤酒10吨给丙宾馆，开具增值税普通发票，注明价款32 000元（含增值税），收取包装物押金1 000元，则甲啤酒厂应缴纳的消费税税额为（　　）。

A.5 000元　　B.6 600元　　C.7 200元　　D.7 500元

7.甲葡萄酒生产企业，生产葡萄酒适用10%的消费税税率。甲葡萄酒生产企业本年7月销售葡萄酒取得收入100万元（不含增值税），本月拿200吨葡萄酒换取生产资料，最高价为每吨220元（不含增值税），最低价为每吨180元（不含增值税），中间平均价为每吨200元（不含增值税），则本月应纳增值税和消费税分别为（　　）。

A.增值税13.52万元，消费税10.44万元

B.增值税13.52万元，消费税10.4万元

C.增值税16.70万元，消费税10.44万元

D.增值税16.70万元，消费税10.4万元

8.某一般纳税人生产企业从某厂家购进某种应税消费品用于连续生产，支付价税合计220 000元，消费税税率为10%，取得（　　）允许抵扣的消费税多。

A.一般纳税人开具的增值税普通发票

B.小规模纳税人开具的增值税专用发票

C.一般纳税人开具的增值税普通发票或者一般纳税人开具的增值税专用发票

D.一般纳税人开具的增值税专用发票

9.根据消费税法律制度的规定，企业发生的下列经营行为中，外购应税消费品已纳消费税税额不准从应纳消费税税额中扣除的是（　　）。

A.以外购已税小汽车生产小汽车

B.以外购已税烟丝生产卷烟

C.以外购已税杆头生产高尔夫球杆

D.以外购已税石脑油生产成品油

10.甲酒厂本年6月销售白酒6 000千克，售价为5元/500克，随同销售的包装物价格为5 000元；本月销售套装礼盒6 000套，售价为200元/套，每套包括粮食白酒1千克、单价60元，药酒1千克、单价40元。该企业6月份应纳消费税（　　）。（题中的价格均为不含增值税价格）

A.270 000元　　B.265 000元　　C.271 000元　　D.175 000元

11.下列行为涉及的货物，属于消费税征税范围的是（　　）。

A.卷烟批发商批发销售的雪茄烟

B.商场销售的白酒

C.鞭炮加工厂销售田径比赛用的发令纸

D.商场销售的金银首饰

12.甲厂本年6月将一批原材料委托乙厂加工成应税消费品。该批原材料不含增值税价格为20万元，受托方代垫辅料费5万元（含增值税），另收取加工费6万元（含增值税），假定该消费品消费税税率为5%，甲厂、乙厂为增值税一般纳税人，则该项委托加工业务消费税组成计税价格为（ ）万元。

A.50.95 B.31.30 C.40.95 D.40.55

二、多项选择题

1.根据消费税法律制度的规定，下列各项中，属于消费税征税范围的有（ ）。

A.汽缸容量为200毫升的摩托车 B.组合烟花

C.燃料电池 D.未经涂饰的素板

2.根据消费税法律制度的规定，计算白酒的消费税时，应并入白酒计税销售额的有（ ）。

A.品牌使用费 B.包装费 C.包装物押金 D.包装物租金

3.纳税人销售应税消费品，应当向（ ）主管税务机关申报纳税。

A.机构所在地 B.纳税人核算地 C.消费品生产地 D.居住地

4.给予退税的消费品必须具备的条件包括（ ）。

A.属于消费税征税范围的消费品

B.取得消费税税收（出口货物专用）缴款书、增值税专用发票（税款抵扣联）、出口货物报关单（出口退税联）、出口收汇核销单

C.必须报关离境

D.在财务上作为出口销售处理

5.根据消费税法律制度的规定，下列应税消费品中，实行从价定率与从量定额相结合的复合计税方法的有（ ）。

A.烟丝 B.卷烟 C.电池 D.白酒

6.根据消费税法律制度的规定，纳税人用于（ ）的应税消费品，应当以纳税人同类应税消费品的最高销售价格作为计税依据计算征收消费税。

A.发放福利 B.换取消费资料 C.投资入股 D.抵偿债务

7.根据消费税法律制度的规定，下列项目中，可以不缴纳消费税的有（ ）。

A.委托加工的应税消费品，受托方已代扣代缴消费税，委托方取回后以不高于受托方的计税价格直接销售的

B.自产自用的应税消费品，用于连续生产应税消费品的

C.自产自用的应税消费品，用于连续生产非应税消费品的

D.自产自用的应税消费品，用于广告的

8.根据消费税法律制度的规定，下列各项中，应在生产、进口、委托加工环节缴纳消费税的有（ ）。

A.无水乙醇 B.金银镶嵌首饰

C.果木酒 D.木制一次性筷子

9.下列环节既征收消费税又征收增值税的有（ ）。

A.卷烟的批发环节　　B.白酒的批发环节

C.金银首饰的零售环节　　D.高档化妆品的进口环节

三、判断题

1.纳税人销售的应税消费品，如因质量等原因由购买者退回时，经机构所在地或居住地主管税务机关审核批准后，可退还已缴纳的消费税税款。（　）

2.外贸企业从生产企业购入应税消费品时，由生产企业先缴纳消费税，在产品报关出口后，再申请出口退税；退税后若发生退货或退关，应及时补交消费税。（　）

3.纳税人通过独立核算门市部销售自产应税消费品，应按门市部对外销售额或销售数量征收消费税。（　）

4.纳税人自产自用的应税消费品，用于非应税消费品、在建工程、管理部门、馈赠、赞助、集资、广告、样品、职工福利、奖励等，应视同销售，缴纳消费税。（　）

5.企业如果想在包装物上降低消费税税负，关键是将包装物作价随同产品出售，而不应采用收取“押金”的方式，因“押金”需并入销售额计算消费税税额，尤其当包装物价值较大时，更加必要。（　）

6.纳税人将自己生产的应税消费品无偿赠送他人的，按同类产品“当月”（或者最近时期）的“平均销售价格”确定。（　）

7.体育上用的发令纸、鞭炮药引线，不缴纳消费税。（　）

四、案例题

1.甲汽车生产企业本年7月份以小汽车50辆对外投资，当期该小汽车的销售价格分别为9.5万元、10万元、10.5万元，适用的消费税税率为10%。根据税法的规定，该投资行为应纳消费税52.5万元（10.5×50×10%）。请对其进行纳税筹划。

2.甲化妆品厂将其生产的高档化妆品、非高档护肤护发品、小工艺品等组成成套化妆品销售。其每套化妆品由下列产品组成：高档化妆品包括一瓶香水6 000元、一瓶指甲油7 000元、一支口红8 000元；非高档护肤护发品包括两瓶浴液1 000元、一瓶摩丝800元、一块香皂20元；化妆工具及小工艺品500元、塑料包装盒100元。高档化妆品的消费税税率为15%，上述价格均不含增值税。请对其进行纳税筹划。

项目实训

一、实训名称

消费税起征点的纳税筹划

二、实训案例设计

吉祥公司是一家中高档手表生产企业，本年7月生产并销售某一款中高档手表，每只手表的出厂价格为10 100元（不含增值税），与此相关的成本费用为5 000元。

三、实训任务要求

1.能够区分起征点与免征额的区别。

2.能够明确手表消费税起征点的税法规定。

3.能够设计消费税起征点的纳税筹划思路。

4.能够正确计算起征点上下不同定价方式下的手表的消费税税负及税后利润。

5.能够通过比较分析，选择最优的定价方案。

项目四
企业所得税的纳税筹划实务

职业能力目标

（1）能对企业所得税纳税人身份的选择进行纳税筹划。
（2）能对子公司与分公司的选择进行纳税筹划。
（3）能利用小型微利企业低税率政策进行纳税筹划。
（4）能通过创造条件成为国家重点扶持的高新技术企业进行纳税筹划。
（5）能利用西部大开发优惠政策对注册地点的选择进行纳税筹划。
（6）能对业务招待费进行纳税筹划。
（7）能对融资结构的合理安排进行纳税筹划。
（8）能对借款方式的选择进行纳税筹划。
（9）能对企业捐赠进行纳税筹划。
（10）能对投资行业的选择进行纳税筹划。
（11）能对直接投资与间接投资的选择进行纳税筹划。
（12）能对技术转让所得进行纳税筹划。
（13）能利用软件生产企业的职工培训费用的税收优惠政策进行纳税筹划。
（14）能对完工产品和在产品的成本分配方法的选择进行纳税筹划。
（15）能对无形资产摊销进行纳税筹划。
（16）能对固定资产折旧年限的选择进行纳税筹划。
（17）能对固定资产维修进行纳税筹划。
（18）能对存货计价方法的选择进行纳税筹划。
（19）能对企业所得税的核定征收进行纳税筹划。
（20）能通过企业分立进行纳税筹划。
（21）能通过企业合并进行纳税筹划。
（22）能对企业清算进行纳税筹划。
（23）能对固定资产折旧方法的选择进行纳税筹划。

项目引例——固定资产折旧方法选择的纳税筹划

甲公司购进一台新设备，原值为1 000万元，预计净残值率为5%，经税务机关核定其折旧年限为5年。由于该设备属于处于强震动、高腐蚀状态的固定资产，税务机关批准可以采用年限平均法、双倍余额递减法或年数总和法计提折旧。预计每年税前会计利润均为2 000万元，且没有纳税调整项目，假设折现率为10%。

★任务要求

请对上述业务进行纳税筹划。

▶项目引例解析　见本项目的任务十六。

任务一　企业所得税纳税人身份选择的纳税筹划

任务案例4-1 甲公司现有两种运营方式：一是依照外国（地区）法律成立但实际管理机构在中国境内；二是依照外国（地区）法律成立且实际管理机构不在中国境内，在中国境内也不设立机构、场所。假设两种方式下每年来源于中国境内的应纳税所得额均为2 000万元，且没有来源于中国境外的所得。

【任务要求】 请对上述业务进行纳税筹划。

【税法依据】 缴纳企业所得税的企业分为居民企业和非居民企业。其中，居民企业是指依法在中国境内成立，或者依照外国（地区）法律成立但实际管理机构在中国境内的企业。非居民企业是指依照外国（地区）法律成立且实际管理机构不在中国境内，但在中国境内设立机构、场所的，或者在中国境内未设立机构、场所，但有来源于中国境内所得的企业。

居民企业应当就其**来源于中国境内、境外的所得**缴纳企业所得税。**非居民企业**在中国境内设立机构、场所的，应当就其所设机构、场所取得的**来源于中国境内的所得**，以及发生在中国境外但与**其所设机构、场所有实际联系的所得**，缴纳企业所得税。非居民企业在中国境内未设立机构、场所的，或者虽设立机构、场所但取得的所得与其所设机构、场所没有实际联系的，应当就其来源于中国境内的所得缴纳企业所得税，即预提所得税。

企业所得税的**基本税率为25%**，适用于居民企业和在中国境内设有机构、场所，且所得与机构、场所有关联的非居民企业；**低税率为20%**，适用于在中国境内未设立机构、场所的，或者虽设立机构、场所但取得的所得与其所设机构、场所没有实际联系的非居民企业（但**实际征税时适用10%的税率**）。

【筹划思路】 居民企业或非居民企业在不同的情况下适用的企业所得税税率是不同的，企业可以通过选择不同的企业运营方式来适用低税率，从而降低企业所得税税负。

【筹划过程】

方案一：依照外国（地区）法律成立但实际管理机构在中国境内，即成为居民纳税义务人的一种。

应纳企业所得税=2 000×25%=500（万元）

方案二：依照外国（地区）法律成立且实际管理机构不在中国境内，在中国境内也不设立机构、场所，即成为非居民纳税义务人的一种。

应纳企业所得税=2 000×10%=200（万元）

【筹划结论】 方案二比方案一少缴纳企业所得税300万元（500−200），因此，应当选择方案二。

【任务点评】 依照外国（地区）法律成立且实际管理机构不在中国境内，在中国境内也不设立机构、场所，虽然会降低企业所得税税率，但有可能会降低来源于中国境内的所得，企业应当权衡利弊，综合考虑，最终选择合适的运营方式。

任务二 子公司与分公司选择的纳税筹划

任务案例4-2 A公司为我国一家居民企业，经营状况良好，准备扩大规模，在中国境内增设一分支机构B公司。A公司和B公司均适用25%的企业所得税税率，公司利润均不分配。A公司可选择将分支机构设为子公司，也可设为分公司。现有四种情形。情形一：A公司5年内每年均盈利，每年应纳税所得额为400万元；B公司经营初期亏损，5年内的应纳税所得额分别为-100万元、-50万元、20万元、100万元、160万元。情形二：A公司5年内每年均盈利，每年应纳税所得额为400万元，B公司5年内也均盈利，应纳税所得额分别为30万元、60万元、80万元、150万元、160万元。情形三：A公司在分支机构设立后前两年亏损，5年内的应纳税所得额分别为-100万元、-50万元、200万元、320万元、400万元；B公司在5年内均盈利，应纳税所得额分别为30万元、60万元、80万元、150万元、160万元。情形四：A公司在分支机构设立后前两年亏损，5年内的应纳税所得额分别为-100万元、-50万元、200万元、320万元、400万元；B公司经营初期亏损，5年内的应纳税所得额分别为-100万元、-50万元、20万元、100万元、160万元。

【任务要求】 请对上述业务进行纳税筹划。

【税法依据】 企业所得税的纳税人是具有法人资格的企业或组织。分公司（不具有法人资格）与总公司汇总缴纳企业所得税，子公司（具有法人资格）单独缴纳企业所得税。企业纳税年度发生的亏损，准予向以后年度结转，用以后年度的所得弥补，但结转年限最长不得超过五年。

【筹划思路】 企业在选择分支机构的形式时，应当比较企业集团应纳企业所得税税额的大小，并综合分析企业纳税义务发生时间，以便从中做出最优选择。

【筹划过程】

情形一：A公司5年内每年均盈利，每年应纳税所得额为400万元；B公司经营初期亏损，5年内的应纳税所得额分别为-100万元、-50万元、20万元、100万元、160万元（见表4-1）。

表4-1 经营情况表（一） 单位：万元

年份		1	2	3	4	5	合计
A公司应纳税所得额		400	400	400	400	400	2 000
B公司应纳税所得额		-100	-50	20	100	160	130
方案一：B公司为分公司	企业集团应纳税所得额	300	350	420	500	560	2 130
	企业集团应纳企业所得税	75	87.5	105	125	140	532.5

续表

年份		1	2	3	4	5	合计
方案二：B公司为子公司	A公司应纳企业所得税	100	100	100	100	100	500
	B公司应纳企业所得税	0	0	0	0	32.5	32.5
	企业集团应纳企业所得税	100	100	100	100	132.5	532.5

情形二：A公司5年内每年均盈利，每年应纳税所得额为400万元，B公司5年内也都均盈利，应纳税所得额分别为30万元、60万元、80万元、150万元、160万元（见表4-2)。

表4-2　　经营情况表（二）　　单位：万元

年份		1	2	3	4	5	合计
A公司应纳税所得额		400	400	400	400	400	2 000
B公司应纳税所得额		30	60	80	150	160	480
方案一：B公司为分公司	企业集团应纳税所得额	430	460	480	550	560	2 480
	企业集团应纳企业所得税	107.5	115	120	137.5	140	620
方案二：B公司为子公司	A公司应纳企业所得税	100	100	100	100	100	500
	B公司应纳企业所得税	7.5	15	20	37.5	40	120
	企业集团应纳企业所得税	107.5	115	120	137.5	140	620

情形三：A公司在分支机构设立后前两年亏损，5年内的应纳税所得额分别为-100万元、-50万元、200万元、320万元、400万元；B公司在5年内均盈利，应纳税所得额分别为30万元、60万元、80万元、150万元、160万元（见表4-3)。

表4-3　　经营情况表（三）　　单位：万元

年份		1	2	3	4	5	合计
A公司应纳税所得额		-100	-50	200	320	400	770
B公司应纳税所得额		30	60	80	150	160	480
方案一：B公司为分公司	企业集团应纳税所得额	-70	-60	220	470	560	1 250
	企业集团应纳企业所得税	0	0	55	117.5	140	312.5
方案二：B公司为子公司	A公司应纳企业所得税	0	0	12.5	80	100	192.5
	B公司应纳企业所得税	7.5	15	20	37.5	40	120
	企业集团应纳企业所得税	7.5	15	32.5	117.5	140	312.5

情形四：A公司在分支机构设立后前两年亏损，5年内的应纳税所得额分别为-100万元、-50万元、200万元、320万元、400万元；B公司经营初期亏损，5年内的应纳税所得额分别为-100万元、-50万元、20万元、100万元、160万元（见表4-4）。

表4-4 经营情况表（四） 单位：万元

年份		1	2	3	4	5	合计
A公司应纳税所得额		-100	-50	200	320	400	770
B公司应纳税所得额		-100	-50	20	100	160	130
方案一：B公司为分公司	企业集团应纳税所得额	-200	-300	-80	340	560	900
	企业集团应纳企业所得税	0	0	0	85	140	225
方案二：B公司为子公司	A公司应纳企业所得税	0	0	12.5	80	100	192.5
	B公司应纳企业所得税	0	0	0	0	32.5	32.5
	企业集团应纳企业所得税	0	0	12.5	80	132.5	225

【筹划结论】对于情形一，当总机构盈利，而分支机构设立初期亏损时，由表4-1可以看出，虽然两种方式下企业集团的企业所得税税负是相同的，但采用分公司形式在第1年、第2年纳税较少，可以延迟纳税义务的发生时间，使得企业集团获取延期纳税的好处，充分利用了资金的时间价值，因此，分支机构适合采用分公司形式。

对于情形二，当总机构和分支机构均盈利时，由表4-2可以看出，两种方式对企业集团的企业所得税税负没有影响。企业可以充分考虑设立分支机构时税负以外的其他因素，以便做出选择。

对于情形三，当分支机构设立初期，分支机构盈利但总机构亏损时，由表4-3可以看出，两种方式下企业集团5年的企业所得税税负是相同的，但采用分公司形式时，A公司与B公司可以盈亏相抵，使企业集团在前两年的企业所得税税负为零，同样起到了延期纳税的作用，充分利用了资金的时间价值，因此，分支机构适合采用分公司形式。

对于情形四，在分支机构设立初期，总机构与分支机构均亏损时，由表4-4可以看出，采用分公司形式时，企业集团在前3年的企业所得税税负为零，同样起到了延期纳税的作用，因此，分支机构适合采用分公司形式。

【任务点评】在分支机构设立之初，总机构与分支机构有一方亏损或双方均亏损时，可以选择设立分公司的方式，以便充分利用亏损结转优惠政策，使企业集团延期纳税，缓解企业资金紧张状况，充分利用资金的时间价值。但子公司与分公司各有利弊，企业在选择分支机构的形式时，也要综合考虑除税收因素以外的其他因素，以便做出对企业最有利的决策。

任务三 利用小型微利企业低税率的纳税筹划

任务案例4-3 甲工业企业资产总额2 800万元，有职工90人。该企业预计2×09年、2×10年实现的应纳税所得额分别为150万元、50万元。其中2×09年12月可以实现50万元的应纳税所得额。

【任务要求】请对上述业务进行纳税筹划。

【税法依据】自2019年1月1日至2021年12月31日，对小型微利企业年应纳税所得额不超过100万元的部分，减按25%计入应纳税所得额，按20%的税率缴纳企业所得税；对年应纳税所得额超过100万元但不超过300万元的部分，减按50%计入应纳税所得额，按20%的税率缴纳企业所得税。上述小型微利企业是指从事国家非限制和禁止行业，且同时符合年度应纳税所得额不超过300万元、从业人数不超过300人、资产总额不超过5 000万元等三个条件的企业。

从业人数，包括与企业建立劳动关系的职工人数和企业接受的劳务派遣用工人数。所称从业人数和资产总额指标，应按企业全年的季度平均值确定。具体计算公式如下：

季度平均值=（季初值+季末值）÷2

全年季度平均值=全年各季度平均值之和÷4

年度中间开业或者终止经营活动的，以其实际经营期作为一个纳税年度确定上述相关指标。

【筹划思路】当小型微利企业连续几年的应纳税所得额在100万元上下波动较大时，可以通过调整各年度的应纳税所得额，使其尽量均衡实现，以充分利用小型微利企业税收优惠政策，降低纳税人的企业所得税税负。

【筹划过程】

方案一：2×09年、2×10年实现的应纳税所得额分别为150万元、50万元。

2×09年应纳企业所得税=100×25%×20%+（150−100）×50%×20%=10（万元）

2×10年应纳企业所得税=50×25%×20%=2.5（万元）

2×09年和2×10年应纳企业所得税合计=10+2.5=12.5（万元）

方案二：通过努力将2×09年12月的50万元应纳税所得额延迟至2×10年实现，这样2×09年、2×10年实现的应纳税所得额分别为100万元、100万元。

2×09年应纳企业所得税=100×25%×20%=5（万元）

2×10年应纳企业所得税=100×25%×20%=5（万元）

2×09年和2×10年应纳企业所得税合计=5+5=10（万元）

【筹划结论】方案二比方案一少缴纳企业所得税2.5万元（12.5−10），因此，应当选择方案二。

【任务点评】绝对平均各年度的应纳税所得额较难实现，企业可以相对均衡实现各年度的应纳税所得额，以降低企业所得税税负。

任务四　创造条件成为国家需要重点扶持的高新技术企业的纳税筹划

任务案例4-4 甲公司职工总数为100人，本年具备国家需要重点扶持的高新技术企业认定的8个条件中的7个条件，只有第四个条件未满足，即从事研发和相关技术创新活动的科技人员9人，占企业当年职工总数不足10%。甲公司本年预计应纳税所得额为600万元。

【任务要求】请对上述业务进行纳税筹划。

【税法依据】国家需要重点扶持的高新技术企业减按15%的税率征收企业所得税。

高新技术企业，是指在《国家重点支持的高新技术领域》内，持续进行研究开发与技术成果转化，形成企业核心自主知识产权，并以此为基础开展经营活动，在中国境内（不包括港、澳、台地区）注册的居民企业。

认定为高新技术企业须同时满足以下条件：

（1）企业申请认定时须注册成立1年以上。

（2）企业通过自主研发、受让、受赠、并购等方式，获得对其主要产品（服务）在技术上发挥核心支持作用的知识产权的所有权。

（3）对企业主要产品（服务）发挥核心支持作用的技术属于《国家重点支持的高新技术领域》规定的范围。

（4）企业从事研发和相关技术创新活动的科技人员占企业当年职工总数的比例不低于10%。

（5）企业近三个会计年度（实际经营期不满三年的按实际经营时间计算，下同）的研究开发费用总额占同期销售收入总额的比例符合如下要求：

①最近一年销售收入小于5 000万元（含）的企业，比例不低于5%；

②最近一年销售收入在5 000万元至2亿元（含）的企业，比例不低于4%；

③最近一年销售收入在2亿元以上的企业，比例不低于3%。

其中，企业在中国境内发生的研究开发费用总额占全部研究开发费用总额的比例不低于60%。

（6）近一年高新技术产品（服务）收入占企业同期总收入的比例不低于60%。

（7）企业创新能力评价应达到相应要求。

（8）企业申请认定前一年内未发生重大安全、重大质量事故或严重环境违法行为。

【筹划思路】国家需要重点扶持的高新技术企业需同时满足以上8个条件。当企业满足其中部分条件时，可以通过努力使自身满足全部条件，以便成为国家需要重点扶持的高新技术企业，从而获取税收上的优惠。

【筹划过程】

方案一：从事研发和相关技术创新活动的科技人员为9人。

9÷100=9% < 10%，从事研发和相关技术创新活动的科技人员占企业当年职工总数的比例不足10%，则不能申请认定成为高新技术企业，适用的企业所得税税率为25%。

应纳企业所得税=600×25%=150（万元）

方案二：通过招聘增加2名从事研发和相关技术创新活动的科技人员，从而使得从事研发和相关技术创新活动的科技人员增加至11人。

11÷102=10.78%> 10%，从事研发和相关技术创新活动的科技人员占企业当年职工总数的比例不低于10%，则可申请认定成为高新技术企业，适用的企业所得税税率为15%。

应纳企业所得税=600×15%=90（万元）

【筹划结论】方案二比方案一少缴纳企业所得税60万元（150−90），因此，应当选择方案二。

【任务点评】创造条件满足税收优惠政策的要求，是企业纳税筹划的一个重要方法，不仅没有纳税风险，而且通过享受税收优惠政策，会给企业带来节税收益。

任务五 利用西部大开发优惠政策进行注册地点选择的纳税筹划

任务案例4-5 甲公司本年年初欲投资设立一家专门从事固沙、保水、改土新材料生产（属于国家鼓励类产业）的乙公司。现有两种方案可供选择：一是在河北省设立；二是在陕西省（属于西部地区的范围）设立。假设乙公司设立在河北省，前5年预计每年盈利都为5 000万元，以后各年预计每年盈利都为6 000万元；假设乙公司设立在陕西省，前5年预计每年盈利都为4 800万元，以后各年预计每年盈利都为6 000万元。假设没有企业所得税纳税调整项目。

【任务要求】请对上述业务进行纳税筹划。

【税法依据】对设在西部地区的国家鼓励类产业的企业，在2011年1月1日至2020年12月31日期间，减按15%的税率征收企业所得税。

【筹划思路】投资者可以考虑在西部地区设立国家鼓励类产业的企业，以充分享受西部大开发的企业所得税低税率优惠政策。

【筹划过程】

方案一：在河北省设立。

乙公司前5年应纳企业所得税合计=5 000×25%×5=6 250（万元）

前5年税后利润合计=5 000×5−6 250=18 750（万元）

方案二：在陕西省设立。

若2021年之后我国西部地区的国家鼓励类产业减按15%的税率征收企业所得税的优惠政策继续执行。

乙公司前5年应纳企业所得税合计=4 800×15%×5=3 600（万元）

前5年税后利润合计=4 800×5−3 600=20 400（万元）

若2021年之后我国西部地区的国家鼓励类产业恢复按照25%的税率征收企业所得税。

乙公司前5年应纳企业所得税合计=4 800×15%×2+4 800×25%×3=5 040（万元）

前5年税后利润合计=4 800×5−5 040=18 960（万元）

【筹划结论】若2021年之后我国西部地区的国家鼓励类产业减按15%的税率征收企业所得税的优惠政策继续执行，方案二比方案一前5年少缴纳企业所得税2 650万元（6 250−3 600），多获取税后利润1 650万元（20 400−18 750）；若2021年之后我国西部地区的国家鼓励类产业恢复按照25%的税率征收企业所得税，方案二比方案一前5年少缴纳企业所得税1 210万元（6 250−5 040），多获取税后利润210万元（18 960−18 750）。因此，无论2021年之后政策是否变化，均应当选择方案二。

【任务点评】在西部注册属于国家鼓励类产业的企业，虽然可享受西部大开发的税收优惠政策，但有些时候未必会获得较好的经营业绩。若决策不当，往往得不偿失。

任务六 业务招待费的纳税筹划

任务案例4-6 甲公司预计本年取得销售收入10 000万元。本年业务招待费预计为50万元~300万元。

【任务要求】 请对业务招待费的支出额进行纳税筹划。

【税法依据】 企业发生的与生产经营活动有关的业务招待费支出，按照发生额的60%扣除，但最高不得超过当年销售（营业）收入的5‰。

【筹划思路】 假设企业年销售（营业）收入为X，年业务招待费为Y，当Y×60%=X×5‰时，Y=X×0.833%。具体来说有三种情况：一是若业务招待费正好是销售（营业）收入的0.833%时，企业才能充分利用上述政策；二是若业务招待费大于销售（营业）收入的0.833%时，企业要承受更高的税负；三是若业务招待费小于销售（营业）收入的0.833%时，与第二种情况相比企业不会增加更多的税负，与第一种情况相比企业未能充分利用上述政策，但企业若业务招待费支出本来就很低，则这种情况为最佳。

【筹划过程】

根据上述公式，Y=X×0.833%=10 000×0.833%=83.3（万元），也就是说，业务招待费支出最佳状态是正好83.3万元，其次是低于83.3万元，若高于83.3万元，则超过83.3万元的部分要承受更高的税负。具体比较见表4-5。

表4-5 五种方案下各种项目的比较 金额单位：万元

项目＼方案	方案一	方案二	方案三	方案四	方案五
业务招待费	50	83.3	100	200	300
业务招待费的60%	50×60%=30	83.3×60%=50	100×60%=60	200×60%=120	300×60%=180
销售收入的5‰	50	50	50	50	50
孰低	30	50	50	50	50
纳税调整增加额	50−30=20	83.3−50=33.3	100−50=50	200−50=150	300−50=250
企业所得税增加额	20×25%=5	33.3×25%=8.33	50×25%=12.5	150×25%=37.5	250×25%=62.5
企业所得税增加额/业务招待费	10%	10%	12.5%	18.75%	20.83%

方案一：如果企业实际发生业务招待费50万元，小于83.3万元，即小于销售（营业）收入的0.833%。

一方面，业务招待费的60%（即50×60%=30万元）可以扣除，另一方面，扣除限额为销售（营业）收入的5‰=10 000×5‰=50（万元），根据孰低原则，只能按照30万元税前扣除，纳税调整增加额=50−30=20（万元），计算缴纳企业所得税=20×25%=5（万元），即实际消费50万元要付出的代价=50+5=55（万元），实际消费换算成100元则要付出110元的代价。

方案二：如果企业实际发生业务招待费83.3万元，即等于销售（营业）收入的0.833%。

一方面，业务招待费的60%（即83.3×60%=50万元）可以扣除，另一方面，扣除限额为销售（营业）收入的5‰=10 000×5‰=50（万元），正好等于业务招待费的60%，则纳税调整增加额=83.3-50=33.3（万元），计算缴纳企业所得税=33.3×25%=8.33（万元），即实际消费83.3万元要付出的代价=83.3+8.33=91.63（万元），实际消费换算成100元则要付出110元的代价。

方案三：如果企业实际发生业务招待费100万元，大于83.3万元，即大于销售（营业）收入的0.833%。

一方面，业务招待费的60%（即100×60%=60（万元））可以扣除，另一方面，扣除限额为销售（营业）收入的5‰=10 000×5‰=50（万元），根据孰低原则，只能按照50万元税前扣除，纳税调整增加额=100-50=50（万元），计算缴纳企业所得税=50×25%=12.5（万元），即实际消费100万元要付出的代价=100+12.5=112.5（万元）。

方案四：如果企业实际发生业务招待费200万元，大于83.3万元，即大于销售（营业）收入的0.833%。

一方面，业务招待费的60%（即200×60%=120（万元））可以扣除，另一方面，扣除限额为销售（营业）收入的5‰=10 000×5‰=50（万元），根据孰低原则，只能按照50万元税前扣除，纳税调整增加额=200-50=150（万元），计算缴纳企业所得税=150×25%=37.5（万元），即实际消费200万元要付出的代价=200+37.5=237.5（万元），实际消费换算成100元则要付出118.75元的代价。

方案五：如果企业实际发生业务招待费300万元，大于83.3万元，即大于销售（营业）收入的0.833%。

一方面，业务招待费的60%（即300×60%=180（万元））可以扣除，另一方面，扣除限额为销售（营业）收入的5‰=10 000×5‰=50（万元），根据孰低原则，只能按照50万元税前扣除，纳税调整增加额=300-50=250（万元），计算缴纳企业所得税=250×25%=62.5（万元），即实际消费300万元要付出的代价=300+62.5=362.5（万元），实际消费换算成100元则要付出120.83元的代价。

【筹划结论】当销售（营业）收入为10 000万元时，业务招待费支出最佳状态是正好83.3万元，其次是低于83.3万元，若高于83.3万元则超过83.3万元的部分要承受更高的税负，因此，应当选择方案二。

【任务点评】然而，有些时候，企业为了提高经营业绩，不得不使得业务招待费支出占销售收入的比例高于0.833%。企业应当在增加的业绩和降低的税负之间进行权衡，以做出合理的决策。

任务七　融资结构的纳税筹划

任务案例4-7 甲公司本年准备筹资100万元用于一项新产品的生产，预计年息税前利润为30万元。现有三个方案可供选择：方案一，债务资本与权益资本的比例为0∶100；方案二，债务资本与权益资本的比例为30∶70；方案三，债务资本与权益资本的比例为50∶50。三个方案的负债利率都是6%（金融企业同期同类贷款利率为6.65%），企业所得税税率均为25%。假设上述债务筹资方式下，甲公司在支付利息时均未取得增值税专用发票。

【任务要求】请对上述业务进行纳税筹划。

【税法依据】非金融企业向非金融企业借款的利息支出，不超过按照金融企业同期同类贷款利率计算的数额的部分，准予税前扣除。向投资者支付的股息、红利等权益性投资收益款项不得在计算应纳税所得额时扣除。

【筹划思路】企业融资总的来说分为负债融资和所有者权益融资。负债融资的财务杠杆效应主要体现在抵减企业所得税和提高权益资本收益率这两个方面。在息税前收益率不低于负债成本率的前提下，负债比率越高，额度越大，其节税效果越明显。企业可适当增加负债额度，提高负债比重，以带来节税和提高权益资本收益率的双重效果。

【筹划过程】

三种方案的比较见表4-6。

表4-6　三种方案的比较

项目＼方案	方案一	方案二	方案三
资本结构（债务资本：权益资本）	0：100	30：70	50：50
息税前利润（万元）	30	30	30
负债利率	6%	6%	6%
负债利息（万元）	0	30×6%=1.8	50×6%=3
税前利润（万元）	30-0=30	30-1.8=28.2	30-3=27
应纳企业所得税（税率为25%）	30×25%=7.5	28.2×25%=7.05	27×25%=6.75
税后利润（万元）	30-7.5=22.5	28.2-7.05=21.15	27-6.75=20.25
税前权益资本收益率	30÷100×100%=30%	28.2÷70×100%=40.3%	27÷50×100%=54%
税后权益资本收益率	22.5÷100×100%=22.5%	21.15÷70×100%=30.2%	20.25÷50×100%=40.5%

【筹划结论】方案三无论从节税方面还是权益资本收益率方面都是最优的，因此，应当选择方案三。

【任务点评】负债融资隐含着财务风险，并非多多益善。企业应当合理确定负债的规模，将其控制在一定的范围之内，使负债融资带来的利益大于由于负债融资的比重增大所带来的财务风险和融资风险成本。

任务八　借款方式的纳税筹划

任务案例4-8　甲公司为一家非金融企业，其接受的权益性投资总额为4 000万元。本年年初有一项目急需借款10 000万元进行开发。现有几种借款方式可供选择：一是向银行借款，利率为6%；二是向非关联企业拆借，利率为8%；三是向职工集资，利率为10%；四是向关联企业借款，利率为6%。在不考虑借款利息的情况下，甲公司该年度应纳税所得额预计为1 200万元。假设上述借款方式下，甲公司在支付利息时均未取得增值税专用发票。

【任务要求】请对上述业务进行纳税筹划。

【税法依据】《中华人民共和国企业所得税法实施条例》第三十八条规定：企业在生产经营

活动中发生的下列利息支出，准予扣除：

（一）非金融企业向金融企业借款的利息支出、金融企业的各项存款利息支出和同业拆借利息支出、企业经批准发行债券的利息支出；

（二）非金融企业向非金融企业借款的利息支出，不超过按照金融企业同期同类贷款利率计算的数额的部分。

《中华人民共和国企业所得税法》第四十六条规定：企业从其关联方接受的债权性投资与权益性投资的比例超过规定标准而发生的利息支出，不得在计算应纳税所得额时扣除。

《财政部 国家税务总局关于企业关联方利息支出税前扣除标准有关税收政策问题的通知》（财税〔2008〕121号）规定如下：为规范企业利息支出税前扣除，加强企业所得税管理，根据《中华人民共和国企业所得税法》（以下简称“税法”）第四十六条和《中华人民共和国企业所得税法实施条例》（国务院令第512号，以下简称“实施条例”）第一百一十九条的规定，现将企业接受关联方债权性投资利息支出税前扣除的政策问题通知如下：

一、在计算应纳税所得额时，企业实际支付给关联方的利息支出，不超过以下规定比例和税法及其实施条例有关规定计算的部分，准予扣除；超过的部分不得在发生当期和以后年度扣除。

企业实际支付给关联方的利息支出，除符合本通知第二条规定外，其接受关联方债权性投资与其权益性投资比例为：

（一）金融企业，为5∶1。

（二）其他企业，为2∶1。

二、企业如果能够按照税法及其实施条例的有关规定提供相关资料，并证明相关交易活动符合独立交易原则的；或者该企业的实际税负不高于境内关联方的，其实际支付给境内关联方的利息支出，在计算应纳税所得额时准予扣除。

三、企业同时从事金融业务和非金融业务，其实际支付给关联方的利息支出，应按照合理方法分开计算；没有按照合理方法分开计算的，一律按本通知第一条有关其他企业的比例计算准予税前扣除的利息支出。

四、企业自关联方取得的不符合规定的利息收入应按照有关规定缴纳企业所得税。

《国家税务总局关于企业向自然人借款的利息支出企业所得税税前扣除问题的通知》（国税函〔2009〕777号）规定如下：

一、企业向股东或其他与企业有关联关系的自然人借款的利息支出，应根据《中华人民共和国企业所得税法》第四十六条及《财政部 国家税务总局关于企业关联方利息支出税前扣除标准有关税收政策问题的通知》（财税〔2008〕121号）规定的条件，计算企业所得税扣除额。

二、企业向除第一条规定以外的内部职工或其他人员借款的利息支出，其借款情况同时符合以下条件的，其利息支出在不超过按照金融企业同期同类贷款利率计算的数额的部分，根据税法第八条和税法实施条例第二十七条的规定，准予扣除。

（一）企业与个人之间的借贷是真实、合法、有效的，并且不具有非法集资目的或其他违反法律、法规的行为。

（二）企业与个人之间签订了借款合同。

【筹划思路】企业应当比较各种借款方式的税负大小及税后利润大小，最终选择合适的方案。

【筹划过程】

方案一：向银行借款。

允许税前扣除的利息=10 000×6%=600（万元）

当年应纳企业所得税=（1 200−600）×25%=150（万元）

当年税后净利润=（1 200−600）−150=450（万元）

方案二：向非关联企业拆借。

实际应付利息=10 000×8%=800（万元）

允许税前扣除的利息=10 000×6%=600（万元）

当年应纳企业所得税=（1 200−600）×25%=150（万元）

当年税后净利润=（1 200−800）−150=250（万元）

方案三：向职工集资。

实际应付利息=10 000×10%=1 000（万元）

允许税前扣除的利息=10 000×6%=600（万元）

当年应纳企业所得税=（1 200−600）×25%=150（万元）

当年税后净利润=（1 200−1 000）−150=50（万元）

方案四：向关联企业借款。

实际应付利息=10 000×6%=600（万元）

由于该公司接受的债权性投资与权益性投资的比例已经达到5∶2（10 000∶4 000，即2.5倍），超过了2∶1（2倍），根据法律规定，超过部分的利息不能扣除。因此：

允许税前扣除的利息=4 000×2×6%=480（万元）

当年应纳企业所得税=（1 200−480）×25%=180（万元）

当年税后净利润=（1 200−600）−180=420（万元）

【筹划结论】方案一比方案二多获取税后净利润200万元（450−250），比方案三多获取税后净利润400万元（450−50），比方案四多获取税后净利润30万元（450−420）。因此，应选择方案一。

【任务点评】向银行借款是最佳的借款方式，但申请银行借款的难度比较高，限制比较大；向非关联方借款及内部集资的借款利息支出较大，向关联方借款又受到税法的一定限制。因此，企业应当权衡利弊，有些时候需要采取多种借款方式的组合来满足融资的需求。

任务九　企业捐赠的纳税筹划

任务案例4-9 甲公司实行按季预缴企业所得税，年终汇算清缴。本年1月向灾区捐赠人民币300万元。甲公司预计本年实现会计利润1 500万元，假设没有其他纳税调整事项。本年一至四季度累计缴纳企业所得税350万元。甲公司适用25%的企业所得税税率。

【任务要求】请对上述业务进行纳税筹划。

【税法依据】企业直接对受赠人的捐赠不允许在企业所得税税前扣除。

企业发生的**公益性捐赠**支出，在**年度利润总额12%以内**的部分，准予在计算应纳税所得额时扣除；超过年度利润总额12%的部分，准予结转以后3年内在计算应纳税所得额时扣除。其中，公益性捐赠，是指企业通过公益性社会团体或者县级以上人民政府及其部门，用于《中华人民共和国公益事业捐赠法》规定的公益事业的捐赠。

【筹划思路】企业在选择捐赠对象时，优先选择通过公益性社会团体或者县级以上人民政府及其部门进行公益性捐赠；其次选择直接向受赠人捐赠。

【筹划过程】

方案一：直接捐赠300万元给灾区。

此时，300万元捐赠额不能在企业所得税税前扣除，需要进行纳税调整。

甲公司本年应纳企业所得税=（1 500+300）×25%=450（万元）

减去已累计缴纳的企业所得税350万元，甲公司本年度汇算清缴应补缴企业所得税100万元（450−350）。

方案二：通过公益性社会团体或者县级以上人民政府及其部门捐赠300万元给灾区。

甲公司本年可在税前扣除的公益性捐赠=1 500×12%=180（万元）

甲公司本年发生的公益性捐赠300万元，大于可税前扣除的公益性捐赠额180万元，因此公益性捐赠300万元需要进行纳税调整，调增应纳税所得额120万元（300−180）。

甲公司本年应纳企业所得税=（1 500+120）×25%=405（万元）

减去已累计缴纳的企业所得税350万元，甲公司本年度汇算清缴应补缴企业所得税55万元（405−350）。

【筹划结论】方案二比方案一少缴纳企业所得税45万元（450−405），因此，应当选择方案二。

【任务点评】有些时候通过公益性捐赠可能会影响捐赠效果，则此时应另当别论。

任务十　投资行业选择的纳税筹划

任务案例4-10 上海润泽投资公司本年打算新上一个投资项目进行长期投资，投资预算支出为5 000万元。现有以下两种方案可供选择。方案一：投资兴办一个小电器生产企业，年销售额5 400万元，购进原材料4 000万元，均为含增值税价格，人工及其他各项费用300万元。方案二：投资兴办一个茶叶种植农场，茶叶年销售收入4 800万元，种子等的购进金额3 400万元，人工及其他各项费用300万元。假设没有其他企业所得税纳税调整项目。

【任务要求】请对上述业务进行纳税筹划。

【税法依据】《增值税暂行条例》规定，农业生产者销售的自产农产品，免征增值税。《企业所得税法》及其实施条例规定：企业从事花卉、茶以及其他饮料作物和香料作物的种植取得的所得，减半征收企业所得税。

【筹划思路】投资者在进行投资之前，应事先进行规划，尽量选择国家鼓励的产业进行投资，使自身满足产业优惠的认定条件，从而获取相应的认证证书或批文，以充分享受税收优惠政策，达到减轻企业税负的目的。

【筹划过程】

方案一：投资兴办一个小电器生产企业，年销售额5 400万元，购进原材料4 000万元，均为含税价，人工及其他各项费用300万元（购进原材料已取得合法的增值税专用发票，并于当月认证通过）。

应纳增值税=5 400÷（1+13%）×13%-4 000÷（1+13%）×13%=161.06（万元）

应纳城建税及教育费附加=161.06×（7%+3%）=16.11（万元）

企业利润总额=5 400÷（1+13%）-4 000÷（1+13%）-16.11-300=922.83（万元）

应纳企业所得税=922.83×25%=230.71（万元）

净利润=922.83-230.71=692.12（万元）

年投资净利润率=692.12÷5 000×100%=13.84%

方案二：投资兴办一个茶叶种植农场，茶叶年销售收入4 800万元，种子等的购进金额3 400万元，人工及其他各项费用300万元。

销售茶叶免征增值税，减半征收企业所得税。

应纳企业所得税=（4 800-3 400-300）×25%×50%=137.50（万元）

净利润=4 800-3 400-300-137.5=962.50（万元）

年投资净利润率=962.50÷5 000×100%=19.25%

【筹划结论】方案二比方案一多获取净利润270.38万元（962.50-692.12），且年投资利润率也高于方案一，因此，应当选择方案二。

【任务点评】相对于利用地区税收优惠的纳税筹划来说，利用产业税收优惠进行纳税筹划存在着一定的系统性风险。在进入鼓励行业之前，投资者要对享受优惠的条件和限制性规定进行客观的分析，对于需要政府或其他职能部门认定才能获得批准的产业优惠，投资者应当积极与政府部门做好沟通协商，以获得批准或资质，从而降低企业纳税风险，获取节税利益。

任务十一 直接投资与间接投资选择的纳税筹划

任务案例4-11 乙公司为中国居民企业，适用25%的企业所得税税率，现有闲置资金2 000万元，准备对外投资。现有两种方案可供选择：一是与其他公司联营，共同投资创建一个新的高新技术企业甲公司（在中国境内注册成立），乙公司拥有甲公司40%的股权，预计甲公司每年可盈利400万元，税后利润提取法定盈余公积后全部分配；二是乙公司用2 000万元购买国债，年利率为8%。

【任务要求】请对上述业务进行纳税筹划。

【税法依据】国家需要重点扶持的高新技术企业减按15%的税率征收企业所得税。

企业的下列收入为免税收入：

（1）国债利息收入；

（2）符合条件的居民企业之间的股息、红利等权益性投资收益。

【筹划思路】企业投资大体上有直接投资与间接投资两种方式。不同的投资方式下，其税负和税后收益一般是不同的，企业应以税后投资收益最大化为目标，比较不同方案下的税后投资收益的大小，然后做出合理的决策。

【筹划过程】

方案一：与其他公司联营，共同投资创建一个新的高新技术企业甲公司（在中国境内注册成立），乙公司拥有甲公司40%的股权，预计甲公司每年可盈利400万元，税后利润提取法定盈余公积后全部分配。

甲公司可获取税后利润=400×（1-15%）=340（万元）

甲公司提取的法定盈余公积=340×10%=34（万元）

甲公司向投资者分配的利润合计=340−34=306（万元）

乙公司可取得的投资收益=306×40%=122.4（万元）

由于符合条件的居民企业之间的股息、红利等权益性投资收益，是指居民企业直接投资于其他居民企业取得的投资收益，属于免税收入。因此：

税后投资收益=122.4万元

方案二：乙公司用2 000万元购买国债，年利率为8%。

乙公司可取得投资收益=2 000×8%=160（万元）

由于国债利息收入免征企业所得税，因此：

税后投资收益=160万元

【筹划结论】方案二比方案一多获取税后投资收益37.6万元（160−122.4），因此，应当选择方案二。

【任务点评】虽然以上两种方式下投资方都免于缴纳企业所得税，但方案一的投资方收取的毕竟是被投资企业缴纳企业所得税后所分配的利润，显然不如投资方因投资国债免税而取得的收益高。值得注意的是，企业在选择投资方式时，应综合考虑投资收益、投资风险、投资的变现能力等各种因素，最终选择合理的投资方案。

任务十二　技术转让所得的纳税筹划

任务案例4-12 甲公司20×7年12月15日准备以1 600万元的价款转让某技术，其技术转让成本和相关税费为600万元，则技术转让所得为1 000万元（1 600−600）。

【任务要求】请对上述业务进行纳税筹划。

【税法依据】一个纳税年度内，居民企业技术转让所得不超过500万元的部分，免征企业所得税；超过500万元的部分，减半征收企业所得税。其中，技术转让所得=技术转让收入−技术转让成本−相关税费。

以分期收款方式销售货物按照合同约定的收款日期确认收入的实现。

【筹划思路】对于预计当年度技术转让所得超过500万元的情况，我们可以采取递延技术转让所得的方式。具体操作方法如下：通过分期收款方式，将超过500万元的这部分所得分摊到以后年度，从而可以完全利用免征企业所得税的优惠。

【筹划过程】

方案一：20×7年12月15日签订直接收款的技术转让合同。

20×7年应纳税所得额=1600−600−500=500（万元）

20×7年应纳企业所得税=500×25%×50%=62.5（万元）

方案二：签订分期收款的技术转让合同，合同约定20×7年12月15日收取800万元，20×8年1月15日再收取800万元，则600万元的技术转让成本与相关税费也相应地在两个年度均分。

20×7年应纳税所得额=800−300−500=0

20×7年应纳企业所得税=0

20×8年应纳税所得额=800−300−500=0

20×8年应纳企业所得税=0

【筹划结论】方案二比方案一少缴纳企业所得税62.5万元，因此，应当选择方案二。

【任务点评】分期确认转让技术收入的好处在于将技术转让所得分摊在不同的年度，在各年度分别充分享受税收优惠政策，避免一个年度享受不完的情况产生。

任务十三　利用软件生产企业的职工培训费用的税收优惠政策的纳税筹划

任务案例4-13 甲软件生产企业本年决定支出300万元作为职工福利费或职工培训费，现有两种方案可供选择：一是将300万元全部作为职工福利发放给全体职工；二是将140万元作为职工福利，160万元作为职工培训费用。该企业本期的会计利润为3 000万元（未扣除上述300万元的支出），无其他企业所得税纳税调整事项，发放给全体职工的工资为1 000万元。

【任务要求】请对上述业务进行纳税筹划。

【税法依据】软件生产企业的职工培训费用，可按实际发生额在计算应纳税所得额时扣除。软件生产企业给职工发放职工福利，在计算应纳税所得额时按不超过工资薪金总额14%的部分扣除。

【筹划思路】若软件生产企业的职工福利费超支，则可考虑将超支部分的职工福利费转换为职工培训费用，这样便可以税前全额扣除。

【筹划过程】

方案一：甲软件生产企业本年决定给全体职工发放职工福利300万元。

由于300万元>140万元（1 000×14%），因此，职工福利费只能税前扣除140万元。

本年甲软件生产企业应纳税所得额=3 000−140=2 860（万元）

本年甲软件生产企业应缴纳的企业所得税=2 860×25%=715（万元）

方案二：甲软件生产企业为了企业的长远发展，提高人才素质，本年经董事会决定给全体职工提供培训机会，并承担全体职工的培训费用160万元，剩余140万元作为职工福利发放给全体职工。

由于140万元的职工福利费恰好等于工资总额的14%，因此，可全额扣除。

本年甲软件生产企业应纳税所得额=3 000−160−140=2 700（万元）

本年甲软件生产企业应缴纳的企业所得税=2 700×25%=675（万元）

【筹划结论】方案二比方案一少缴纳企业所得税40万元（715−675），因此，应当选择方案二。

【任务点评】软件生产企业的员工对自身专业能力的提高较为重视，更加希望企业提供更多的培训机会，因此软件生产企业在职工福利费和工会经费超支的情况下，也可以考虑在降低职工福利费和工会经费的同时，增加职工培训费用，以便享受职工培训费用可以税前全额扣除的优惠。

任务十四　完工产品和在产品的成本分配方法选择的纳税筹划

任务案例4-14 甲公司A产品本年1月完工450件，在产品100件，平均完工程度为50%，发生生产费用共1 000 000元。假设完工产品当月全部出售，取得收入2 000 000元（不含增值税）。假设企业现有以下三种成本结转方法可供选择：一是不计算在产品成本法；二是约当产量法；三是在产品按完工产品成本计算法。

【任务要求】请对上述业务进行纳税筹划。

【税法依据】完工产品和在产品的成本分配方法主要有：不计算在产品成本法、约当产量法、在产品按固定成本计价法、在产品按所耗直接材料成本计价法、在产品按完工产品成本计算法、在产品按定额成本计价法、定额比例法等。由于不同的成本分配方法对完工产品成本的结转影响很大，进而会影响企业的利润总额和企业所得税，因此企业应根据实际情况选择适当的方法。

【筹划思路】由于“月初在产品成本+本月发生生产费用−月末在产品成本=本月完工产品成本”。因此在产品的成本如何确认将直接影响完工产品成本。而完工产品成本又分为已销产品成本（记入“主营业务成本”科目）和未销产品成本（记入“库存商品”科目）。已销产品成本将直接影响企业利润；未销产品成本将决定企业库存商品金额的大小，库存商品在未来期间对外销售时，将转入“主营业务成本”科目，进而影响未来期间的企业利润和企业所得税。

【筹划过程】

方案一：采用不计算在产品成本法。

完工产品成本=1 000 000元

在产品成本=0

销货成本=1 000 000元

应纳企业所得税=（2 000 000−1 000 000）×25%=250 000（元）

税后利润=2 000 000−1 000 000−250 000=750 000（元）

方案二：采用约当产量法。

分配率=1 000 000÷（450+100×50%）=2 000（元/件）

完工产品成本=450×2 000=900 000（元）

在产品成本=100×50%×2 000=100 000（元）

销货成本=900 000元

应纳企业所得税=（2 000 000−900 000）×25%=275 000（元）

税后利润=2 000 000−900 000−275 000=825 000（元）

方案三：采用在产品按完工产品成本计算法。

费用分配率=1 000 000÷（450+100）=1 818.18（元/件）

完工产品成本=450×1 818.18=818 181（元）

在产品成本=1 000 000−818 181=181 819（元）

销货成本=818 181元

应纳企业所得税=（2 000 000−818 181）×25%=295 454.75（元）

税后利润=2 000 000−818 181−295 454.75=886 364.25（元）

【筹划结论】方案一比方案二少缴纳企业所得税25 000元（275 000−250 000），比方案三少缴纳企业所得税45 454.75元（295 454.75−250 000），因此，企业若以税负最小化为目标，应选择方案一。而方案三比方案一多获取税后利润136 364.25元（886 364.25−750 000），比方案二多获取税后利润61 364.25元（886 364.25−825 000），因此，企业若以税后利润最大化为目标，则应选择方案三。

【任务点评】成本结转的处理方法一经确定，一般情况下不能更改。若需要更改，应向当地主管税务部门申请更改下一年度的成本结转处理方法。否则，税务机关有权进行纳税调整。

任务十五 无形资产摊销的纳税筹划

任务案例4-15 甲公司于本年年初接受乙公司投资一项价值为1 200万元的无形资产（不含增值税），投资合同上未约定有效期限。预计甲公司获取该项投资后，每年的利润将达到1 000万元（未扣除摊销额）。假设甲公司的投资报酬率为10%。

【任务要求】 请对上述业务进行纳税筹划。

【税法依据】 无形资产的摊销年限不得低于10年。作为投资或者受让的无形资产，有关法律规定或者合同约定了使用期限的，可以按照规定或者约定的使用期限分期摊销。

【筹划思路】 在合同中若约定了使用年限，则可按约定的年限摊销，因此，企业可以通过合同控制摊销年限，从而来调整利润，进而调整企业所得税税负。

【筹划过程】

方案一：甲公司与乙公司在合同中未约定无形资产的使用期限，则按税法规定的10年来摊销无形资产。

甲公司10年应缴纳的企业所得税现值合计=（1 000−1 200÷10）×25%×（P/A，10%，10）

=880×25%×6.1446=1 351.812（万元）

方案二：甲公司与乙公司在合同中约定无形资产的使用期限为5年，则甲公司按5年来摊销无形资产。

甲公司10年应缴纳的企业所得税现值合计=（1 000−1 200÷5）×25%×（P/A，10%，5）+1 000×25%×［（P/A，10%，10）−（P/A，10%，5）］

=190×3.7908+250×（6.1446−3.7908）

=1 308.702（万元）

【筹划结论】 方案二比方案一10年共少缴纳企业所得税的现值为43.11万元（1 351.812−1 308.702），因此，应当选择方案二。

【任务点评】 若企业处于减免税期间，则应当尽量延长摊销期限，以更多地获取减免税而带来的好处。

任务十六 固定资产折旧年限选择的纳税筹划

任务案例4-16 甲公司20×6年12月购入价值为3 000万元（不含增值税）的电子设备，残值率为5%，估计可以使用3至5年，按税法规定，最低可以按3年采用直线法计提折旧。假设甲公司处于非减免税期间，从20×7年起，5年内每年未扣除折旧前的利润为5 000万元，且没有企业所得税纳税调整项目。假设折现率为10%。

【任务要求】 请对上述业务进行纳税筹划。

【税法依据】 除国务院财政、税务主管部门另有规定外，固定资产计算折旧的最低年限如下：（1）房屋、建筑物，为20年；（2）飞机、火车、轮船、机器、机械和其他生产设备，为10年；（3）与生产经营活动有关的器具、工具、家具等，为5年；（4）飞机、火车、轮船以外的运输工具，为4年；（5）电子设备，为3年。

【筹划思路】折旧作为非付现成本，具有抵减企业所得税的作用。也就是说，折旧年数越短，则年折旧额就越大，从而使得利润越低，应纳所得税额也就越小。因此在非减免税且盈利的期间，企业应尽量按照上述规定的最低年限对固定资产进行折旧。反之，在减免税期间，则应尽量采用较长的折旧年限对固定资产进行折旧。

【筹划过程】

方案一：按5年计提折旧。

这5年每年折旧额=3 000×（1−5%）÷5=570（万元）

这5年每年应纳企业所得税=（5 000−570）×25%=1 107.50（万元）

这5年企业所得税支出折合到20×7年年初的现值=1 107.50×（P/A，10%，5）=1 107.50×3.7908

=4 198.31（万元）

方案二：按3年计提折旧。

前3年每年折旧额=3 000×（1−5%）÷3=950（万元）

前3年每年应纳企业所得税=（5 000−950）×25%=1 012.50（万元）

后2年每年应纳企业所得税=5 000×25%=1 250（万元）

这5年企业所得税支出折合到20×7年年初的现值=1 012.50×（P/A，10%，3）+1 250×［（P/A，10%，5）−（P/A，10%，3）］

=1 012.50×2.4869+1 250×（3.7908−2.4869）=4 147.86（万元）

【筹划结论】方案二比方案一企业所得税支出现值共少50.45万元（4 198.31−4 147.86），因此，应当选择方案二。

【任务点评】由于未来期间盈利或亏损，以及是否属于减免税期间均具有一定的不确定性，因此，有时会限制此类纳税筹划方法的运用。

项目引例解析

【税法依据】企业的固定资产由于技术进步等原因，确需加速折旧的，可以缩短折旧年限或者采取加速折旧的方法。可以享受这一优惠的固定资产包括：①由于技术进步，产品更新换代较快的固定资产；②常年处于强震动、高腐蚀状态的固定资产。采取缩短折旧年限方法的，最低折旧年限不得低于规定折旧年限的60%；采取加速折旧方法的，可以采取双倍余额递减法或者年数总和法。

【筹划思路】采用不同的折旧方法，在一定的纳税年度中所计算出来的折旧额是不同的，而折旧额的不同会影响企业的应纳税所得额，进而会影响企业所得税税负。折旧方法的选择应以最充分或最快地发挥折旧费用的抵税效应为标准。

在不同期间，企业应选择不同的折旧方法，以达到降低企业所得税税负的目的。

第一，减免税期间：由于减免税期间内折旧费用的抵税效应会全部或部分地被减免税优惠所抵消，因此，企业应选择在减免税期间折旧少而在非减免税期间折旧多的折旧方法。

第二，非减免税且盈利期间：由于折旧费用能从应纳税所得额中扣除，因此，为了使得折旧费用的抵税效应能够完全发挥，应选择前期折旧费用较大、后期折旧费用较小的折旧方法。具体来说，可选择加速折旧法。

第三，亏损期间：折旧方法的选择应与企业的亏损弥补情况相结合，使得不能得到或不能完全得到税前弥补的亏损年度的折旧费用降低，保证折旧费用的抵税效应得到最大程度的发挥。

【筹划过程】

具体方案的比较见表4-7。

表4-7 **不同折旧方法下的相关项目的比较** 单位：万元

	方案一：年限平均法				方案二：双倍余额递减法				方案三：年数总和法			
	折旧	税前利润	所得税	折现值	折旧	税前利润	所得税	折现值	折旧	税前利润	所得税	折现值
1	190	1 810	452.50	411.37	400	1 600	400	363.64	316.67	1 683.33	420.83	382.57
2	190	1 810	452.50	373.95	240	1 760	440	363.62	253.33	1 746.67	436.67	360.88
3	190	1 810	452.50	339.96	144	1 856	464	348.60	190	1 810	452.50	339.97
4	190	1 810	452.50	309.06	83	1 917	479.25	327.33	126.67	1 873.33	468.33	319.88
5	190	1 810	452.50	280.96	83	1 917	479.25	297.57	63.33	1 936.67	484.17	300.63
合计	950	9 050	2 262.50	1 715.30	950	9 050	2 262.50	1 700.76	950	9 050	2 262.50	1 703.93

（折现值的计算以方案一为例：452.5×（P／F，10%，1）=452.5×0.9091=411.37；452.5×（P／F，10%，2）=452.5×0.8264=373.95；452.5×（P／F，10%，3）=452.5×0.7513= 339.96；452.5×（P／F，10%，4）=452.5×0.6830=309.06；452.5×（P／F，10%，5）=452.5×0.6209=280.96）

【筹划结论】方案二比方案一企业所得税支出现值共少14.54万元（1 715.30–1 700.76），比方案三企业所得税支出现值共少3.17万元（1 703.93–1 700.76），因此，应当选择方案二。

【工作点评】由于未来期间盈利或亏损具有一定的不确定性，因此，有时会限制此类纳税筹划方法的运用。

任务十七 固定资产维修的纳税筹划

任务案例4-17 甲公司本年12月对一台原值为300万元的旧设备进行大修（该设备尚可使用2年），当月可完工。预计大修之后，该设备尚可使用年限变为5年。大修过程中耗用材料费、配件费100万元，支付工人工资和其他费用共为55万元。若预计本年及未来5年未考虑修理支出的每年应纳税所得额为200万元，折现率为6%。

【任务要求】请对上述业务进行纳税筹划。

【税法依据】纳税人的一般性固定资产修理支出可在发生当期直接扣除。但是符合税法规定条件的固定资产大修理支出，要作为长期待摊费用，按照固定资产尚可使用年限分期摊销。固定资产的大修理支出，是指同时符合下列条件的支出：修理支出达到取得固定资产时的计税基础50%以上；修理后固定资产的使用年限延长2年以上。

【筹划思路】企业在安排固定资产的修理时应首先明确修理支出的数额及延长固定资产使用时间这两个因素。若修理支出达到固定资产计税基础的50%以上且延长使用年限2年以上，就不可以当期直接扣除，而作为长期待摊费用分期扣除。与此同时，要关注企业的盈亏情况：如果企业现在和未来的一段时间内亏损，企业应尽量将修理支出资本化，加大资产的账面价值，使税前可列支的折旧费用向以后年度递延，即平均了企业各年度的可扣除费用；如果企业现在及未来的一段时间盈利，则要将修理支出费用化，以加大当期税前扣除项目，减少当期企业所得税。

【筹划过程】

方案一：将修理支出资本化。

设备原值的50%=300×50%=150（万元）。由于旧设备修理支出总金额为155万元＞150万元，且设备寿命延长了3年（5–2），属于固定资产大修理支出，155万元的花费不能在本年直接扣除，只能在未来的5年内通过平均摊销的方式税前扣除。

本年应纳企业所得税=200×25%=50（万元）

未来5年每年应纳企业所得税=（200–155÷5）×25%=42.25（万元）

6年共缴纳企业所得税的现值=50＋42.25×（P／A，6%，5）=50＋42.25×4.2124

=227.97（万元）

方案二：将修理支出费用化。

通过适当压低材料费或配件费的进价，将修理支出的总额降为148万元＜150万元，则属于日常修理支出，该笔支出可全部于本年税前扣除。

本年应纳企业所得税=（200–148）×25%=13（万元）

未来5年每年应纳企业所得税=200×25%=50（万元）

6年共缴纳企业所得税的现值=13＋50×（P／A，6%，5）=13＋50×4.2124=223.62（万元）

【筹划结论】方案二比方案一6年共缴纳企业所得税的现值少4.35万元（227.97–223.62），因此，应当选择方案二。

【任务点评】固定资产修理的支出数额和时间安排必须在保证正常的生产经营的前提下进行，否则有可能顾此失彼，得不偿失。

任务十八　存货计价方法选择的纳税筹划

任务案例4–18 甲公司20×6年1月和11月先后购进数量和品种相同的货物两批，进货价格分别为1 000万元和800万元，假设此前甲公司库存没有这种货物。甲公司在20×6年12月和20×7年3月各出售购进货物的一半，出售价格分别为1 200万元和1 000万元。假设甲公司20×6年和20×7年均处于非减免税期间，且处于盈利年度。假设折现率为10%。

【任务要求】请对上述业务进行纳税筹划。

【税法依据】《企业会计准则第1号——存货》规定，企业应当采用先进先出法、移动加权平均法、月末一次加权平均法和个别计价法确定发出存货的实际成本。

《企业所得税法》规定，企业使用或者销售的存货的成本计算方法，可以在先进先出法、加权平均法、个别计价法三者中选用一种。**计价方法一经选用，不得随意变更。**

【筹划思路】采用不同的存货计价方法，在一定的纳税年度所计算出来的存货成本是不同的，而存货成本的不同会影响企业的应纳税所得额，进而会影响企业所得税税负。存货计价方法的选择应以最充分或最快地发挥成本费用的抵税效应为标准。

在不同期间，企业应选择不同存货计价方法，以达到降低企业所得税税负的目的。

第一，减免税期间：由于减免税期间成本费用的抵税效应会部分或全部地被减免税优惠所抵消，因此，企业应选择在减免税期间成本费用少而在非减免税期间成本费用多的存货计价方法。

第二，非减免税且盈利期间：由于存货成本能从应纳税所得额中扣除，因此，为了使得存货成本的抵税效应能够完全发挥，应选择前期存货成本较大、后期存货成本较小的计价方法。具体来说，在通货膨胀时期，可选择加权平均法；在通货紧缩时期，可选择先进先出法。

第三，亏损期间：存货计价方法的选择应与企业的亏损弥补情况相结合，使得不能得到或不能完全得到税前弥补的亏损年度的成本费用降低，保证成本费用的抵税效应得到最大程度的发挥。

【筹划过程】

具体方案的比较见表4-8。

表4-8 不同存货计价方法下的相关项目的比较 金额单位：万元

方法 项目	加权平均法			先进先出法		
	20×6年	20×7年	合计	20×6年	20×7年	合计
销售收入	1 200	1 000	2 200	1 200	1 000	2 200
销售成本	900	900	1 800	1 000	800	1 800
税前利润	300	100	400	200	200	400
企业所得税	75	25	100	50	50	100
复利现值系数	0.9091	0.8264		0.9091	0.8264	
税金支出现值	68.18	20.66	88.84	45.46	41.32	86.78

方案一：采用加权平均法。

存货的加权平均成本=（1 000+800）÷2=900（万元）

20×6年企业所得税=（1 200−900）×25%=75（万元）

20×7年企业所得税=（1 000−900）×25%=25（万元）

企业所得税支出折合到20×6年年初的现值=75×（P/F，10%，1）+25×（P/F，10%，2）

=75×0.9091+25×0.8264=88.84（万元）

方案二：采用先进先出法。

20×6年企业所得税=（1 200−1 000）×25%=50（万元）

20×7年企业所得税=（1 000−800）×25%=50（万元）

企业所得税支出折合到20×6年年初的现值=50×（P/F，10%，1）+50×（P/F，10%，2）

=50×0.9091+50×0.8264=86.78（万元）

【筹划结论】方案二比方案一企业所得税支出现值共少2.06万元（88.84−86.78），因此，应当选择方案二。

【任务点评】由于存货计价方法一经选用，不得随意变更，因此，限制了此类筹划方法的运用。尤其是存货价格上升或下降趋势与预计相反时，会导致筹划结果事与愿违。

任务十九　企业所得税核定征收的纳税筹划

任务案例4-19 甲公司本年的主要业务是为其关联方乙公司生产零部件，其原材料由甲公司从其关联方乙公司以400万元的价格购入，然后再加工成零部件，以1 000万元的价格销售给乙公司，企业所得税税率为25%。因甲公司本年的成本费用支出无法准确核算，税务机关对该企业实行核定应税所得率的方式征收企业所得税，当地的应税所得率为10%。

【任务要求】请对上述业务进行纳税筹划。

【税法依据】《国家税务总局关于印发〈企业所得税核定征收办法〉（试行）的通知》（国税发〔2008〕30号）第六条规定：采用应税所得率方式核定征收企业所得税的，应纳所得税额的计算公式如下：

应纳所得税额=应纳税所得额×适用税率

应纳税所得额=应税收入额×应税所得率

或　　=成本（费用）支出额÷（1-应税所得率）×应税所得率

【筹划思路】实行核定应税所得率征税的企业，其应纳企业所得税由企业的收入总额或者成本（费用）支出总额决定，如果降低收入总额或者成本（费用）支出总额，就可以达到降低企业所得税税负的目的。

【筹划过程】

方案一：甲公司先从其关联方购入原材料，然后再加工成零部件销售给乙公司。

甲公司本年应纳企业所得税=1 000×10%×25%=25（万元）

方案二：采取委托加工的方式，由乙公司将400万元的原材料委托甲公司加工成零部件，甲公司收取加工费600万元。

此时收入金额便为600万元。

甲公司本年应纳企业所得税=600×10%×25%=15（万元）

【筹划结论】方案二比方案一少缴纳企业所得税10万元（25-15），因此，应当选择方案二。

【任务点评】企业通过变换加工方式，降低了收入总额，达到了降低企业所得税税负的目的。但在这种情况下，又有可能被税务机关重新核定应税所得率，因此，企业应积极应对，以在降低税费的同时，防范税收风险。

任务二十　企业分立的纳税筹划

任务案例4-20 甲公司为一家生产企业，尚未设立独立的销售公司，假定本年预计实现的销售收入为5 000万元，预计广告费支出、业务宣传费支出共计1 200万元。其他可税前扣除的成本费用为2 600万元，且没有其他企业所得税纳税调整项目。

【任务要求】请对上述业务进行纳税筹划。

【税法依据】广告费和业务宣传费支出不超过当年销售收入15%的部分，可以据实扣除，超过比例的部分可结转到以后年度扣除。

【筹划思路】很多生产企业存在广告费和业务宣传费超支而不能在企业所得税税前全部扣除的现象。而若把其销售部门分立出去，成立独立核算的销售子公司，则可以原企业（母公司）的名义列支一部分广告费和业务宣传费，这样原本超支而不能税前扣除的费用就可以在销售子公司税前扣除了，从而可以降低集团公司整体企业所得税税负。

【筹划过程】

方案一：甲公司不设立销售子公司。

甲公司广告费和业务宣传费支出的扣除限额为750万元（5 000×15%），实际发生额为1 200万元，超支450万元（1 200−750），因此只能按照750万元在企业所得税税前扣除。

应纳企业所得税=（5 000−2 600−750）×25%=412.5（万元）

税后利润=5 000−2 600−1 200−412.5=787.5（万元）

方案二：甲公司把销售部门分立出来，设立独立核算的销售子公司乙公司（乙公司作为甲公司的子公司）。

假设甲公司以4 000万元的价格先把产品销售给销售子公司乙公司，销售子公司乙公司再以5 000万元的价格对外销售。由甲公司负担广告费支出、业务宣传费支出600万元，同时销售公司乙公司负担广告费支出、业务宣传费支出600万元。

因甲公司和销售子公司乙公司之间构成销售关系，需要各自分别多缴纳印花税=4 000×0.0003=1.2（万元）。

甲公司广告费和业务宣传费支出的扣除限额为600万元（4 000×15%），实际发生额为600万元，未超支，可按照600万元税前全额扣除。

甲公司应纳企业所得税=（4 000−2 600−600−1.2）×25%=199.7（万元）

甲公司税后利润=4 000−2 600−600−1.2−199.7=599.1（万元）

销售子公司乙公司广告费和业务宣传费支出的扣除限额为750万元（5 000×15%），实际发生额为600万元，未超支，可按照600万元税前全额扣除。

销售子公司乙公司应纳企业所得税=（5 000−4 000−600−1.2）×25%=99.7（万元）

销售子公司乙公司税后利润=5 000−4 000−600−1.2−99.7=299.1（万元）

集团公司整体应纳企业所得税=199.7+99.7=299.4（万元）

集团公司整体税后利润=599.1+299.1=898.2（万元）

【筹划结论】方案二比方案一少缴纳企业所得税113.1万元（412.5−299.4），多获取税后利润110.7万元（898.2−787.5），因此，应当选择方案二。

【任务点评】通过分立设立销售子公司必然发生一定的开办费用以及后续的管理费用，这在一定程度上限制了此类纳税筹划方案的实施。

任务二十一　企业合并的纳税筹划

任务案例4-21 甲公司欲合并乙公司，乙公司在被合并时的净资产公允价值为1 500万元，尚未弥补的亏损为300万元，税前弥补期限尚有3年，双方股东达成协议，甲公司股东于20×6年1月1日以价值1 200万元的股份和300万元的现金合并乙公司。假设合并后的甲公司在20×6年、20×7年、20×8年未弥补亏损前的应税所得额分别为200万元、300万元、300万元，20×6年、20×7年、20×8年国家发行的最长期限国债利率为4%。

【任务要求】请对上述业务进行纳税筹划。

【税法依据】企业合并，企业股东在该企业合并发生时取得的**股权支付金额不低于其交易支付总额的85%**，以及同一控制下且不需要支付对价的企业合并，可以选择按以下规定处理：

（1）合并企业接受被合并企业资产和负债的计税基础，以被合并企业的原有计税基础确定。

（2）被合并企业合并前的相关所得税事项由合并企业承继。

（3）可由合并企业弥补的被合并企业亏损的限额=被合并企业净资产公允价值×截至合并业务发生当年年末国家发行的最长期限国债的利率。

（4）被合并企业股东取得合并企业股权的计税基础，以其原持有的被合并企业股权的计税基础确定。

【筹划思路】企业在合并过程中，应当尽量使得企业股东在该企业合并发生时取得的股权支付金额不低于其支付总额的85%，此时，企业可进行特殊税务处理，可弥补被合并企业未弥补的亏损（可由合并企业弥补的被合并企业亏损的限额=被合并企业净资产公允价值×截至合并业务发生当年年末国家发行的最长期限国债的利率），从而达到抵减企业所得税的目的。

【筹划过程】

方案一：甲公司以价值1 200万元的股份和300万元的现金合并乙公司。

股权支付比例=1 200÷（1 200+300）=80%<85%，不能弥补被合并企业的亏损，

3年共计应纳企业所得税=（200+300+300）×25%=200（万元）

方案二：甲公司以价值1 300万元的股份和200万元的现金合并乙公司。

股权支付比例=1 300÷（1 300+200）=86.67%>85%，可弥补被合并企业的亏损。

可由合并企业弥补的被合并企业亏损的限额=被合并企业净资产公允价值×截至合并业务发生当年年末国家发行的最长期限国债的利率

20×6年：

可弥补的亏损限额=1 500×4%=60（万元）

由于60万元<300万元，因此：

应纳企业所得税=（200−60）×25%=35（万元）

20×7年：

可弥补的亏损限额=1 500×4%=60（万元）

由于60万元<240万元（300−60），因此：

应纳企业所得税=（300−60）×25%=60（万元）

20×8年：

可弥补的亏损限额=1 500×4%=60（万元）

由于60万元<180万元（240−60），因此：

应纳企业所得税=（300−60）×25%=60（万元）

3年共计应纳企业所得税=35+60+60=155（万元）

【筹划结论】方案二比方案一少缴纳企业所得税45万元（200−155），因此，应当选择方案二。

【任务点评】事实上，特殊性税务处理的后续处理最终还是要缴税的，也就是说，特殊性税务处理只是递延纳税，最终既不会多缴税，也不会少缴税。应当注意的是，在制定重组政策时，已经打破了法人税制的原则，所得在股东层面递延结转，因此是否重复纳税要看参与重组各方合计纳税情况，而不是只看某一法律主体。当然，如果企业感觉特殊性税务

处理不合算，也可以选择一般性税务处理，是选择当时缴税还是选择递延缴税，是企业的自主权利。

任务二十二 企业清算的纳税筹划

任务案例4-22 甲公司董事会于本年8月向股东会提交解散申请书，股东会于9月20日通过并做出决议，清算开始日定于10月1日，清算期间为2个月。该公司财务部经理在开始清算后发现，1至9月底公司预计盈利100万元（适用税率25%），并且公司在清算初期会发生巨额的清算支出。假定整个清算期间（10月1日至11月30日）的清算损失为150万元，其中，10月1日至10月14日会发生清算支出100万元，10月15日至11月30日会发生清算支出50万元。

【任务要求】 请对上述业务进行纳税筹划。

【税法依据】 企业的清算年度，应划分为两个纳税年度，从1月1日到清算开始日为一个生产经营纳税年度，从清算开始日到清算结束日的清算期间为一个清算纳税年度。

【筹划思路】 企业的清算日期不同，对两个纳税年度应税所得的影响不同。企业可以利用推迟或提前清算日期的方法来影响企业清算期间应纳税所得额，从而达到降低企业所得税税负的目的。

【筹划过程】

方案一：清算开始日定于10月1日。

生产经营纳税年度（1月1日至9月30日）应纳企业所得税=100×25%=25（万元）

清算纳税年度（10月1日至11月30日）清算所得为清算损失150万元，不缴纳企业所得税。

方案二：清算开始日定于10月15日。

生产经营纳税年度（1月1日至10月14日）应纳企业所得税=（100-100）×25%=0

清算纳税年度（10月15日至11月30日）清算所得为清算损失50万元，不缴纳企业所得税。

【筹划结论】 方案二比方案一少缴纳企业所得税25万元，因此，应当选择方案二。

【任务点评】 本案例通过改变清算开始日期，合理调整正常生产经营所得和清算所得，从而达到降低整体税负的目的。

项目练习

一、单项选择题

1.根据企业所得税法律制度的规定，下列关于企业所得税纳税人的表述中，正确的是（　　）。

A.依照外国法律成立但实际管理机构在中国境内的企业均属于居民企业

B.依照外国法律成立且实际管理机构不在中国境内的企业均属于非居民企业

C.依照外国法律成立但在中国境内设立机构、场所的企业均属于非居民企业

D.依法在我国境内成立但实际管理机构在境外的企业均属于非居民企业

2.根据《企业所得税法》的规定，企业所得税应纳税所得额为（　　）。

A.企业每一纳税年度的收入总额，减除免税收入、各项扣除以及允许弥补以前年度亏损后的余额

B.企业每一纳税年度的收入总额，减除不征税收入、免税收入、各项扣除以及允许弥补以前年度亏损后的余额

C.企业每一纳税年度的收入总额，减除不征税收入、各项扣除以及允许弥补以前年度亏损后的余额

D.企业每一纳税年度的收入总额，减除不征税收入、免税收入、各项扣除后的余额

3.根据企业所得税法律制度的规定，下列关于企业在生产经营活动中发生的利息支出的税务处理，表述不正确的是（　　）。

A.非金融企业向非金融企业借款的利息支出准予在企业所得税前据实扣除

B.金融企业的各项存款利息支出准予在企业所得税前据实扣除

C.金融企业的同业拆借利息支出准予在企业所得税前据实扣除

D.企业经批准发行债券的利息支出准予在企业所得税前据实扣除

4.甲公司本年取得主营业务收入4 000万元，其他业务收入1 500万元，债务重组收益90万元，固定资产转让收入60万元；当年管理费用中的业务招待费80万元。该企业当年度可在企业所得税前扣除的业务招待费为（　　）万元。

A.24　　B.26　　C.25.5　　D.27.5

5.本年A集团公司总部实现商品销售收入6 000万元，股权转让收入800万元，债务重组收益200万元，发生的与收入相配比的成本费用总额为6 500万元，其中，业务招待费支出80万元。假定不存在其他纳税调整事项，本年度该企业应缴纳企业所得税（　　）万元。

A.543　　B.201.4　　C.506.5　　D.136.5

6.A商场位于市区（增值税一般纳税人），本年10月1日至7日进行优惠活动，将一部分进货价为200元/件（取得了增值税专用发票）、原价450元/件（商品折扣价款与销售价款开具在同一张发票上）的服装，以9折进行折扣销售，该商场暂不涉及其他业务。该商场销售每件商品应缴纳企业所得税（　　）元。（以上价格均为不含增值税价格，企业所得税税率为25%，增值税税率为13%）

A.34.85　　B.2.79　　C.50.43　　D.50.58

7.下列税金在计算企业应纳税所得额时，不得从收入总额中扣除的是（　　）。

A.土地增值税　　B.消费税　　C.增值税　　D.资源税

8.根据企业所得税法律制度的规定，下列关于确认收入实现时间的表述中，正确的是（　　）。

A.股息、红利等权益性投资收益，按照合同约定的被投资方应付股息、红利的日期确认收入的实现

B.利息收入，按照合同约定的债务人应付利息的日期确认收入的实现

C.接受捐赠收入，按照合同约定的捐赠日期确认收入的实现

D.采取产品分成方式取得收入的，按照合同约定的分成日期确认收入的实现

9.甲公司本年度利润总额为40万元，未调整捐赠前的所得额为50万元。当年“营业

外支出”账户中列支了通过当地公益性社会团体向地震灾区的捐赠6万元。该企业本年应缴纳的企业所得税为（ ）万元。

A.12.5 B.12.8 C.13.45 D.16.25

10.企业从事下列项目的所得，减半征收企业所得税的是（ ）。

A.油料作物的种植 B.糖料作物的种植

C.香料作物的种植 D.麻类作物的种植

11.特别纳税调整加收的利息，应当按照税款所属纳税年度中国人民银行公布的与补税期间同期的人民币贷款基准利率加（ ）个百分点计算。

A.2 B.3 C.5 D.10

二、多项选择题

1.本年甲公司取得销售收入8 000万元，当年发生的与生产经营相关的业务招待费60万元，上年因超支在税前未能扣除的与生产经营相关的业务招待费支出5万元；当年发生的与生产经营相关的广告费500万元，上年因超支在税前未能扣除的符合条件的广告费200万元。根据企业所得税法律制度的规定，甲公司在计算当年应纳税所得额时，下列关于业务招待费和广告费准予扣除数额的表述中，正确的有（ ）。

A.业务招待费准予扣除的数额为39万元

B.业务招待费准予扣除的数额为36万元

C.广告费准予扣除的数额为500万元

D.广告费准予扣除的数额为700万元

2.下列说法中正确的有（ ）。

A.企业纳税年度发生的亏损，准予向以后年度结转，用以后年度的所得弥补，但结转年限最长不得超过5年

B.非居民企业在中国境内未设立机构、场所的，以扣缴义务人所在地为纳税地点

C.扣缴义务人每次代扣的税款，应当自代扣之日起15日内缴入国库

D.企业发生的公益性捐赠支出，在应纳税所得额12%以内的部分，准予在计算应纳税所得额时扣除；超过应纳税所得额12%的部分，准予结转以后3年内在计算应纳税所得额时扣除

3.根据企业所得税法律制度的规定，下列各项中，属于固定资产的大修理支出，按照固定资产尚可使用年限分期摊销，需要同时符合的条件有（ ）。

A.修理支出达到取得固定资产时的计税基础40%以上

B.修理支出达到取得固定资产时的计税基础50%以上

C.修理后固定资产的使用年限延长1年以上

D.修理后固定资产的使用年限延长2年以上

4.根据企业所得税法律制度的规定，下列各项中，属于企业所得税纳税人的有（ ）。

A.个人独资企业 B.合伙企业

C.民办非企业单位 D.事业单位

5.根据企业所得税法律制度的规定，企业从事下列项目取得的所得中，减半征收企业所得税的有（ ）。

A.中药材的种植　　B.海水养殖

C.远洋捕捞　　D.花卉的种植

6.企业（　　）项目的所得免征企业所得税。

A.坚果种植　　B.农产品初加工

C.林木培育　　D.花卉种植

7.企业下列项目的所得免征企业所得税的有（　　）。

A.水果种植　　B.花卉种植　　C.中药材种植　　D.家禽饲养

8.在计算应纳税所得额时，对企业的公益性捐赠支出处理不正确的有（　　）。

A.应全额调增应纳税所得额

B.应全额调减应纳税所得额

C.不需调整应纳税所得额

D.在年度利润总额12%以内的部分，准予在计算应纳税所得额时扣除；超过年度利润总额12%的部分，准予结转以后3年内在计算应纳税所得额时扣除

9.根据《企业所得税法》的规定，下列各项中，不属于企业所得税纳税人的有（　　）。

A.股份有限公司　　B.合伙企业

C.联营企业　　D.个人独资企业

10.税务机关（　　）征收企业所得税。

A.参照当地同类行业或者类似行业中经营规模和收入水平相近的纳税人的税负水平核定

B.按照应税收入额或成本费用支出额定率核定

C.按照耗用的原材料、燃料、动力等推算或测算核定

D.按照其他合理方法核定

三、判断题

1.根据企业所得税法律制度的规定，企业以买一赠一的方式组合销售本企业商品的，不属于捐赠，应按各项商品的公允价值来确认各项商品的销售收入。（　　）

2.非居民企业仅就其来源于中国境内的所得缴纳企业所得税。（　　）

3.甲公司是我国的非居民企业且未在我国境内设立机构、场所，其从中国境内取得的财产转让所得，以收入全额减除财产净值后的余额为应纳税所得额。（　　）

4.符合条件的技术转让所得，免征企业所得税。（　　）

5.企业债务重组发生债权转股权的，应当分解为债务清偿和股权投资两项业务，确认有关债务清偿所得或损失。（　　）

6.居民企业和在中国境内设有机构、场所且所得与机构、场所有关联的非居民企业的适用税率为25%。（　　）

7.企业所得税法规定，企业实际发生的工资支出均可在所得税前扣除。（　　）

8.企业的不征税收入用于支出所形成的费用或者财产，准予在计算应纳税所得额时扣除。（　　）

9.按照企业所得税法规定，超支的广告费、业务宣传费、职工教育经费可结转下年，继续在以后年度扣除。（　　）

10.企业从事国家重点扶持的公共基础设施项目的投资经营的所得，自项目取得第一

笔生产经营收入所属纳税年度起，第一年至第三年免征企业所得税，第四年至第六年减半征收企业所得税。（ ）

11.税前扣除项目包括成本、费用、税金、损失和其他支出。（ ）

12.自行开发的支出已在计算应纳税所得额时扣除的无形资产，不得计算摊销费用扣除。（ ）

13.成本加成法，是指按照成本加合理的费用进行定价的方法。（ ）

四、案例题

1.甲公司本年的会计利润预计为100万元（扣除捐赠后的利润额），计划通过公益性组织捐赠8万元，直接向受赠单位捐赠4万元。不考虑其他纳税调整因素，请计算该公司当年应缴纳的企业所得税，并对其进行纳税筹划。

2.甲公司欲在外地设立乙公司，预计本年乙公司亏损100万元，甲公司自身盈利200万元。假设没有纳税调整项目。请问乙公司应当选择作为甲公司的子公司还是分公司？

项目实训

一、实训名称

还款方式选择的纳税筹划

二、实训案例设计

中天企业要上一新项目需投资2 000万元，项目寿命期为5年，预期第一年可获得息税前利润360万元，以后逐年增加100万元，企业所得税税率为25%。项目所需资金从银行借款，借款年利率为10%。假设你是公司的会计人员，目前有四种计息方式可以选择，从税务角度考虑哪种方式更适合？

方案1：复利计息，到期一次还本付息。

方案2：复利年金法，每年等额偿还本金和利息527.6万元。

方案3：每年等额还本400万元，并且每年支付剩余借款的利息。

方案4：每年付息，到期还本。

三、实训任务要求

1.能够正确计算各种还款方式下的企业所得税税负。

2.能够通过比较分析，选择最优的还款方式。

项目五
个人所得税的纳税筹划实务

职业能力目标

（1）能对个人所得税纳税人身份的选择进行纳税筹划。

（2）能通过按年均衡居民个人的综合所得进行纳税筹划。

（3）能对居民个人子女教育专项附加扣除方式的选择进行纳税筹划。

（4）能通过增加非居民个人取得劳务报酬所得次数进行纳税筹划。

（5）能通过费用转移进行纳税筹划。

（6）能通过居民个人综合所得内部项目的转换进行纳税筹划。

（7）能通过非居民个人工资、薪金所得与劳务报酬所得的转换进行纳税筹划。

（8）能通过避免家庭成员一人工作进行纳税筹划。

（9）能对偶然所得临界点进行纳税筹划。

（10）能对个人捐赠进行纳税筹划。

（11）能对企业年金进行纳税筹划。

项目引例——企业年金的纳税筹划

甲企业若不建立企业年金，本年支付给每位员工税前工资、薪金收入共计200 000元（同上年数），本年每位员工专项扣除、专项附加扣除和依法确定的其他扣除共计40 000元。甲企业若建立企业年金，则企业按员工缴费工资计税基数的2%为员工缴纳年金，员工个人缴纳年金的比例也为本人缴费工资计税基数的2%，则本年每位员工专项扣除、专项附加扣除和依法确定的其他扣除共计44 000元（40 000+200 000×2%）。假设该企业共有1 200名员工，未建立企业年金之前全年的利润总额为22 000 000元，没有企业所得税纳税调整项目。甲企业为员工缴纳的年金符合国家有关政策规定的办法和标准。甲企业的所有员工月平均工资均未超过职工工作地所在设区城市上一年度职工月平均工资的300%。

任务要求

请对上述业务进行纳税筹划。

项目引例解析　见本项目的任务三。

任务一　个人所得税纳税人身份选择的纳税筹划

任务案例5-1　丹尼任职于美国A公司，于本年1月1日首次被美国A公司派往中国B公司（美国A公司的子公司）工作，本年7月8日回美国A公司继续工作，丹尼未向主管税务机关备案。丹尼在中国B公司工作期间，取得中国B公司支付的工资、薪金收入为人民币30万元，美国A公司支付的工资、薪金收入折合人民币15万元。

【任务要求】请对上述业务进行纳税筹划。

【税法依据】在中国境内有住所，或者无住所而一个纳税年度内在中国境内居住累计满183天的个人，为居民个人。居民个人从中国境内和境外取得的所得，依照《个人所得税法》的规定缴纳个人所得税。

在中国境内无住所又不居住，或者无住所而一个纳税年度内在中国境内居住累计不满183天的个人，为非居民个人。非居民个人从中国境内取得的所得，依照《个人所得税法》的规定缴纳个人所得税。

在中国境内无住所的个人，在中国境内居住累计满183天的年度连续不满六年的，经向主管税务机关备案，其来源于中国境外且由境外单位或者个人支付的所得，免予缴纳个人所得税；在中国境内居住累计满183天的任一年度中有一次离境超过30天的，其在中国境内居住累计满183天的年度的连续年限重新起算。

在中国境内无住所的个人，在一个纳税年度内在中国境内居住累计不超过90天的，其来源于中国境内的所得，由境外雇主支付并且不由该雇主在中国境内的机构、场所负担的部分，免予缴纳个人所得税。

【筹划思路】外籍个人到中国工作时，应充分利用中国税法对居民个人和非居民个人的规定，避免就从中国境内和境外取得的全部所得在中国缴纳个人所得税，而是仅就从中国境内取得的所得在中国缴纳个人所得税，从而减轻个人所得税税负。

【筹划过程】

方案一：丹尼于本年1月1日被美国A公司派往中国B公司（美国A公司的子公司）工作，本年7月8日回美国A公司继续工作，且丹尼未向主管税务机关备案。

丹尼本年度在中国境内居住累计超过183天，为居民个人。其从中国境内和境外取得的所得45万元（30+15），需要依照中国《个人所得税法》的规定缴纳个人所得税。

方案二：丹尼于本年1月1日被美国A公司派往中国B公司（美国A公司的子公司）工作，本年6月30日回美国A公司继续工作。

丹尼本年度在中国境内居住累计不超过183天，为非居民个人。其从中国境内取得的所得30万元，需要依照中国《个人所得税法》的规定缴纳个人所得税。

方案三：丹尼于本年1月1日被美国A公司派往中国B公司（美国A公司的子公司）工作，本年7月8日回美国A公司继续工作，且丹尼向主管税务机关备案。

丹尼在中国境内无住所，在中国境内居住累计满183天的年度连续不满六年，经向主管税务机关备案，其来源于中国境外且由境外单位或者个人支付的所得，免予缴纳个人所得税，可以只就由中国B公司支付的部分（30万元）缴纳个人所得税。

【筹划结论】方案三、方案二与方案一相比，丹尼在中国不缴纳来源于美国A公司支付的工资、薪金所得的个人所得税；方案三与方案二相比，丹尼不需调整在中国的工作时间。因此方案三最优，其次是方案二，最后是方案一。

【任务点评】通过减少在中国工作的天数，或者使得单次离境超过30天，或者主动向主管税务机关备案，均有可能避免就从中国境内和境外取得的全部所得在中国缴纳个人所得税。

任务二 居民个人按年均衡综合所得的纳税筹划

任务案例5-2 居民个人孙某对于取得的综合所得，预计2019年、2020年、2021年三年的应纳税所得额（每一纳税年度的收入额减除费用6万元以及专项扣除、专项附加扣除和依法确定的其他扣除后的余额）共计480 000元。根据孙某各种工作的先后次序，现有三种取得所得的方案可供选择。方案一：2019年的应纳税所得额为60 000元，2020年的应纳税所得额为160 000元，2021年的应纳税所得额为260 000元；方案二：2019年的应纳税所得额为110 000元，2020年的应纳税所得额为160 000元，2021年的应纳税所得额为210 000元；方案三：2019年的应纳税所得额为160 000元，2020年的应纳税所得额为160 000元，2021年的应纳税所得额为160 000元。

【任务要求】 请对上述业务进行纳税筹划。

【税法依据】 综合所得包括：（1）工资、薪金所得；（2）劳务报酬所得；（3）稿酬所得；（4）特许权使用费所得。居民个人的综合所得，以每一纳税年度的收入额减除费用6万元以及专项扣除、专项附加扣除和依法确定的其他扣除后的余额，为应纳税所得额。劳务报酬所得、稿酬所得、特许权使用费所得以收入减除20%的费用后的余额为收入额。稿酬所得的收入额减按70%计算。

综合所得个人所得税税率表（按年）见表5-1。

表5-1 综合所得个人所得税税率表（按年）

级数	全年应纳税所得额	税率（%）	速算扣除数（元）
1	不超过36 000元的	3	0
2	超过36 000元至144 000元的部分	10	2 520
3	超过144 000元至300 000元的部分	20	16 920
4	超过300 000元至420 000元的部分	25	31 920
5	超过420 000元至660 000元的部分	30	52 920
6	超过660 000元至960 000元的部分	35	85 920
7	超过960 000元的部分	45	181 920

【筹划思路】 居民个人如果各年的综合所得不均衡，则综合所得高的年份多缴的个人所得税有可能会大于综合所得低的年份少缴的个人所得税，因此个人可以考虑均衡各年的综合所得，以便从整体上降低个人所得税税负。

【筹划过程】

方案一：2019年的应纳税所得额为60 000元，2020年的应纳税所得额为160 000元，2021年的应纳税所得额为260 000元。

2019年综合所得应纳的个人所得税=60 000×10%−2 520=3 480（元）

2020年综合所得应纳的个人所得税=160 000×20%−16 920=15 080（元）

2021年综合所得应纳的个人所得税=260 000×20%−16 920=35 080（元）

2019年、2020年、2021年三年综合所得应纳的个人所得税合计=3 480+15 080+35 080=53 640（元）

方案二：2019年的应纳税所得额为110 000元，2020年的应纳税所得额为160 000元，

2021年的应纳税所得额为210 000元。

2019年综合所得应纳的个人所得税=110 000×10%-2 520=8 480（元）

2020年综合所得应纳的个人所得税=160 000×20%-16 920=15 080（元）

2021年综合所得应纳的个人所得税=210 000×20%-16 920=25 080（元）

2019年、2020年、2021年三年综合所得应纳的个人所得税合计=8 480+15 080+25 080=48 640（元）

方案三：2019年的应纳税所得额为160 000元，2020年的应纳税所得额为160 000元，2021年的应纳税所得额为160 000元。

2019年综合所得应纳的个人所得税=160 000×20%-16 920=15 080（元）

2020年综合所得应纳的个人所得税=160 000×20%-16 920=15 080（元）

2021年综合所得应纳的个人所得税=160 000×20%-16 920=15 080（元）

2019年、2020年、2021年三年综合所得应纳的个人所得税合计=15 080+15 080+15 080=45 240（元）

【筹划结论】方案三比方案一少缴纳个人所得税8 400元（53 640-45 240），方案三比方案二少缴纳个人所得税3 400元（48 640-45 240），因此应当选择方案三。

【任务点评】绝对均衡各年度的综合所得有一定困难，但相对均衡各年度的综合所得却是可行的。居民个人工作一年（当年取得综合所得）、休假一年（当年未取得综合所得）属于最不均衡取得综合所得的情况，居民个人应当尽量避免上述情况的出现。

任务三　居民个人子女教育专项附加扣除方式选择的纳税筹划

任务案例5-3 居民个人张某和王某是一对夫妻，其独生子在小学上学。张某任职于甲公司，本年从甲公司获取税前工资、薪金收入共计100 000元，本年专项扣除和依法确定的其他扣除合计为18 500元，专项附加扣除只有子女教育这一项符合税法扣除规定。王某任职于乙公司，本年从乙公司获取税前工资、薪金收入共计300 000元，本年专项扣除和依法确定的其他扣除合计为55 500元，专项附加扣除只有子女教育这一项符合税法扣除规定。张某和王某本年无其他收入。

【任务要求】请对上述业务进行纳税筹划。

【税法依据】综合所得包括：（1）工资、薪金所得；（2）劳务报酬所得；（3）稿酬所得；（4）特许权使用费所得。居民个人的综合所得，以每一纳税年度的收入额减除费用6万元以及专项扣除、专项附加扣除和依法确定的其他扣除后的余额，为应纳税所得额。

纳税人的子女接受全日制学历教育的相关支出，按照每个子女每月1 000元的标准定额扣除。学历教育包括义务教育（小学、初中教育）、高中阶段教育（普通高中、中等职业、技工教育）、高等教育（大学专科、大学本科、硕士研究生、博士研究生教育）。

年满3岁至小学入学前处于学前教育阶段的子女，按上述规定执行。

父母可以选择由其中一方按扣除标准的100%扣除，也可以选择由双方分别按扣除标准的50%扣除，具体扣除方式在一个纳税年度内不能变更。

纳税人子女在中国境外接受教育的，纳税人应当留存境外学校录取通知书、留学签证等相关教育的证明资料备查。

综合所得个人所得税税率表（按年）见表5-1。

【筹划思路】对于子女教育专项附加扣除，由于父母可以选择由其中一方按扣除标准的

100%扣除，也可以选择由双方分别按扣除标准的50%扣除，因此为纳税人家庭整体提供了纳税筹划的空间。夫妻双方可以选择从综合所得高的一方按扣除标准的100%扣除，这样有可能会降低夫妻双方整体的个人所得税税负。

【筹划过程】

方案一：对于子女教育专项附加扣除，选择由张某一方按扣除标准的100%扣除。

张某本年综合所得的应纳税所得额=100 000−60 000−18 500−1 000×12=9 500（元）

张某本年综合所得应纳的个人所得税=9 500×3%=285（元）

王某本年综合所得的应纳税所得额=300 000−60 000−55 500=184 500（元）

王某本年综合所得应纳的个人所得税=184 500×20%−16 920=19 980（元）

张某和王某本年综合所得的应纳个人所得税合计=285+19 980=20 265（元）

方案二：对于子女教育专项附加扣除，选择由张某和王某双方分别按扣除标准的50%扣除。

张某本年综合所得的应纳税所得额=100 000−60 000−18 500−1 000×12×50%=15 500（元）

张某本年综合所得应纳的个人所得税=15 500×3%=465（元）

王某本年综合所得的应纳税所得额=300 000−60 000−55 500−1 000×12×50%=178 500（元）

王某本年综合所得应纳的个人所得税=178 500×20%−16 920=18 780（元）

张某和王某本年综合所得应纳的个人所得税合计=465+18 780=19 245（元）

方案三：对于子女教育专项附加扣除，选择由王某一方按扣除标准的100%扣除。

张某本年综合所得的应纳税所得额=100 000−60 000−18 500=21 500（元）

张某本年综合所得应纳的个人所得税=21 500×3%=645（元）

王某本年综合所得的应纳税所得额=300 000−60 000−55 500−1 000×12=172 500（元）

王某本年综合所得应纳的个人所得税=172 500×20%−16 920=17 580（元）

张某和王某本年综合所得应纳的个人所得税合计=645+17 580=18 225（元）

【筹划结论】方案三比方案一张某和王某合计少缴纳个人所得税2 040元（20 265−18 225），方案三比方案二张某和王某合计少缴纳个人所得税1 020元（19 245−18 225），因此应当选择方案三。

【任务点评】夫妻双方选择从综合所得高且适用个人所得税边际税率高的一方按扣除标准的100%扣除，实际上降低了夫妻双方整体的个人所得税税率，从而降低了夫妻双方整体的个人所得税税负。

项目引例解析

【税法依据】企业和事业单位（以下简称单位）根据国家有关政策规定的办法和标准，为在本单位任职或者受雇的全体职工缴付的企业年金或职业年金，单位缴费部分，在记入个人账户时，个人暂不缴纳个人所得税；个人缴费部分，在不超过本人缴费工资计税基数的4%标准内的部分，暂从个人当期的应纳税所得额中扣除。超过上述规定的标准缴付的年金，单位缴费和个人缴费部分，应并入个人当期的工资、薪金所得，依法计征个人所得税。企业年金个人缴费工资计税基数为本人上一年度月平均工资。月平均工资按国家统计局规定列入工资总额统计的项目计算。月平均工资超过职工工作地所在设区城市上一年度职工月平均工资300%以上的部分，不计入个人缴费工资计税基数。年金基金投资运营收益分配记入个人账户时，个人暂不缴纳个人所得税。个人达到国家规定的退休年龄，按月领取的年金，全额按照“工资、薪金所得”项目适用的税率，计征个人所得税。

企业年金，是指企业及其职工在依法参加基本养老保险的基础上，自愿建立的补充养老保险制度。企业根据国家有关政策规定，为在本企业任职或者受雇的全体员工支付的补充养老保险费、补充医疗保险费，分别在不超过职工工资总额5%标准内的部分，在计算应纳税所得额时准予扣除；超过的部分，不予扣除。

综合所得个人所得税税率表（按年）见表5-1。

【筹划思路】企业年金或职业年金对于员工来说，能够享受个人所得税递延纳税的优惠政策，即在年金缴费环节和年金基金投资收益环节暂不征收个人所得税，将纳税义务递延到个人实际领取年金的环节（即退休、死亡或出国定居时）。企业年金或职业年金对于企业来说，企业为员工缴费的部分，在计算企业所得税时，在国家规定标准以内的部分可以税前扣除。因此有条件的企业应当设立企业年金或职业年金，以获取税收上的优惠。

【筹划过程】

方案一：企业不建立企业年金。

每位员工本年综合所得的应纳税所得额=200 000-60 000-40 000=100 000（元）

每位员工本年综合所得应纳的个人所得税=100 000×10%-2 520=7 480（元）

1 200名员工本年综合所得应纳的个人所得税合计=7 480×1 200=8 976 000（元）

企业应纳企业所得税=22 000 000×25%=5 500 000（元）

方案二：企业建立企业年金。

每位员工本年综合所得的应纳税所得额=200 000-60 000-44 000=96 000（元）

每位员工本年综合所得应纳的个人所得税=96 000×10%-2 520=7 080（元）

1 200名员工本年综合所得应纳的个人所得税合计=7 080×1 200=8 496 000（元）

企业应纳企业所得税=（22 000 000-200 000×2%×1 200）×25%=4 300 000（元）

【筹划结论】方案二比方案一所有职工当期共少缴纳个人所得税480 000元（8 976 000-8 496 000），企业少缴纳企业所得税1 200 000元（5 500 000-4 300 000），因此应当选择方案二。

【引例点评】企业年金个人所得税递延纳税的政策，不仅可以让员工延期纳税，而且可以提升员工对工作的热情以及对企业的忠诚度，企业的效益也会随之提高，最终形成一个良性循环。

任务四　非居民个人增加取得劳务报酬所得次数的纳税筹划

任务案例5-4　非居民个人大卫为知名经济学家，本年应邀到我国提供为期2周的宏观经济培训。现有两种培训方案可供选择。方案一：向我国甲公司提供2周的培训，可取得税前劳务报酬收入56 000元。方案二：先向我国乙公司提供1周的培训，可取得税前劳务报酬收入28 000元；然后向我国丙公司提供1周的培训，可取得税前劳务报酬收入28 000元。假设不考虑增值税因素。

【任务要求】请对上述业务进行纳税筹划。

【税法依据】非居民个人的工资、薪金所得，以每月收入额减除费用5 000元后的余额为应纳税所得额；劳务报酬所得、稿酬所得、特许权使用费所得，以每次收入额为应纳税所得额。劳务报酬所得、稿酬所得、特许权使用费所得以收入减除20%的费用后的余额为收入额。稿酬所得的收入额减按70%计算。非居民个人取得的劳务报酬所得、稿酬所得、特许权使用费所得，属于一次性收入的，以取得该项收入为一次；属于同一项目连续性收入的，以一个月内取得的收入为一次。

非居民个人取得工资、薪金所得，劳务报酬所得，稿酬所得和特许权使用费所得，有扣缴义务人的，由扣缴义务人按月或者按次代扣代缴税款，不办理汇算清缴。非居民个人工资、薪金所得，劳务报酬所得，稿酬所得，特许权使用费所得个人所得税税率表见表5-2。

表5-2 非居民个人工资、薪金所得，劳务报酬所得，稿酬所得，特许权使用费所得个人所得税税率表

级数	应纳税所得额	税率（%）	速算扣除数（元）
1	不超过3 000元的	3	0
2	超过3 000元至12 000元的部分	10	210
3	超过12 000元至25 000元的部分	20	1 410
4	超过25 000元至35 000元的部分	25	2 660
5	超过35 000元至55 000元的部分	30	4 410
6	超过55 000元至80 000元的部分	35	7 160
7	超过80 000元的部分	45	15 160

【筹划思路】非居民个人的劳务报酬所得适用七级超额累进税率，因此在总收入一定的情况下，通过增加提供劳务报酬的次数来合理地降低每次收入额，便有可能降低其个人所得税税率，进而降低个人所得税税负。

【筹划过程】

方案一：向我国甲公司提供2周的培训，可取得税前劳务报酬收入56 000元。

从甲公司取得的劳务报酬所得的应纳税所得额=56 000×（1−20%）=44 800（元）

从甲公司取得的劳务报酬所得应纳的个人所得税=44 800×30%−4 410=9 030（元）

方案二：先向我国乙公司提供1周的培训，可取得税前劳务报酬收入28 000元；然后向我国丙公司提供1周的培训，可取得税前劳务报酬收入28 000元。

从乙公司取得的劳务报酬所得的应纳税所得额=28 000×（1−20%）=22 400（元）

从乙公司取得的劳务报酬所得应纳的个人所得税=22 400×20%−1 410=3 070（元）

从丙公司取得的劳务报酬所得的应纳税所得额=28 000×（1−20%）=22 400（元）

从丙公司取得的劳务报酬所得应纳的个人所得税=22 400×20%−1 410=3 070（元）

从乙公司和丙公司取得的劳务报酬所得应纳的个人所得税合计=3 070+3 070=6 140（元）

【筹划结论】方案二比方案一少缴纳个人所得税2 890元（9 030−6 140），因此应当选择方案二。

【任务点评】非居民个人取得的劳务报酬所得分次计算缴纳个人所得税，不按年合并计算纳税，因此在总收入一定的情况下，增加取得劳务报酬所得的次数有可能会降低个人所得税的适用税率，从而降低个人所得税税负。但由于居民个人取得综合所得（包括劳务报酬所得），需要按年合并计算个人所得税，因此同样的方法不适用于居民个人。

任务五 费用转移的纳税筹划

任务案例5-5 非居民个人乔治住在北京，本年8月受邀为广州甲公司的高管王某讲课，为期7天。有两种方案可供选择。方案一：去广州的甲公司为高管王某讲课，乔治可从甲公司获取税前劳务报酬收入120 000元，但有关交通费、食宿费等由乔治自理，乔治共支出30 000元；方案二：广州甲公司的高管王某去北京听乔治讲课，乔治可从甲公司获取税前劳务报酬收入90 000元，高管王某去北京的交通费、食宿费30 000元由甲公司承担。假设不考虑增值税因素。

【任务要求】 请对上述业务进行纳税筹划。

【税法依据】 非居民个人的工资、薪金所得，以每月收入额减除费用5 000元后的余额为应纳税所得额；劳务报酬所得、稿酬所得、特许权使用费所得，以每次收入额为应纳税所得额。劳务报酬所得、稿酬所得、特许权使用费所得以收入减除20%的费用后的余额为收入额。稿酬所得的收入额减按70%计算。

非居民个人工资、薪金所得，劳务报酬所得，稿酬所得，特许权使用费所得个人所得税税率表见表5-2。

【筹划思路】 非居民个人在提供劳务时，一般情况下，接受劳务的单位只是定额地支付劳务报酬，非居民个人的相关费用由自己承担。但是，非居民个人也可以和接受劳务的单位进行协商，在合法合理的前提下，通过变换提供劳务的地点等方式，将相关费用转移到接受劳务单位的身上，然后通过适当降低劳务报酬的方法对接受劳务单位进行补偿。这样做，接受劳务单位没有损失，非居民个人的实际收入也没有减少，但由于劳务报酬（名义收入）降低了，于是可以降低个人所得税税负。

【筹划过程】

方案一：乔治去广州的甲公司为高管王某讲课，乔治可从甲公司获取税前劳务报酬收入120 000元，但有关交通费、食宿费等由乔治自理，乔治共支出30 000元。

乔治劳务报酬的应纳税所得额=120 000×（1−20%）=96 000（元）

乔治应纳个人所得税=96 000×45%−15 160=28 040（元）

乔治税后收益=120 000−30 000−28 040=61 960（元）

方案二：广州甲公司的高管王某去北京听乔治讲课，乔治可从甲公司获取税前劳务报酬收入90 000元，高管王某去北京的交通费、食宿费30 000元由甲公司承担。

乔治劳务报酬的应纳税所得额=90 000×（1−20%）=72 000（元）

乔治应纳个人所得税=72 000×35%−7 160=18 040（元）

乔治税后收益=90 000−18 040=71 960（元）

【筹划结论】 方案二比方案一少缴纳个人所得税10 000元（28 040−18 040），多获取税后收益10 000元（71 960−61 960），因此应当选择方案二。

【任务点评】 通过将费用合理合法地转移到接受劳务的单位身上的同时降低个人的名义报酬，从而降低了个人所得税的计税依据，进而降低了个人所得税税负。需要注意的是，本案例的思路同样适用于居民个人。

任务六　居民个人综合所得内部项目转换的纳税筹划

任务案例5-6 居民个人赵某是一名艺术设计人员，为甲公司的一名在职员工，本年有两种获取综合所得的方案可供选择。方案一：从甲公司获取税前工资、薪金收入共计200 000元（含加班为任职单位甲公司设计效果图获得的收入40 000元），业余兼职取得税前劳务报酬收入90 000元（含审稿取得的收入30 000元），业余出版专业书籍取得税前稿酬收入70 000元。方案二：若赵某放弃加班为任职单位甲公司设计效果图减少税前工资、薪金收入40 000元，则可以兼职为其他单位设计效果图，相应地增加税前劳务报酬收入40 000元；若赵某放弃审稿减少税前劳务报酬收入30 000元，则可以增加写作时间，相应地增加税前稿酬收入30 000元。从甲公司获取税前工资、薪金收入共计160 000元（200 000−40 000），业余兼职取得税前劳务报酬收入100 000元（90 000+40 000−30 000），业余出版专业书籍取得税前稿酬收入100 000元（70 000+30 000）。李某本年专项扣除、专项附加扣除和依法确定的其他扣除共计50 000元。假设不考虑增值税因素。

【任务要求】 请对上述业务进行纳税筹划。

【税法依据】 综合所得包括：（1）工资、薪金所得；（2）劳务报酬所得；（3）稿酬所得；（4）特许权使用费所得。居民个人的综合所得，以每一纳税年度的收入额减除费用6万元以及专项扣除、专项附加扣除和依法确定的其他扣除后的余额，为应纳税所得额。劳务报酬所得、稿酬所得、特许权使用费所得以收入减除20%的费用后的余额为收入额。稿酬所得的收入额减按70%计算。

综合所得个人所得税税率表（按年）见表5-1。

【筹划思路】 综合所得中的劳务报酬所得、稿酬所得、特许权使用费所得以收入减除20%的费用后的余额为收入额，稿酬所得的收入额减按70%计算，而综合所得中的工资、薪金所得是以实际金额作为收入额，因此同等收入的情况下，个人应当尽量优先获取稿酬所得，其次是劳务报酬所得、特许权使用费所得，最后是工资、薪金所得。

【筹划过程】

方案一：从甲公司获取税前工资、薪金收入共计200 000元（含加班为任职单位甲公司设计效果图获得的收入40 000元），业余兼职取得税前劳务报酬收入90 000元（含审稿取得的收入30 000元），业余出版专业书籍取得税前稿酬收入70 000元。

本年综合所得的应纳税所得额=200 000+90 000×（1−20%）+70 000×（1−20%）×70%−60 000−50 000

=201 200（元）

本年综合所得应纳的个人所得税=201 200×20%−16 920=23 320（元）

方案二：从甲公司获取税前工资、薪金收入共计160 000元（200 000−40 000），业余兼职取得税前劳务报酬收入100 000元（90 000+40 000−30 000），业余出版专业书籍取得税前稿酬收入100 000元（70 000+30 000）。

本年综合所得的应纳税所得额=160 000+100 000×（1−20%）+100 000×（1−20%）×70%−60 000−50 000

=186 000（元）

本年综合所得应纳的个人所得税=186 000×20%−16 920=20 280（元）

【筹划结论】方案二比方案一少缴纳个人所得税3 040元（23 320−20 280），因此应当选择方案二。

【任务点评】原来的个人所得税法规定，月免征额3 500元（定额减除额）是从工资、薪金收入中扣除，而自2019年1月1日起实施的新个人所得税法规定，年免征额60 000元（定额减除额）可以从居民个人的综合所得（工资、薪金所得，劳务报酬所得，稿酬所得，特许权使用费所得的合计额）中扣除，而稿酬所得、劳务报酬所得、特许权使用费所得本身又有各自的定率减除额（减除20%的费用）。因此相对于原来的个人所得税法，自2019年1月1日起实施的新个人所得税法对于取得稿酬所得、劳务报酬所得、特许权使用费所得比取得工资、薪金所得更为有利。另外，需要注意的是，对于属于增值税征收范围的劳务报酬所得和特许权使用费所得，若达到起征点，还需要缴纳增值税；对于达到城建税、教育费附加、地方教育附加起征点的情况，还需要缴纳城建税、教育费附加、地方教育附加。因此，纳税人应当综合测算，以做出最终的决策。

任务七　非居民个人工资、薪金所得与劳务报酬所得相互转换的纳税筹划

任务案例5-7　非居民个人汤姆（美国人）是一名设计师，本年1—5月在中国境内，其他时间回美国。本年1—5月有两种工作方案可供选择。方案一：与中国甲公司签订劳务合同，本年1—5月每月可取得税前劳务报酬收入7 000元。方案二：与中国甲公司签订劳动合同，本年1—5月每月可取得税前工资、薪金收入7 000元。假设无论确定何种用工关系，对企业和个人的其他方面不产生影响。假设不考虑增值税因素。

【任务要求】请对上述业务进行纳税筹划。

【税法依据】非居民个人的工资、薪金所得，以每月收入额减除费用5 000元后的余额为应纳税所得额；劳务报酬所得、稿酬所得、特许权使用费所得，以每次收入额为应纳税所得额。

劳务报酬所得、稿酬所得、特许权使用费所得以收入减除20%的费用后的余额为收入额。稿酬所得的收入额减按70%计算。

非居民个人工资、薪金所得，劳务报酬所得，稿酬所得，特许权使用费所得个人所得税税率表见表5-2。

【筹划思路】由于非居民个人工资、薪金所得与劳务报酬所得的费用扣除金额或方式不同（非居民个人工资、薪金所得以每月收入额减除费用5 000元后的余额为应纳税所得额；非居民个人劳务报酬所得以每次收入减除20%的费用后的余额为每次收入额，即应纳税所得额），因此相同数额的收入，是按工资、薪金所得纳税，还是按劳务报酬所得纳税，其应纳税所得额是不同的，由此计算的个人所得税税额也是不同的。通过测算不同所得的个人所得税税负，便可以选择最佳的工作方案。

【筹划过程】

方案一：与中国甲公司签订劳务合同，本年1—5月每月可取得税前劳务报酬收入7 000元。

汤姆每月劳务报酬所得的应纳税所得额=7 000×（1−20%）=5 600（元）

汤姆每月劳务报酬所得应纳的个人所得税=5 600×10%−210=350（元）

汤姆本年1—5月劳务报酬所得应纳的个人所得税合计=350×5=1 750（元）

方案二：与中国甲公司签订劳动合同，本年1—5月每月可取得税前工资、薪金收入7 000元。

汤姆每月工资、薪金所得的应纳税所得额=7 000-5 000=2 000（元）

汤姆每月工资、薪金所得应纳的个人所得税=2 000×3%=60（元）

汤姆本年1—5月工资、薪金所得应纳的个人所得税合计=60×5=300（元）

【筹划结论】方案二比方案一少缴纳个人所得税1 450元（1 750-300），因此应当选择方案二。

【任务点评】设非居民个人工资、薪金所得和劳务报酬所得的应纳税所得额相等时的收入额为A。令A×（1-20%）=A-5 000，得出A=25 000（元）。也就是说，当非居民个人的税前收入为25 000元时，非居民个人取得工资、薪金所得或者劳务报酬所得，其应纳税所得额是一样的，个人所得税税负也是一样的，此时既可以选择取得工资、薪金所得，也可以选择取得劳务报酬所得；当非居民个人的税前收入大于25 000元时，非居民个人取得劳务报酬所得的应纳税所得额小于工资、薪金所得的应纳税所得额，此时应当选择取得劳务报酬所得；当非居民个人的税前收入小于25 000元时，非居民个人取得工资、薪金所得的应纳税所得额小于劳务报酬所得的应纳税所得额，此时应当选择取得工资、薪金所得。另外，需要注意的是，工资、薪金收入与劳务报酬收入都是劳动所得，两者最大的区别在于提供劳动的个人与接受其劳动的单位或个人签订了存在雇佣关系的劳动合同还是存在非雇佣关系的劳务合同。另外，需要注意的是，对于属于增值税征收范围的劳务报酬所得和特许权使用费所得，若达到起征点，还需要缴纳增值税；对于达到城建税、教育费附加、地方教育附加起征点的情况，还需要缴纳城建税、教育费附加、地方教育附加。因此，纳税人应当综合测算，以做出最终的决策。

任务八　家庭成员避免一人工作的纳税筹划

任务案例5-8 钱某和王某（均为居民个人）为夫妻，均兼职做心理咨询工作。由于家中有老人和小孩需要照顾，因此本年钱某和王某只能压缩工作时间来照顾老人和小孩。现有两种工作方案可供选择。方案一：钱某利用全部时间兼职做心理咨询工作，全年可取得税前劳务报酬360 000元；王某利用全部时间在家照顾老人和小孩。方案二：钱某每月上半月兼职做心理咨询工作，全年可取得税前劳务报酬180 000元，每月下半月在家照顾老人和小孩；王某利用每月上半月在家照顾老人和小孩，每月下半月兼职做心理咨询工作，全年可取得税前劳务报酬180 000元。当年钱某和王某均无其他收入。当年钱某和王某每人的专项扣除、专项附加扣除和依法确定的其他扣除共计50 000元。假设不考虑增值税因素。

【任务要求】请对上述业务进行纳税筹划。

【税法依据】居民个人的综合所得，以每一纳税年度的收入额减除费用6万元以及专项扣除、专项附加扣除和依法确定的其他扣除后的余额，为应纳税所得额。劳务报酬所得、稿酬所得、特许权使用费所得以收入减除20%的费用后的余额为收入额。稿酬所得的收入额减按70%计算。

综合所得个人所得税税率表（按年）见表5-1。

【筹划思路】若一个家庭中只有一人工作且取得综合所得，则收入额只能扣除一次6万元以及一个人的专项扣除、专项附加扣除和依法确定的其他扣除，而若夫妻双方都工作且取得综合所得，则收入额可以扣除两次6万元以及各自的专项扣除、专项附加扣除和依法确定的其他扣除。因此在不影响家庭生活和家庭税前综合所得总额的情况下，夫妻双方都应当工作且取得综合所得，以获取最大的税收利益。

【筹划过程】

方案一：钱某利用全部时间兼职做心理咨询工作，全年可取得税前劳务报酬360 000元；王某利用全部时间在家照顾老人和小孩。

本年钱某综合所得的应纳税所得额=360 000×（1-20%）-60 000-50 000=178 000（元）

本年钱某综合所得应纳的个人所得税=178 000×20%-16 920=18 680（元）

本年王某综合所得的应纳税所得额=0

本年王某综合所得应纳的个人所得税=0

本年钱某和王某综合所得应纳的个人所得税合计=18 680+0=18 680（元）

方案二：钱某每月上半月兼职做心理咨询工作，全年可取得税前劳务报酬180 000元，每月下半月在家照顾老人和小孩；王某每月上半月在家照顾老人和小孩，每月下半月兼职做心理咨询工作，全年可取得税前劳务报酬180 000元。

本年钱某综合所得的应纳税所得额=180 000×（1-20%）-60 000-50 000=34 000（元）

本年钱某综合所得应纳的个人所得税=34 000×3%=1 020（元）

本年王某综合所得的应纳税所得额=180 000×（1-20%）-60 000-50 000=34 000（元）

本年王某综合所得应纳的个人所得税=34 000×3%=1 020（元）

本年钱某和王某综合所得应纳的个人所得税合计=1 020+1 020=2 040（元）

【筹划结论】方案二比方案一少缴纳个人所得税16 640元（18 680-2 040），因此应当选择方案二。

【任务点评】家庭成员是否都参加工作以及家庭成员之间工作时间的分配受到各种因素的影响，同等工作时间个人的收入也可能会不同，因此家庭成员需要权衡利弊、综合考虑，以便选择工作方案。

任务九 偶然所得临界点的纳税筹划

任务案例5-9 发行体育彩票和社会福利有奖募捐的单位在设立奖项时，有两种方案：一是只设置一等奖，每个11 000元，共5个。二是设置一等奖5个，每个10 000元；二等奖5个，每个1 000元。

【任务要求】请对上述业务进行纳税筹划。

【税法依据】偶然所得是个人得奖、中奖、中彩以及其他偶然性质的所得，对偶然所得统一按照20%的比例税率缴纳个人所得税。对个人购买福利彩票、赈灾彩票、体育彩票，一次中奖收入在1万元以下的（含1万元）暂免征收个人所得税；超过1万元的，全额征收个人所得税。

【筹划思路】发行体育彩票和社会福利有奖募捐的单位在设立奖项时，应当考虑税收政策的规定，尽量避免刚刚超过1万元的情况出现。

【筹划过程】

方案一：只设置一等奖5个，每个11 000元。

应纳个人所得税合计=11 000×20%×5=11 000（元）

税后收益=11 000×5−11 000=44 000（元）

方案二：设置一等奖5个，每个10 000元；二等奖5个，每个1 000元。

不缴纳个人所得税。

税后收益=10 000×5+1 000×5=55 000（元）

【筹划结论】方案二比方案一少缴纳个人所得税11 000元（11 000−0），多获取税后收益11 000元（55 000−44 000），因此，应当选择方案二。

【任务点评】只有当奖金超出10 000元的部分达到一定数额时，获奖者才不会感到“吃亏”。下面通过设立方程式求解均衡点。

设奖金为X，则有：X（1−20%）≥10 000，解得：X≥12 500（元）。

也就是说，区间（10 000，12 500）是非有效区，如果奖金设在这个区间，税后收入反而会低于10 000元。因此，发行体育彩票和社会福利有奖募捐的单位在设立奖项时，应当考虑税收政策的规定，要么小于或等于10 000元，要么超过12 500元。

任务十　个人捐赠的纳税筹划

任务案例5-10 居民个人张某于本年1月转让私有住房一套，取得转让收入270 000元，同时将其中的40 000元进行捐赠。该套住房购进时的原价为200 000元，转让时支付的有关税费为18 000元。

【任务要求】请对上述业务进行纳税筹划。

【税法依据】财产转让所得，以转让财产的收入额减除财产原值和合理费用后的余额，为应纳税所得额。财产转让所得适用比例税率，税率为20%。

与个人捐赠相关的税收政策如下：

（1）个人不通过公益性社会团体和国家有关部门，而是直接向受灾对象的捐赠，捐赠额不能在个人所得税前扣除。

（2）个人将其所得对教育、扶贫、济困等公益慈善事业进行捐赠，捐赠额未超过纳税人申报的应纳税所得额30%的部分，可以从其应纳税所得额中扣除。对教育、扶贫、济困等公益慈善事业进行捐赠，是指个人将其所得通过中国境内的社会团体、国家机关向教育、扶贫、济困等公益慈善事业的捐赠；所称应纳税所得额，是指计算扣除捐赠额之前的应纳税所得额。涉及捐赠的应纳个人所得税的具体计算公式如下：

捐赠扣除限额=应纳税所得额×30%

允许扣除的捐赠额的确定方法为：如果实际捐赠额大于捐赠限额，则以捐赠限额作为允许扣除的捐赠额；如果实际捐赠额小于或者等于捐赠限额，则以实际捐赠额作为允许扣除的捐赠额（此处运用了孰低原则）。

应纳个人所得税=（应纳税所得额−允许扣除的捐赠额）×适用税率−速算扣除数（若有速算扣除数的话）

（3）个人将其所得通过非营利性的社会团体和国家机关向红十字公益事业等进行捐赠，在缴纳个人所得税前准予全额扣除。涉及捐赠的应纳个人所得税的具体计算公式如下：

应纳个人所得税=（应纳税所得额-全部捐赠额）×适用税率-速算扣除数（若有速算扣除数的话）

【筹划思路】个人在选择捐赠对象时，优先选择通过非营利性的社会团体和国家机关向红十字公益事业等进行捐赠，其次选择通过非营利性的社会团体和政府部门进行公益性捐赠；最后选择直接向受灾对象的捐赠。

【筹划过程】

方案一：直接捐赠40 000元。

此时，捐赠额不能在个人所得税前扣除。

应纳个人所得税=（270 000-200 000-18 000）×20%=10 400（元）

方案二：通过中国境内的社会团体、国家机关捐赠40 000元。

此时，捐赠额在缴纳个人所得税前限额扣除。

允许在个人所得税税前扣除的捐赠限额=（270 000-200 000-18 000）×30%=15 600（元）

王某实际捐赠额（40 000元）大于捐赠限额（15 600元），只能按捐赠限额作为允许扣除的捐赠额，来计算应纳个人所得税税额。

应纳个人所得税=（270 000-200 000-18 000-15 600）×20%=7 280（元）

方案三：个人将其所得通过非营利性的社会团体和国家机关向红十字公益事业等捐赠40 000元。

此时，捐赠额在缴纳个人所得税前准予全额扣除。

应纳个人所得税=（270 000-200 000-18 000-40 000）×20%=2 400（元）

【筹划结论】方案三比方案二少缴纳个人所得税4 880元（7 280-2 400），方案三比方案一少缴纳个人所得税8 000元（10 400-2 400），因此应当选择方案三。

【任务点评】公益性捐赠有时会出现捐赠对象错位、捐赠不及时，甚至捐赠资金被挪用的情况，可能会影响捐赠效果。在这种情况下，不如直接捐赠。

项目练习

一、单项选择题

1.在中国境内有住所，或者无住所但一个纳税年度内在中国境内居住累计满（　　）天的个人，为居民个人。

A.60　　B.90　　C.183　　D.365

2.本年6月中国公民李某从公开发行和转让市场上取得了上市公司股票，并向注册会计师王某咨询其所取得的股息、红利所得个人所得税的税务处理。根据个人所得税法律制度的规定，王某的下列说法中，不正确的是（　　）。

A.李某持股期限在1个月以内（含1个月）的，其股息、红利所得全额计入应纳税所得额计算纳税

B.李某持股期限在1个月以上至1年（含1年）的，其股息、红利所得暂减按50%计入应纳税所得额计算纳税

C.李某持股期限超过1年的，其股息、红利所得暂免征收个人所得税

D.李某持股期限超过1年的，其股息、红利所得暂减按25%计入应纳税所得额计算纳税

3.下列各项个人所得中，不属于免征个人所得税的是（ ）。

A.保险赔款

B.残疾、孤老人员和烈属的所得

C.军人的转业费

D.国债利息

4.自2019年1月1日起，居民个人的综合所得，以每一纳税年度的收入额减除费用（ ）万元以及专项扣除、专项附加扣除和依法确定的其他扣除后的余额，为应纳税所得额。

A.5　B.6　C.8　D.12

5.在中国境内无住所的个人，在中国境内居住累计满183天的年度连续不满（ ）年的，经向主管税务机关备案，其来源于中国境外且由境外单位或者个人支付的所得，免予缴纳个人所得税。

A.5　B.6　C.8　D.10

6.我国居民个人李某本年每月取得税前工资、薪金收入10 000元，另外本年5月取得税前劳务报酬收入40 000元。李某本年专项扣除、专项附加扣除和依法确定的其他扣除共计40 000元。李某本年无其他收入，则李某本年应缴纳的个人所得税为（ ）元。

A.2 280　B.2 680　C.3 280　D.3 680

7.我国非居民个人汤姆本年1月从我国取得税前工资、薪金收入12 000元，本年1月取得税前劳务报酬收入40 000元。则汤姆本年1月应缴纳的个人所得税合计为（ ）元。

A.4 560　B.4 780　C.5 630　D.5 830

8.下列关于大病医疗个人所得税专项附加扣除的说法中，正确的有（ ）。

A.在一个纳税年度内，纳税人发生的与基本医保相关的医药费用支出，扣除医保报销后个人负担（指医保目录范围内的自付部分）累计超过15 000元的部分，由纳税人在办理年度汇算清缴时，在80 000元限额内据实扣除

B.纳税人发生的医药费用支出可以选择由本人或者其配偶扣除；子女发生的医药费用支出可以选择由其父母一方扣除

C.在一个纳税年度内，纳税人发生的与基本医保相关的医药费用支出，扣除医保报销后个人负担（指医保目录范围内的自付部分）累计超过10 000元的部分，由纳税人在办理年度汇算清缴时，在60 000元限额内据实扣除

D.纳税人发生的医药费用支出只能由本人扣除

9.下列各项中，不属于免征个人所得税的是（ ）。

A.县人民政府为教师王某颁发的教育奖金

B.国家发行的金融债券利息收入

C.按国家统一规定发给职工的安家费

D.个人取得的拆迁补偿款

二、多项选择题

1.下列各项中，属于综合所得的有（ ）。

A.财产租赁所得　B.劳务报酬所得　C.稿酬所得　D.特许权使用费所得

2.计算居民个人的综合所得的应纳税所得额中的专项附加扣除，包括（ ）。

A.子女教育支出　B.大病医疗支出　C.继续教育支出　D.赡养老人支出

3.个人所得税的纳税人应当依法办理纳税申报的情形有（　　）。

A.因移居境外注销中国户籍

B.非居民个人在中国境内从两处以上取得工资、薪金所得

C.取得应税所得没有扣缴义务人

D.取得应税所得，扣缴义务人未扣缴税款

4.下列项目中，属于劳务报酬所得的有（　　）。

A.个人艺术品展卖取得的报酬

B.提供著作的版权而取得的报酬

C.将国外的作品翻译出版取得的报酬

D.专家学者受出版社委托进行审稿取得的报酬

5.根据个人所得税法律制度的规定，下列各项中，不属于“工资、薪金所得”项目的有（　　）。

A.劳动分红

B.托儿补助费

C.独生子女补贴

D.执行公务员工资制度未纳入基本工资总额的补贴、津贴差额和家属成员的副食补贴

6.自2019年1月1日起，居民个人的综合所得，以每一纳税年度的收入额减除费用60 000元以及专项扣除、专项附加扣除和依法确定的其他扣除后的余额，为应纳税所得额。专项扣除，包括（　　）。

A.居民个人按照国家规定的范围和标准缴纳的基本养老保险

B.居民个人按照国家规定的范围和标准缴纳的基本医疗保险

C.居民个人按照国家规定的范围和标准缴纳的失业保险

D.居民个人所任职的单位为其按照国家规定的范围和标准缴纳的住房公积金

7.下列关于子女教育个人所得税专项附加扣除的说法中，正确的有（　　）。

A.纳税人的子女接受全日制学历教育的相关支出，按照每个子女每月1 000元的标准定额扣除

B.纳税人的子女接受全日制学历教育的相关支出，按照每个子女每月2 000元的标准定额扣除

C.父母可以选择由其中一方按扣除标准的100%扣除，也可以选择由双方分别按扣除标准的50%扣除，具体扣除方式在一个纳税年度内不能变更

D.父母只能选择由双方分别按扣除标准的50%扣除

8.下列关于住房贷款利息个人所得税专项附加扣除的说法中，正确的有（　　）。

A.纳税人本人或者配偶单独或者共同使用商业银行或者住房公积金个人住房贷款为本人或者其配偶购买中国境内住房，发生的首套住房贷款利息支出，在实际发生贷款利息的年度，按照每月1 000元的标准定额扣除，扣除期限最长不超过240个月

B.纳税人可以多次享受首套住房贷款的利息扣除

C.首套住房贷款是指购买住房享受首套住房贷款利率的住房贷款

D.经夫妻双方约定，可以选择由其中一方扣除，也可以由夫妻双方分别按扣除标准的50%扣除，具体扣除方式在一个纳税年度内不能变更

9.下列说法中，正确的有（　　）。

A.居民个人取得综合所得，需要办理汇算清缴的，应当在取得所得的次年3月1日至6月30日内办理汇算清缴。

B.纳税人取得经营所得，在取得所得的次年3月31日前办理汇算清缴

C.纳税人取得应税所得没有扣缴义务人的，应当在取得所得的次月15日内向税务机关报送纳税申报表，并缴纳税款

D.纳税人取得应税所得，扣缴义务人未扣缴税款的，纳税人应当在取得所得的次年3月31日前，缴纳税款；税务机关通知限期缴纳的，纳税人应当按照期限缴纳税款

三、判断题

1.有限合伙企业由普通合伙人和有限合伙人组成，普通合伙人对合伙企业债务承担无限连带责任，有限合伙人以其认缴的出资额为限对合伙企业债务承担责任。（　　）

2.个人所得税的居民个人，就来源于中国境内的所得部分征税；非居民个人，就来源于中国境内和境外的全部所得征税。（　　）

3.居民个人从中国境外取得所得的，应当在取得所得的次年3月1日至6月30日内申报纳税。

4.个人将其所得对教育、扶贫、济困等公益慈善事业进行捐赠，捐赠额未超过纳税人申报的应纳税所得额12%的部分，可以从其应纳税所得额中扣除。（　　）

5.个人审稿取得的收入按稿酬所得计税。（　　）

6.个人独资企业和个人合伙企业投资者也为个人所得税的纳税义务人。（　　）

7.个人购买国债和国家发行的金融债券所取得的利息，免征个人所得税；企业购买国债和国家发行的金融债券所取得的利息，也免征企业所得税。（　　）

8.对个人购买福利彩票、赈灾彩票、体育彩票，一次性中奖收入在1万元以下的（含1万元），暂免征收个人所得税；超过1万元的，按超出部分计算征收个人所得税。（　　）

9.居民个人取得综合所得，按年计算个人所得税；有扣缴义务人的，由扣缴义务人按月或者按次预扣预缴税款；需要办理汇算清缴的，应当在取得所得的次年2月1日至5月31日内办理汇算清缴。（　　）

10.个人转让自用达5年以上，并且是唯一的家庭生活用房取得的所得，暂免征收个人所得税。（　　）

11.公开拍卖文学作品手稿原件所得应按特许权使用费所得缴纳个人所得税。（　　）

四、案例题

1.居民个人张某本年为我国甲公司提供设计服务，若与甲公司签订的是劳务合同，则张某预计全年可取得税前佣金收入150 000元；若与甲公司签订的是雇佣合同，则张某预计全年可取得的税前工资、薪金收入也为150 000元。当年王某的专项扣除、专项附加扣除和依法确定的其他扣除合计40 000元。张某本年没有其他收入。无论确定何种用工关系，对企业和个人的其他方面不产生影响。假设不考虑增值税因素。请对其进行纳税筹划。

2.非居民个人汤姆本年1—3月为我国甲公司提供设计服务，若与甲公司签订的是劳务合同，则张某预计每月可取得的佣金收入为40 000元；若与甲公司签订的是雇佣合同，

则张某预计每月可取得的工资、薪金收入也为40 000元。无论确定何种用工关系，对企业和个人的其他方面不产生影响。上述收入为税前收入，均来源于中国境内，且不享受免税优惠政策。假设不考虑增值税等因素。请对其进行纳税筹划。

项目实训

一、实训名称

居民个人工资、薪金所得与劳务报酬所得转换的纳税筹划

二、实训案例设计

居民个人马某是一名工程师，任职于甲高新技术企业，本年有两种工作方案可供选择。方案一：本年与甲高新技术企业签订劳动合同，全年可取得税前工资、薪金收入520 000元。方案二：本年与甲高新技术企业签订劳务合同，全年可取得税前劳务报酬收入520 000元。当年马某的专项扣除、专项附加扣除和依法确定的其他扣除共计50 000元。马某本年没有其他收入。无论确定何种用工关系，对企业和个人的其他方面不产生影响。假设不考虑增值税因素。

三、实训任务要求

1.能够明确工资、薪金所得和劳务报酬所得个人所得税的税法规定。

2.能够设计工资、薪金所得和劳务报酬所得之间选择的纳税筹划思路。

3.能够正确计算工资、薪金所得和劳务报酬所得的税负及税后收益。

4.能够通过比较分析，选择最优的应税所得方案。

项目六
其他税种的纳税筹划实务（上）

职业能力目标

（1）能对城市维护建设税进行纳税筹划。

（2）能对土地增值税进行纳税筹划。

（3）能对房产税进行纳税筹划。

（4）能对资源税进行纳税筹划。

（5）能对城镇土地使用税进行纳税筹划。

项目引例——出租转仓储的纳税筹划

甲商业零售企业现有5栋闲置库房（该库房为2016年5月1日之后自建），房产原值总共为2 000万元，本年6月企业经研究提出以下两种利用方案：一是出租方案，将闲置库房出租收取租赁费，本年7月至12月租金收入共计为200万元（含增值税），可抵扣进项税额为0；二是仓储方案，配备保管人员将库房改为仓库，为客户提供仓储服务，收取仓储费，本年7月至12月仓储收入也共计为200万元（含增值税），但本年7月至12月需支付给保管人员的工资共计为2万元，另外可抵扣进项税额共计为2万元。当地政府规定计算房产余值的扣除比例为30%，假设不考虑其他成本。

★任务要求

请对上述业务进行纳税筹划。

▶项目引例解析 见本项目的任务三。

任务一 城市维护建设税的纳税筹划

一、企业选址的纳税筹划

任务案例6-1 甲公司在设立选址时有两个地方可以选择：一是设在市区；二是设在县城，假设无论选择哪种方案，都不会影响其经济效益，且当期增值税和消费税合计为200万元。

【任务要求】 请对上述业务进行纳税筹划。

【税法依据】 纳税人所在地在市区的，城建税税率为7%；在县城、镇的，城建税税率为5%；不在市区、县城或镇的，城建税税率为1%。

【筹划思路】 由于不同的地区，规定了不同的城建税税率，因此企业可以根据自身的情况，在不影响经济效益的前提下，选择在城建税适用税率低的区域设立企业，这样不仅可以少缴城建税，而且还能降低房产税与城镇土地使用税的税负。

【筹划过程】

方案一：设在市区。

应纳城建税=200×7%=14（万元）

方案二：设在县城。

应纳城建税=200×5%=10（万元）

【筹划结论】方案二比方案一少缴纳城建税4万元（14-10），因此，应当选择方案二。

【任务点评】将企业设在县城，在有些情况下，有可能影响企业的生产经营业绩。企业不能只单纯地考虑城建税税负因素来对企业进行选址。

二、根据地址选择受托方的纳税筹划

任务案例6-2 甲公司本年拟委托加工一批高档化妆品，由受托加工单位代收代缴消费税600万元。现有两个受托单位可供选择：一是设在市区的乙公司；二是设在县城的丙公司。

【任务要求】请对上述业务进行纳税筹划。

【税法依据】对由受托方代征代扣增值税、消费税的单位和个人，由受托方按其所在地适用的税率代收代缴城市维护建设税。

【筹划思路】纳税人在进行委托加工应税消费品时，可以选择城建税税率比自己低的地区的受托单位来进行委托。

【筹划过程】

方案一：选择设在市区的乙公司作为受托方。

甲公司承担的城市维护建设税（由受托方乙公司代收代缴）=600×7%=42（万元）

方案二：选择设在县城的丙公司作为受托方。

甲公司承担的城市维护建设税（由受托方丙公司代收代缴）=600×5%=30（万元）

【筹划结论】方案二比方案一少缴纳城建税12万元（42-30），因此，应当选择方案二。

【任务点评】企业不能只考虑受托方的地址，还应考虑受托方的信誉、加工质量等各种因素。

任务二 土地增值税的纳税筹划

一、利用税收优惠政策的纳税筹划

任务案例6-3 甲房地产开发企业开发一批商品房，计划销售价格总额为5 000万元，按税法规定计算的可扣除项目金额为4 000万元。

【任务要求】请对上述业务进行纳税筹划。

【税法依据】纳税人建造普通标准住宅出售，增值额未超过扣除项目金额的20%时（即增值率未超过20%时），免缴土地增值税；增值额超过扣除项目金额的20%时，应就其全部增值额按规定缴纳土地增值税。

土地增值税税率见表6-1。

表6-1 土地增值税税率表

级数	增值额与扣除项目金额的比率	税率	速算扣除系数
1	不超过50%的部分	30%	0
2	超过50%至100%的部分	40%	5%
3	超过100%至200%的部分	50%	15%
4	超过200%的部分	60%	35%

【筹划思路】纳税人建造住宅出售的，应考虑增值额增加带来的效益和放弃起征点的优惠而增加的税收负担间的关系，避免增值率稍高于起征点而多纳税款情况的出现。也就是说，在普通住宅增值率略高于20%时，可通过适当减少销售收入或加大扣除项目金额的方式使增值率控制在20%以内。

【筹划过程】

方案一：销售价格总额5 000万元，可扣除项目金额为4 000万元。

增值额=5 000-4 000=1 000（万元）

增值率=1 000÷4 000×100%=25%

由于增值率为25%，超过20%，因此不能享受免征土地增值税的优惠政策。

经查表6-1，适用30%的税率，则：

应纳土地增值税=1 000×30%=300（万元）

方案二：销售价格总额降为4 800万元，可扣除项目金额仍保持为4 000万元。

增值额=4 800-4 000=800（万元）

增值率=800÷4 000×100%=20%

此时，免缴土地增值税。

【筹划结论】方案二比方案一少缴纳土地增值税300万元，因此，应当选择方案二。

【任务点评】一方面，虽然减少了销售收入200万元（5 000-4 800），但由于少缴了土地增值税300万元，因此总体上仍然减少支出100万元（300-200）；另一方面，通过降低销售价格，会扩大销售，实在是一举两得。

二、房地产开发费用扣除方法选择的纳税筹划

任务案例6-4 甲房地产公司本年12月开发一处房地产，为取得土地使用权支付的金额为1 200万元，房地产开发成本为1 500万元，财务费用中按转让房地产项目计算分摊的利息支出为250万元，不超过商业银行同类同期贷款利率。假设该项目所在省政府规定计征土地增值税时，房地产开发费用扣除比例按国家规定允许的最高比例执行。

【任务要求】请对上述业务进行纳税筹划。

【税法依据】房地产开发费用是指与房地产开发项目有关的销售费用、管理费用和财务费用。当纳税人能够按转让房地产项目计算分摊利息支出，并能提供金融机构贷款证明的，其最多允许扣除的房地产开发费用=利息+（取得土地使用权所支付的金额+房地产开发成本）×5%；纳税人不能按转让房地产项目计算分摊利息支出或不能提供金融机构贷款证明的，其最多允许扣除的房地产开发费用=（取得土地使用权所支付的金额+房地产开发成本）×10%。

【筹划思路】比较两种计算方法下房地产开发费用的大小，选择使得房地产开发费用较大的方法，从而降低增值额，进而降低土地增值税税负。

【筹划过程】

方案一：不按转让房地产项目计算分摊利息支出或不提供金融机构贷款证明。

允许扣除的房地产开发费用=（取得土地使用权所支付的金额+房地产开发成本）×10%

=（1 200+1 500）×10%=270（万元）

方案二：按转让房地产项目计算分摊利息支出，并提供金融机构贷款证明。

允许扣除的房地产开发费用=利息+（取得土地使用权所支付的金额+房地产开发成本）×5%

=250+（1 200+1 500）×5%=385（万元）

【筹划结论】方案二比方案一多扣除房地产开发费用115万元（385−270），因此，应当选择方案二。

【任务点评】如果企业进行房地产开发主要依靠负债筹资，利息支出较高，可考虑分摊利息并提供金融机构证明，据实扣除并加扣其他开发费用。如果企业进行房地产开发主要依靠权益资本筹资，利息支出较少，则可考虑不计算应分摊的利息，这样可以多扣除房地产开发费用。

任务三　房产税的纳税筹划

一、降低房产原值的纳税筹划

任务案例6-5 甲公司位于某市市区，该公司除厂房、办公用房外，还包括厂区围墙、烟囱、水塔、变电塔、游泳池、停车场等建筑物，工程造价总计10亿元，除厂房、办公用房外的建筑设施工程造价2亿元。当地政府规定计算房产余值的扣除比例为30%。

【任务要求】请对上述业务进行纳税筹划。

【税法依据】房产税在城市、县城、建制镇和工矿区征收，不包括农村。房产是以房屋形态表现的财产。房屋则是指有屋面和围护结构（有墙或两边有柱），能够遮风避雨，可供人们在其中生产、工作、学习、娱乐、居住或储藏物资的场所。独立于房屋之外的建筑物，如围墙、烟囱、水塔、变电塔、油池油柜、酒窖菜窖、酒精池、糖蜜池、室外游泳池、玻璃暖房、砖瓦石灰窑以及各种油气罐等，则不属于房产。与房屋不可分离的附属设施，属于房产。

【筹划思路】如果将除厂房、办公用房以外的建筑物，如停车场、游泳池等都建成露天的，并且把这些独立建筑物的造价同厂房、办公用房的造价分开，在会计账簿中单独核算，则这部分建筑物的造价不计入房产原值，不缴纳房产税。

【筹划过程】

方案一：将所有建筑物都作为房产计入房产原值。

应纳房产税=100 000×（1−30%）×1.2%=840（万元）

方案二：将游泳池、停车场等都建成露天的，并且把这些独立建筑物的造价同厂房、办公用房的造价分开，在会计账簿中单独核算。

则这部分建筑物的造价不计入房产原值，不缴纳房产税：

应纳房产税=（100 000−20 000）×（1−30%）×1.2%=672（万元）

【筹划结论】方案二比方案一少缴纳房产税168万元（840−672），因此，应当选择方案二。

【任务点评】将停车场、游泳池等都建成露天的，并且把这些独立建筑物的造价同厂房、办公用房的造价分开，可以降低房产税的计税依据，从而降低房产税税负，但将停车场、游泳池等建成露天的，有时未必适合企业的需要。

二、降低租金收入的纳税筹划

任务案例6-6 甲公司拥有一写字楼，配套设施齐全，对外出租。当年的租金共为3 000万元（含增值税），其中含代收的物业管理费300万元（含增值税）、水电费500万元（含增值税）。

【任务要求】 请对上述业务进行纳税筹划。

【税法依据】 房产出租的，房产税采用从租计征方式，以租金收入作为计税依据，按12%的税率计征。

【筹划思路】 房屋出租方应当尽量避免通过增加租金的方式向承租方代收物业管理费和水电费，从而避免增加从租计征房产税的计税依据，进而避免增加房产税税负。

【筹划过程】

方案一：甲公司与承租方签订租赁合同，合同中的租金共为3 000万元。

应纳房产税=3 000÷（1+9%）×12%=330.28（万元）

方案二：甲公司与承租方签订租赁合同，合同中的租金降为2 200万元（含增值税）。物业管理费300万元（含增值税）、水电费500万元（含增值税）由承租方直接缴纳给物业公司或者其他相关单位。

应纳房产税=（3 000−300−500）÷（1+9%）×12%=242.20（万元）

【筹划结论】 方案二比方案一少缴纳房产税88.08万元（330.28−242.20），因此，应当选择方案二。

【任务点评】 目前国家统一的房产税法律文件中均未对租金收入的构成进行明确规定，也并未引入价外费用的概念。这实际上给予了各地税务机关一个较大的自由裁量权限。各地税务机关对于从租计征的房产税计税依据（即租金收入）是否应包含物业管理费、代收水电费等也存在着不同的意见或观点。例如《辽宁省地方税务局关于明确房产税有关问题的通知》（辽地税函〔2006〕125号）规定："对出租房屋取得的租金收入应按租金全额计算缴纳房产税。纳税人取得的出租房屋收入中含有水费、电费和物业管理费等费用的，在计算缴纳房产税时，对按照物价部门规定的标准收取，并提供合法、有效凭据，证明其确已交费的部分可给予扣除。"《石家庄市地方税务局关于明确房产税 城镇土地使用税若干问题的通知》（石地税发〔2006〕33号）规定："开发公司或物业管理等单位在向承租人收取出租房屋租金时，又同时收取物业管理费的，在计征房产税时，应按租金收入和物业管理费收入一并计征房产税，但纳税人能够提供代有关部门、企业、单位向业户收取的水费、电费、取暖（冷）费、卫生（清洁）费、保安费等有效合法收费凭证的，经主管地方税务机关核实后，计税时可以从物业管理费收入中扣除。"

三、房产投资方式选择的纳税筹划

任务案例6-7 甲公司自本年7月1日起将其自有的房屋用于投资联营，该房产原账面价值是300万元。现有两套对外投资方案可供选择：方案一，收取固定收入，不承担风险，本年7月至12月取得的固定收入共计为20万元；方案二，投资者参与投资利润分红，共担风险。当地政府规定计算房产余值的扣除比例为30%。

【任务要求】 请对上述业务进行纳税筹划。

【税法依据】 对投资联营的房产，在计征房产税时应区别对待。对于以房产投资联营，投资者参与投资利润分红，共担风险的，按房产余值作为计税基础计征房产税；对以房产投资，收取固定收入，不承担联营风险的，实际是以联营名义取得房产租金，应由出租方按租金收入计征房产税。

【筹划思路】两种投资方式下的房产税的计税依据和适用税率都是不同的，通过比较两种计税方式下房产税税负的大小，最终可以选择税负低的方案。

【筹划过程】

方案一：收取固定收入，不承担风险。

本年1月至6月应纳房产税=300×（1−30%）×6÷12×1.2%=1.26（万元）

本年7月至12月应纳房产税=20÷（1+9%）×12%=2.20（万元）

本年全年应纳房产税=1.26＋2.20=3.46（万元）

方案二：投资者参与投资利润分红，共担风险。

本年应纳房产税=300×（1−30%）×1.2%=2.52（万元）

【筹划结论】方案二比方案一少缴纳房产税0.94万元（3.46−2.52），因此，应当选择方案二。

【任务点评】不同的房地产投资方式，其投资风险和收益是不同的，投资者不应仅考虑税负因素，而应权衡利弊，综合考虑。

四、修理房屋的纳税筹划

任务案例6-8 本年甲公司决定将已有办公楼进行大修理，该办公楼的账面价值是300万元，使用年限为20年，已使用15年，修理后可使该房屋延长使用年限至10年，现有两个方案可供选择：方案一，对房屋进行修理，自本年1月1日开始，所耗用的时间为5个月，领用生产用原材料100万元（购入该原材料取得了增值税普通发票），人工费27万元；方案二，耗用相同的成本，自本年1月1日开始，所耗用的时间为7个月。当地政府规定计算房产余值的扣除比例为30%。

【任务要求】请对上述业务进行纳税筹划。

【税法依据】纳税人因房屋大修导致连续停用半年以上的，在房屋大修理期间免征房产税，免征额由纳税人在申报缴纳房产税时自行计算扣除，并在申报表附表或备注栏中进行相应说明。纳税人对原有房屋进行改建、扩建的，要相应增加房屋的原值。

【筹划思路】纳税人对房屋的修理，应尽量使房屋停用半年以上，这样可以获取大修理期免征房产税的税收优惠。

【筹划过程】

方案一：对房屋进行修理，自本年1月1日开始，所耗用的时间为5个月。

1—5月应纳房产税合计=300×（1−30%）×5÷12×1.2%=1.05（万元）

6—12月应纳房产税合计=（300+100+27）×（1−30%）×7÷12×1.2%=2.09（万元）

全年应纳房产税=1.05＋2.09=3.14（万元）

方案二：对房屋进行修理，自本年1月1日开始，所耗用的时间为7个月。

1—7月免征房产税。

8—12月应纳房产税合计=（300+100+27）×（1−30%）×5÷12×1.2%=1.49（万元）

【筹划结论】方案二比方案一少缴纳房产税1.65万元（3.14−1.49），因此，应当选择方案二。

【任务点评】企业在修理房产时，应当创造条件充分利用相关税收优惠政策，以获取最大的节税利益。

项目引例解析

【税法依据】 房产税的计征方式有两种：一是从价计征；二是从租计征。从价计征的房产税，是以房产余值为计税依据，税率为1.2%，即按房产原值一次减除10%～30%后的余值的1.2%计征。从租计征的房产税，是以房屋出租取得的租金收入为计税依据，税率为12%，即按房产出租的租金收入的12%计征。

纳税人销售有形动产租赁服务，增值税税率为13%。

纳税人销售交通运输、邮政、基础电信、建筑、不动产租赁服务，销售不动产，转让土地使用权，增值税税率为9%。

纳税人销售增值电信服务、金融服务、现代服务和生活服务，销售土地使用权以外的无形资产，增值税税率为6%。

【筹划思路】 企业可以根据自己的实际情况，在可以选择计征方式的前提下，通过比较两种计征方式税负的大小，选择税负低的计征方式，以达到节税的目的。

【筹划过程】

方案一：签订房屋租赁合同，将库房对外出租，其计税依据为租金收入。

应纳房产税=200÷（1+9%）×12%=22.02（万元）

应纳增值税=200÷（1+9%）×9%=16.51（万元）

应纳城建税及教育费附加=16.51×（7%+3%）=1.65（万元）

税后利润=［200÷（1+9%）−22.02−1.65］×（1−25%）=119.86（万元）

方案二：签订仓储保管合同，将单纯的库房出租改变为提供仓储保管服务，其计税依据变为房产余值。

应纳房产税=2 000×（1−30%）×1.2%=16.8（万元）

应纳增值税=200÷（1+6%）×6%−2=9.32（万元）

应纳城建税及教育费附加=9.32×（7%+3%）=0.93（万元）

应支付给保管人员的工资=2万元

税后利润=［200÷（1+6%）−16.8−0.93−2］×（1−25%）=126.71（万元）

【筹划结论】 方案二比方案一多获取税后利润6.85万元（126.71−119.86），因此，应当选择方案二。

【引例点评】 通过变换方式，改变了房产税的计征方式，从而降低了房产税税负。当然前提是变换方式不会影响到本企业的生产经营，且对方也接受。另外，还需注意的是，签订仓储保管合同，加大了自身的风险，企业应当权衡利弊，综合考虑，选择合理的方案。

任务四 资源税的纳税筹划

一、运杂费用的纳税筹划

任务案例6-9 甲煤矿本年7月开采原煤100万吨，当月对外销售90万吨。该煤矿每吨原煤含增值税售价为550元（含从坑口到车站、码头等的运输费用等运杂费用50元，且该运杂费用未取得相关运杂费用发票或者其他合法有效凭据，也不能与销售额分别核算），适用的资源税税率为5%。

【任务要求】请对上述业务进行纳税筹划。

【税法依据】销售额是指纳税人销售应税产品向购买方收取的全部价款和价外费用，不包括增值税销项税额。对同时符合以下条件的运杂费用，纳税人在计算应税产品计税销售额时，可予以扣减：

①包含在应税产品销售收入中；

②属于纳税人销售应税产品环节发生的运杂费用，具体是指运送应税产品从坑口或者洗选（加工）地到车站、码头或者购买方指定地点的运杂费用；

③取得相关运杂费用发票或者其他合法有效凭据；

④将运杂费用与计税销售额分别进行核算。

纳税人扣减的运杂费用明显偏高导致应税产品价格偏低且无正当理由的，主管税务机关可以合理调整计税价格。

【筹划思路】企业在销售应税产品时应当将运杂费用与销售额分别核算，并取得相关运杂费用发票或者其他合法有效凭据，以避免将运杂费用并入销售额一并计征资源税。

【筹划过程】

方案一：未取得相关运杂费用发票或者其他合法有效凭据，也不能与计税销售额分别进行核算。

应纳资源税=90×550÷（1+13%）×5%=2 190.27（万元）

方案二：取得相关运杂费用发票或者其他合法有效凭据，且与计税销售额分别进行核算。

应纳资源税=90×（550−50）÷（1+13%）×5%=1 191.15（万元）

【筹划结论】方案二比方案一少缴纳资源税199.12万元（2 190.27−1 991.15），因此，应当选择方案二。

【任务点评】分别核算运杂费用在一定程度上会加大核算成本，但与节税额相比较，是非常合算的。

二、分别核算的纳税筹划

任务案例6-10 甲公司为一家矿业开采企业，本年7月份共开采销售原油100万元，开采销售钍50万元。原油的资源税适用税率为其销售额的8%，钍的资源税适用税率为其销售额的4%。

【任务要求】请对上述业务进行纳税筹划。

【税法依据】原油的资源税适用税率为其销售额的8%，钍的资源税适用税率为其销售额的4%。

纳税人开采或者生产不同税目应税产品的，应当分别核算不同税目应税产品的销售额或者销售数量；未分别核算或者不能准确提供不同税目应税产品的销售额或者销售数量的，从高适用税率。

【筹划思路】纳税人一方面应当分清应税项目与减、免税项目，单独核算销售额或销售数量；另一方面应当分别核算不同税目不同税率应税产品的销售额或销售数量，选择各自适用税率，以便避免从高计税，达到减少纳税的目的。

【筹划过程】

方案一：甲公司未将原油、天然气分别核算。

应纳资源税=（100+50）×8%=12（万元）

方案二：甲公司将原油、天然气分别核算。

应纳资源税=100×8%+50×4%=10（万元）

【筹划结论】方案二比方案一少缴纳资源税2万元（12-10），因此，应当选择方案二。

【任务点评】分别核算会增加一部分核算支出，但相对于省下的税来说，一般情况下是值得的。

任务五　城镇土地使用税的纳税筹划

一、企业选址的纳税筹划

任务案例6-11 某公司本年欲投资建厂，需占用土地10万平方米。现有两种方案可供选择：一是在某中等城市的城区建厂，当地城镇土地使用税税率为20元/平方米；二是在某小城市的城区建厂，当地城镇土地使用税税率为8元/平方米。假设该厂不论建在哪里都不影响企业生产经营。

【任务要求】请对上述业务进行纳税筹划。

【税法依据】凡在城市、县城、建制镇、工矿区范围内使用土地的单位和个人，为城镇土地使用税的纳税义务人。城镇土地使用税采取的是有幅度的差别定额税率，税额最低（0.6元）与最高（30元）相差50倍。

【筹划思路】企业可以结合自身生产经营的需要，从以下四个方面进行考虑：一是将公司设置在城市、县城、建制镇、工矿区以外的农村；二是由于税法允许经济落后地区城镇土地使用税的适用税额标准可以适当降低，经济发达地区城镇土地使用税的适用税额标准可以适当提高，因此可将企业设立在经济落后地区；三是在同一省份内的大中小城市以及县城和工矿区之中选择税率低的地区设立企业；四是在同一城市、县城和工矿区之内的不同等级的土地之中选择在税率低的土地上设立企业。

【筹划过程】

方案一：在某中等城市的城区建厂。

应纳城镇土地使用税=10×20=200（万元）

方案二：在某小城市的城区建厂。

应纳城镇土地使用税=10×8=80（万元）

【筹划结论】方案二比方案一少缴纳城镇土地使用税120万元（200-80），因此，应当选择方案二。

【任务点评】将企业设在城镇土地使用税税率低的地区，在有些情况下，有可能影响企业的生产经营业绩。企业不能只是单纯地考虑城镇土地使用税税负因素来对企业进行选址。

二、分别核算的纳税筹划

任务案例6-12 某市甲公司本年实际占地共计100 000平方米。其中，厂房占地80 000平方米，办公楼占地8 000平方米，医务室占地2 000平方米，幼儿园占地3 000平方米，厂区内道路及绿化占地7 000平方米。当地城镇土地使用税税率为4元/平方米。

【任务要求】请对上述业务进行纳税筹划。

【税法依据】企业办的学校、医院、托儿所、幼儿园，其用地能与企业其他用地明确区分的，可以比照由国家财政部门拨付事业经费的单位自用的土地，免征城镇土地使用税。对企业厂区（包括生产、办公及生活区）以内的绿化用地，应照章征收城镇土地使用税，厂区以外的公共绿化用地和向社会开放的公园用地，暂免征收城镇土地使用税。

【筹划思路】企业办的学校、医院、托儿所、幼儿园，其用地应尽量与企业其他用地明确区分，以享受免征城镇土地使用税的优惠。

【筹划过程】

方案一：各种用地未作明确区分，未分别各自核算面积。

应纳城镇土地使用税=100 000×4=400 000（元）

方案二：各种用地进行了明确区分，分别核算各自面积。

这样，医务室、幼儿园占地不需缴纳城镇土地使用税。

应纳城镇土地使用税=（100 000−2 000−3 000）×4=380 000（元）

【筹划结论】方案二比方案一少缴纳城镇土地使用税20 000元（400 000−380 000），因此，应当选择方案二。

【任务点评】分别核算会增加一部分核算支出，但相对于省下的城镇土地使用税来说，一般情况下是值得的。

任务六 耕地占用税的纳税筹划

一、选择耕地占用地点的纳税筹划

任务案例6-13 甲公司本年欲占用耕地50 000平方米建造厂房，现有两个省份可供选择：一是江苏省（江苏省每平方米耕地占用税的税额为30元）；二是山东省（山东省每平方米耕地占用税的税额为22.5元）。假设该厂房不论建在哪里都不影响企业生产经营。

【任务要求】请对上述业务进行纳税筹划。

【税法依据】各省、自治区、直辖市每平方米耕地占用税平均税额为：上海市45元；北京市40元；天津市35元；江苏、浙江、福建、广东4省各30元；辽宁、湖北、湖南3省各25元；河北、安徽、江西、山东、河南、四川、重庆7省市各22.5元；广西、海南、贵州、云南、陕西5省区各20元；山西、吉林、黑龙江3省各17.5元；内蒙古、西藏、甘肃、青海、宁夏、新疆6省区各12.5元。

各地依据耕地占用税暂行条例和上述的规定，经省级人民政府批准，确定县级行政区占用耕地的适用税额，占用林地、牧草地、农田水利用地、养殖水面以及渔业水域滩涂等其他农用地的适用税额可适当低于占用耕地的适用税额。

各地确定的县级行政区适用税额须报财政部、国家税务总局备案。

【筹划思路】由于各省的耕地占用税单位税额不尽相同，因此企业在占用耕地时应当尽量选择耕地占用税单位税额低的省份。

【筹划过程】

方案一：在江苏省占用耕地建造厂房。

应纳耕地占用税=50 000×30=1 500 000（元）

方案二：在山东省占用耕地建造厂房。

应纳耕地占用税=50 000×22.5=1 125 000（元）

【筹划结论】方案二比方案一少缴纳耕地占用税375 000元（1 500 000−1 125 000），因此，应当选择方案二。

【任务点评】在不同的省份占用耕地建造厂房，有可能会对企业的生产经营产生不同的影响。企业不能只单纯地考虑耕地占用税税负因素来对占用的耕地进行选址。

二、选择耕地占用时间的纳税筹划

任务案例6-14 甲公司为一家地质勘查企业，本年欲占用耕地100 000平方米进行地质勘查，根据工作任务和要求，地质勘查工作预计占用时间为1年零1个月。地质勘查工作不需要修建永久性建筑物。当地每平方米耕地占用税的税额为20元。

【任务要求】请对上述业务进行纳税筹划。

【税法依据】纳税人因建设项目施工或者地质勘查临时占用耕地，应当依照税法的规定缴纳耕地占用税。纳税人在批准临时占用耕地期满之日起1年内依法复垦，恢复种植条件的，全额退还已经缴纳的耕地占用税。

【筹划思路】纳税人因建设项目施工或者地质勘查临时占用耕地，应当尽量在批准临时占用耕地期满之日起1年内依法复垦，恢复种植条件，以便享受全额退还已经缴纳的耕地占用税的税收优惠。

【筹划过程】

方案一：占用耕地时间为1年零1个月。

本年应纳耕地占用税=100 000×20=2 000 000（元）

方案二：通过加快工作进度，将占用耕地时间缩短为11个月。

本年应纳耕地占用税=100 000×20=2 000 000（元）

甲公司占用耕地11个月之后立即恢复所占用耕地原状，税务机关全额退还已经缴纳的耕地占用税2 000 000元。

整体耕地占用税税负=2 000 000−2 000 000=0

【筹划结论】方案二比方案一少缴纳耕地占用税2 000 000元，因此，应当选择方案二。

【任务点评】纳税人因建设项目施工或者地质勘查临时占用耕地，应当加速工程进度，尽量在1年内恢复所占用耕地原状，以便享受退税的优惠。

项目练习

一、单项选择题

1.某企业有原值为2 500万元的房产，本年1月1日将其中的30%用于对外投资联营，投资期限为10年，每年收取固定利润分红50万元（不含增值税），不承担投资风险。已知，当地政府规定的房产余值扣除比例为20%。根据房产税法律制度的规定，该企业本年度应缴纳房产税（　　）万元。

A.24　　B.30　　C.22.80　　D.16.80

2.某企业本年7月将境内开采的原油200吨对外销售，含增值税销售价格为每吨6 328元，当月全部销售。已知该企业原油适用的资源税税率为6%，该企业此业务应纳资源税（　　）元。

A.0　　B.66 000　　C.66 600　　D.67 200

3.根据土地增值税法律制度的规定，下列情形中，免缴土地增值税的是（　　）。

A.因城市实施规划、国家建设的需要而搬迁，由纳税人自行转让原房地产的

B.纳税人建造高级公寓出售，增值额未超过扣除项目金额20%的

C.企事业单位转让旧房作为经济适用住房房源，且增值额为扣除项目金额30%的

D.房屋交换

4.根据房产税法律制度的规定，下列关于房产税计税依据的表述中，正确的是（　　）。

A.经营租赁的房产，以租金收入为计税依据，由承租方来缴纳房产税

B.经营租赁的房产，以房产余值为计税依据，由出租方来缴纳房产税

C.融资租赁的房产，以租金收入为计税依据，由出租方来缴纳房产税

D.融资租赁的房产，以房产余值为计税依据，由承租方来缴纳房产税

5.根据资源税法律制度的规定，下列关于资源税的纳税人或扣缴义务人的说法中，正确的是（　　）。

A.在我国开采石油的企业，为资源税的纳税人

B.扣缴义务人代扣代缴税款的纳税义务发生时间，为支付最后一笔货款的当天

C.资源税扣缴义务人，应当向扣缴义务人机构所在地的税务机关纳税

D.独立矿山收购未税矿产品，按照收购地的税率代扣代缴资源税

6.甲公司一幢房产原值600 000元，已知房产税税率为1.2%，当地规定的房产税扣除比例为20%。该房产年度应缴纳的房产税税额为（　　）元。

A.9 360　　B.7 200　　C.5 040　　D.5 760

7.某生产企业为增值税一般纳税人（位于市区），主要经营内销和出口业务，本年7月实际向税务机关缴纳增值税40万元，出口货物免抵税额4万元。另外，进口货物缴纳增值税17万元，缴纳消费税30万元。该企业本年7月缴纳城市维护建设税（　　）万元。

A.2.8　　B.3.08　　C.2.52　　D.5.81

8.根据土地增值税法律制度的规定，下列各项中不属于土地增值税纳税人的是（　　）。

A.以房抵债的某工业企业

B.出租写字楼的某外资房地产开发公司

C.转让住房的某个人

D.转让共有土地使用权的某高等学校

9.甲房地产开发公司开发某房地产项目，取得土地使用权所支付的金额为5 200万元，开发成本为2 800万元，利息支出为500万元（能够按转让房地产项目计算分摊并提供金融机构证明）。已知甲公司所在地的省政府规定的房地产开发费用的扣除比例为5%，则允许扣除的房地产开发费用为（　　）万元。

A.800　　B.900　　C.1 000　　D.1200

二、多项选择题

1.根据房产税法律制度的规定，下列有关房产税计税依据的表述中，正确的有（　　）。

A.纳税人对原有房屋进行改建、扩建的，要相应增加房屋的原值

B.以房屋为载体，不可随意移动的附属设备和配套设施，在会计上单独记账与核算的，可不计入房产原值

C.对附属设备和配套设施中易损坏、需要经常更换的零配件，更新后不再计入房产原值

D.对更换房屋附属设备和配套设施的，在将其价值计入房产原值时，不得扣减原来相应设备和设施的价值

2.下列可能成为城镇土地使用税纳税人的有（　　）。

A.拥有土地使用权的单位或个人

B.土地的实际使用人

C.土地的代管人

D.共有土地使用权的各方

3.下列关于城镇土地使用税税收优惠政策的表述中，正确的有（　　）。

A.对林区的运材道，免征城镇土地使用税

B.经批准开山填海整治的土地和改造的废弃土地，从使用的月份起免缴城镇土地使用税5～10年

C.房地产开发公司开发建造商品房的用地，一律不予免征城镇土地使用税

D.对于盐场的生产厂房，免征城镇土地使用税

4.下列各项中，不需要计算缴纳房产税的有（　　）。

A.企业拥有的抵债得来的厂房

B.用于居住的居民住宅

C.企业拥有的玻璃暖房

D.事业单位对外营业的招待所

5.以下可以作为房产税征税对象的有（　　）。

A.工业企业的厂房　　B.商业企业的仓库

C.工业企业的厂区围墙　　D.露天游泳池

6.关于城市维护建设税的适用税率，下列表述正确的有（　　）。

A.按纳税人所在地区的不同，设置了三档地区差别比例税率

B.由受托方代收、代扣增值税、消费税的，可按纳税人所在地的规定税率就地缴纳城市维护建设税

C.流动经营等无固定纳税地点的纳税人应随同增值税、消费税在经营地按适用税率缴纳城建税

D.城市维护建设税的税率是指纳税人应缴纳的城建税税额与纳税人实际缴纳的增值税、消费税税额之间的比率

7.下列各项中应征收耕地占用税的有（　　）。

A.铁路线路占用耕地　　B.学校占用耕地

C.公路线路占用耕地　　D.军事设施占用耕地

三、判断题

1.个人出租商业用房，房产税税率为4%。（　　）

2.对盐场的盐滩、盐矿的矿井用地，征收城镇土地使用税。（　　）

3.纳税人开采或生产不同税目资源税应税产品，未分别核算不同税目应税产品的销售额的，从高适用税率。（　　）

4.个人所有非营业用的房产免征房产税。（　　）

5.纳税人违反“两税”（增值税和消费税）有关规定而加收滞纳金和罚款，应当征收城市维护建设税。（ ）

6.国有企业在清产核资时对房地产进行重新评估而产生的评估增值，需要缴纳土地增值税。（ ）

7.企业办的学校、医院、托儿所、幼儿园，其用地能与企业其他用地明确区分的，免征城镇土地使用税。（ ）

8.城市维护建设税以增值税、消费税税额为计税依据并同时征收，如果要免征或者减征增值税、消费税，不需要同时免征或者减征城市维护建设税。（ ）

9.房地产继承不属于土地增值税的征税范围。（ ）

10.军事设施占用耕地免征耕地占用税。（ ）

四、案例题

甲矿产企业本年7月份开采销售钼矿和钨矿共计1 000 000元（不含增值税），其中，开采销售钼矿400 000元（不含增值税），开采销售钨矿600 000元（不含增值税）。钼矿的税率为11%，钨矿的税率为6.5%，请对其进行纳税筹划。

项目实训

一、实训名称

企业设立时选址的纳税筹划

二、实训案例设计

易达公司欲投资建厂，需占用土地15万平方米。在设立选址时有两个地方可以选择：一是设在市区，当地城镇土地使用税定额税率为10元/平方米；二是设在县城，当地城镇土地使用税定额税率为3元/平方米。假设无论选择哪种方案，都不会影响其经济效益，且全年应纳增值税合计为1 000万元。

三、实训任务要求

1.能够明确与企业选址相关的税法规定。

2.能够设计企业设立时选址的纳税筹划思路。

3.能够正确计算不同的选址方式下的税负。

4.能够通过比较分析，选择最优的地址设立企业。

项目七
其他税种的纳税筹划实务（下）

职业能力目标

（1）能对关税进行纳税筹划。

（2）能对印花税进行纳税筹划。

（3）能对契税进行纳税筹划。

（4）能对车船税进行纳税筹划。

（5）能对车辆购置税进行纳税筹划。

项目引例——分开记载经济事项的纳税筹划

甲铝合金门窗生产企业受乙建筑安装公司委托，负责加工一批铝合金门窗，加工所需原材料由甲铝合金门窗生产企业提供，甲铝合金门窗生产企业收取加工费及原材料费共计300万元，其中，甲铝合金门窗生产企业提供的原材料价值为200万元，收取的加工费为100万元。

任务要求

请对上述业务进行纳税筹划。

项目引例解析 见本项目的任务二。

任务一　关税的纳税筹划

一、进口货物完税价格的纳税筹划

任务案例7-1 甲公司本年7月欲从境外引进钢结构产品自动生产线，可选择从英国或美国进口。若从美国进口，境外成交价格（FOB）为1 700万元。该生产线运抵我国输入地点起卸前的运费和保险费为100万元，另支付由买方负担的经纪费10万元、买方负担的包装材料和包装劳务费50万元、与生产线有关的境外开发设计费用50万元。若从英国进口，境外成交价格（FOB）为1 600万元。该生产线运抵我国输入地点起卸前的运费和保险费为120万元，另支付由买方负担的经纪费10万元、买方负担的包装材料和包装劳务费30万元、与生产线有关的境外开发设计费用100万元。关税税率均为30%。

【任务要求】 请对上述业务进行纳税筹划。

【税法依据】 进口货物的完税价格由海关以货物的成交价格为基础审查确定，并应当包括该货物运抵中华人民共和国境内输入地点起卸前的运输及其相关费用、保险费。成交价格是指买方为购买该货物，并按有关规定调整后的实付或应付价格。下列费用，如能与该货物实付或者应付价格区分，不得计入完税价格：①厂房、机械、设备等货物进口后的基建、安装、装配、维修和技术服务的费用；②货物运抵境内输入地点之后的运输费用；③进口关税及其他国内税；④为在境内复制进口货物而支付的费用；⑤境内外技术培训与境外考察费用。

【筹划思路】关税纳税人进口货物时，应当选择同类货物中成交价格比较低或运输、保险费等相对低的货物，以降低完税价格，从而降低进口关税。

【筹划过程】

方案一：从美国进口。

关税完税价格=1 700+100+10+50+50=1 910（万元）

应纳关税=1 910×30%=573（万元）

应纳增值税=（1 910+573）×13%=322.79（万元）

方案二：从英国进口。

关税完税价格=1 600+120+10+30+100=1 860（万元）

应纳关税=1 860×30%=558（万元）

应纳增值税=（1 860+558）×13%=314.34（万元）

【筹划结论】方案二比方案一少缴纳关税15万元（573−558），少缴纳增值税8.45万元（322.79−314.34），因此，应当选择方案二。

【任务点评】进口货物时，不能仅仅考虑关税税负，还应考虑货物质量、售后服务等多种因素，以便做出合理的进口决策。

二、稀缺商品估定完税价格的纳税筹划

任务案例7-2 日本乙公司刚刚开发了一种最新高新技术产品，尚未形成确定的市场价格，但我国甲公司预计其未来的市场价格将远远高于目前市场上类似产品的价格，预计未来的市场价格将达到100万元。最终，甲公司以80万元的价格与日本乙公司成交，而其类似产品的市场价格仅为50万元。关税税率为30%。

【任务要求】请对上述业务进行纳税筹划。

【税法依据】进口货物的价格不符合成交价格条件或者成交价格不能确定的，由海关估定。海关一般按以下次序对完税价格进行估定：相同货物成交价格估价方法、类似货物成交价格估价方法、倒扣价格估价方法、计算价格估价方法及其他合理估价方法。

【筹划思路】对于一般进口货物，国内、国外市场均有参考价格，其纳税筹划的空间不大，但对于稀缺商品，如高新技术、特种资源、新产品等，由于这些产品没有确定的市场价格，而其预期的市场价格一般要远远高于市场类似产品的价格，也就为进口完税价格的申报留下了较大的纳税筹划空间，企业可以用市场类似产品的价格来进行申报，从而通过降低完税价格来降低关税。

【筹划过程】

方案一：甲公司以80万元作为关税完税价格申报。

应纳关税=80×30%=24（万元）

方案二：甲公司以50万元作为关税完税价格申报。

由于类似产品的市场价格仅为50万元，海关工作人员一般会认为50万元为合理的完税价格，于是便征税放行。

应纳关税=50×30%=15（万元）

【筹划结论】方案二比方案一少缴纳关税9万元（24-15），因此，应当选择方案二。

【任务点评】上述方案二属于典型的避税筹划方案，企业最好不要用，以规避未来被海关进行纳税调整或处罚的危险。

三、选购国外礼品的纳税筹划

任务案例7-3 假定王先生在国外欲购买礼物送给他儿子。根据自己儿子的需要，王先生可以选择购买通过镜头取景的照相机，其价格为9 000元，进口关税税率为25%，也可以选择购买机械指示式的贵金属电子手表，其价格也为9 000元，进口关税税率为11%。

【任务要求】请对上述业务进行纳税筹划。

【税法依据】关税的征税对象是准许进出境的货物和物品。其中，货物是指贸易性商品；物品是非贸易性商品，包括入境旅客随身携带的行李和物品、个人邮递物品、各种运输工具上的服务人员携带进口的日用物品、馈赠物品以及其他方式进入国境的个人物品。对物品征收的进口税包括关税、代征的国内增值税和消费税。纳税人是入境行李物品的携带人和进口邮件的收件人。

【筹划思路】我国税法对烟、酒、化妆品、金银及其制品、包金饰品、纺织品和制成品、电器用具、手表、照相机、录像机、汽车等关税税率的规定差异很大。若某人想在国外购买礼物然后回国馈赠亲朋，可以选择购买税率较低的外国商品，以达到降低进口关税的目的。

【筹划过程】

方案一：购买通过镜头取景的照相机作为礼物。

应纳关税=9 000×25%=2 250（元）

方案二：购买机械指示式的贵金属电子手表作为礼物。

应纳关税=9 000×11%=990（元）

【筹划结论】方案二比方案一少缴纳关税1 260元（2 250-990），因此，应当选择方案二。

【任务点评】当然，购买礼品不能单纯地从关税税负大小方面去考虑，还应考虑到个人的爱好、需要等很多方面。

任务二　印花税的纳税筹划

一、利用借款方式进行纳税筹划

任务案例7-4 甲公司欲借款20 000万元，现有两个借款方案可供选择：一是从乙商业银行借款；二是从关系较好的丙公司借款。假设借款年利率都为5%，其他借款条件都一样。

【任务要求】请对上述业务进行纳税筹划。

【税法依据】银行及其他金融机构与借款人（不包括同业拆借）所签订的合同，以及只填开借据并且作为合同使用而取得银行借款的借据，应按照“借款合同”税目，按借款金额的0.05‰贴花，而企业之间的借款合同不属于印花税的征税范围，不用贴花。

【筹划思路】对企业来说，在贷款利率相同或差异较小时，与从金融机构借款相比，从其他企业借款可以降低印花税税负。

【筹划过程】

方案一：从乙商业银行借款。

甲公司须贴花=20 000×0.05‰=1（万元）

方案二：从丙公司借款。

甲公司不需贴花。

【筹划结论】方案二比方案一少贴花1万元，因此，应当选择方案二。

【任务点评】由于从其他企业借款的利率一般大于从商业银行借款的利率，因此不能单纯地只考虑印花税税负因素。

项目引例解析

【税法依据】对于由受托方提供原材料的加工、定做合同，凡在合同中分别记载加工费金额和原材料金额的，应分别按“加工承揽合同”和“购销合同”计税，即加工费金额按加工承揽合同适用0.5‰税率计税，原材料金额按购销合同适用0.3‰税率计税，两项税额相加数，即为合同应贴印花；若合同中未分别记载，则从高适用税率，即全部金额依照加工承揽合同适用0.5‰税率计税贴花。

【筹划思路】在由受托方提供原材料的加工、定做合同中，将受托方所提供的加工费金额与原材料金额分别记载，便可分别适用各自税率，从而达到避免多缴纳印花税的目的。

【筹划过程】

方案一：合同记载甲铝合金门窗生产企业收取加工费及原材料费共计300万元。

甲铝合金门窗生产企业和乙建筑安装公司分别贴花=3 000 000×0.5‰=1 500（元）

方案二：合同记载甲铝合金门窗生产企业收取的原材料价值为200万元，收取的加工费为100万元。

甲铝合金门窗生产企业和乙建筑安装公司分别贴花=2 000 000×0.3‰+1 000 000×0.5‰=1 100（元）

【筹划结论】方案二比方案一甲铝合金门窗生产企业和乙建筑安装公司分别少贴花400元（1 500−1 100），因此，应当选择方案二。

【引例点评】在合同中将受托方所提供的加工费金额与原材料金额分开记载，使得加工费金额按加工承揽合同适用0.5‰税率计税，原材料金额按购销合同适用0.3‰税率计税，从而达到节税的目的。

二、利用分期租赁进行纳税筹划

任务案例7-5 甲公司从乙租赁公司租入生产用设备一台，双方于本年1月1日签订了租赁合同。合同规定，该设备租期10年，每年租金100万元，10年共1 000万元。

【任务要求】请对上述业务进行纳税筹划。

【税法依据】应纳税凭证应当于书立或者领受时贴花。也就是说，经济当事人在书立合同之时，其纳税义务便已经发生，应当按照规定贴花。财产租赁合同按租赁金额1‰贴花；税额不足1元的，按1元贴花。

【筹划思路】若对某设备的租赁不具有稀缺性，即可随时在市场上租赁到，企业在与出租方签订租赁合同时，可以分期签订，既可以规避设备在短期内被淘汰的风险，又可以使得印花税分期缴纳，充分利用了资金的时间价值。

【筹划过程】

方案一：甲公司和乙租赁公司于本年1月1日签订了租期为10年的租赁合同。

本年1月1日甲公司和乙租赁公司分别贴花=1 000×1‰=1（万元）

方案二：甲公司和乙租赁公司于本年1月1日签订了租期为1年的租赁合同，以后连续9年的每年1月1日都签订租期为1年的租赁合同。

本年1月1日甲公司和乙租赁公司分别贴花=100×1‰=0.1（万元）

以后连续9年的每年1月1日甲公司和乙租赁公司分别贴花=100×1‰=0.1（万元）

这样便充分地利用了资金的时间价值。

【筹划结论】方案二比方案一甲公司和乙租赁公司本年分别少贴花0.9万元（1−0.1），因此，应当选择方案二。

【任务点评】通过分次签订合同，使得双方分10年缴纳印花税，虽然缴纳印花税总额是不变的，但延缓了纳税时间，利用了资金的时间价值。

三、采取保守金额进行纳税筹划

任务案例7-6 甲公司和乙公司在订立合同之初认为履行合同金额为2 000万元，且在合同中记载了履行金额2 000万元，而实际最终结算时发现履行合同金额为1 000万元。该合同适用的印花税税率为1‰。

【任务要求】请对上述业务进行纳税筹划。

【税法依据】已贴花的凭证，修改后所载金额增加的，其增加部分应当补贴印花税票；修改后所载金额减少的，其减少部分不退印花税。

【筹划思路】在合同设计时，双方当事人就应充分考虑到以后经济交往中可能会遇到的种种情况，根据这些可能的情况，确定比较合理、比较保守的金额。

【筹划过程】

方案一：将合同金额确定为2 000万元。

甲公司和乙公司分别贴花=2 000×1‰=2（万元）

方案二：将合同金额确定为1 000万元，实际履行过程中若增加了履行金额则就增加部分补贴印花税票。

甲公司和乙公司分别贴花=1 000×1‰=1（万元）

【筹划结论】方案二比方案一甲公司和乙公司分别少贴花1万元（2−1），因此，应当选择方案二。

【任务点评】将合同金额保守记载，可降低印花税计税依据，从而降低印花税税负。但过低记载合同金额，有可能会出现未来最终结算金额升高后出现不必要的经济纠纷。

任务三　契税的纳税筹划

一、减少涉税环节的契税纳税筹划

任务案例7-7 甲、乙、丙为三方当事人，甲和丙均拥有一套价值为100万元（不含增值税）的房屋，乙欲购买甲的房屋，甲打算购买丙的房屋后出售其原有房屋。假设甲、乙、丙三方都知道各自的购房或售房供求信息，且本地契税适用税率为5%。

【任务要求】请对上述业务进行纳税筹划。

【税法依据】土地使用权交换、房屋交换，契税的计税依据为所交换土地使用权、房屋的价格差额。交换价格不相等的，由多交付货币的一方缴纳契税；交换价格相等的，免征契税。

【筹划思路】由于每发生一次土地、房屋权属转移，权属承受方就要发生一次契税的纳税行为，因此，若是可能，通过减少权属转移环节，可达到降低契税税负的目的。

【筹划过程】

方案一：乙购买甲的房屋，甲购买丙的房屋后出售其原有房屋。

乙购买甲的房屋时：乙应纳契税=100×5%=5（万元）

甲购买丙的房屋时：甲应纳契税=100×5%=5（万元）

方案二：先由甲和丙交换房屋后，再由丙将房屋出售给乙。

甲和丙交换房屋所有权为等价交换，免纳契税。

丙将房屋出售给乙时：乙应纳契税=100×5%=5（万元）

【筹划结论】方案二比方案一总体少缴纳契税5万元（10−5），因此，应当选择方案二。

【任务点评】现实中甲、乙、丙为三方当事人的上述行为出现的可能性较小，但这种筹划方案至少给出了一种思路。

二、利用隐性赠与的契税纳税筹划

任务案例7-8 张某向其表弟赠送一套住房，该套住房价值100万元（不含增值税）。本地契税的适用税率是3%。

【任务要求】请对上述业务进行纳税筹划。

【税法依据】契税的征税对象是在境内转移土地、房屋权属，具体包括：土地使用权的出让、转让及房屋的买卖、赠与、交换。

【筹划思路】在赠与房屋的行为中，可通过隐性赠与等方式，如通过不办理产权转移手续的方式，来达到避免缴纳契税的目的。

【筹划过程】

方案一：张某与其表弟办理产权转移手续。

张某的表弟应纳契税=100×3%=3（万元）

方案二：张某与其表弟不办理产权转移手续。

张某的表弟不必缴纳契税。

【筹划结论】方案二比方案一少缴纳契税3万元，因此，应当选择方案二。

【任务点评】由于方案二双方未办理产权转移手续，因此，此套住房在法律上仍属于张某。

三、房屋不等价交换的契税纳税筹划

任务案例7-9 甲公司以市价1 000万元的办公楼与乙公司市价1 200万元的厂房进行交换。甲公司向乙公司支付差价200万元。假设乙公司打算出资200万元对换入的办公楼进行装修，并且甲公司获悉乙公司未来装修的打算。以上价格均不含增值税。本地契税适用税率为5%。

【任务要求】请对上述业务进行纳税筹划。

【税法依据】土地使用权交换、房屋交换，契税的计税依据为所交换土地使用权、房屋的

“价格差额”。交换价格不相等的，由多交付货币的一方缴纳契税；交换价格相等的，免征契税。

【筹划思路】当双方交换不等价的房屋时，如果能通过一定的手段来降低双方交换房屋的差价，这时以差价作为计税依据计算出来的契税税额就会降低。若能进一步变为等价交换，则可享受免征契税的优惠。

【筹划过程】

方案一：甲公司和乙公司进行房屋产权交换，且甲公司向乙公司支付差价200万元。

甲公司应纳契税=200×5%=10（万元）

方案二：甲公司在与乙公司房屋产权交换之前，由甲公司先对自己的办公楼按乙公司的要求进行装修，装修费用为200万元。

装修后办公楼的价值变为1 200万元，双方交换属于等价交换，因此免纳契税。

【筹划结论】方案二比方案一少缴纳契税10万元，因此，应当选择方案二。

【任务点评】甲公司先对办公楼按乙公司的要求进行装修，未必能得到乙公司的同意，从而限制了此种纳税筹划方案的实施。

任务四　车船税的纳税筹划

一、车船税临界点的纳税筹划

任务案例7-10 甲公司欲购买一艘船，现有两艘船可供选择：一艘船的净吨位为2 010吨，另一艘船的净吨位为2 000吨。

【任务要求】请对上述业务进行纳税筹划。

【税法依据】船舶具体适用税额为：（1）净吨位小于或者等于200吨的，每吨3元。（2）净吨位201吨至2 000吨的，每吨4元。（3）净吨位2 001吨至10 000吨的，每吨5元。（4）净吨位10 001吨及其以上的，每吨6元。

【筹划思路】我国机动船舶车船税的税率实质上是一种全额累进性质的定额税率，即机动船舶的单位税额达到哪一个等级，全部按相应的单位税额征税，而净吨位等级越大，适用的单位税额也越大。对于这种形式的税率，纳税人应当充分利用临界点，避免在稍高于各级的临界点处购买机动船舶，否则会出现税额大幅增长的现象。

【筹划过程】

方案一：购买净吨位为2 010吨的船舶，适用税额为5元/吨。

应纳车船税=2 010×5=10 050（元）

方案二：购买净吨位为2 000吨的船舶，适用税额为4元/吨。

应纳车船税=2 000×4=8 000（元）

【筹划结论】方案二比方案一少缴纳车船税2 050元（10 050－8 000），因此，应当选择方案二。

【任务点评】在本案例下，虽然净吨位只相差10吨，但每年产生了2 050元的纳税差异。在机动船舶的净吨位少10吨的情况下，若不影响企业的经营，选择购买净吨位为2 000吨的机动船舶是大有益处的。企业应当考虑变化后某种吨位的机动船舶所带来的收益变化和因吨位发生变化所引起的税负变化之间的关系，然后选择最佳吨位的机动船舶。

二、降低车船税适用税率的纳税筹划

任务案例7-11 山东省的甲公司本年需要购置20辆乘用汽车，汽车市场上有这样两种乘用汽车可供选择：排气量为2.5升的乘用汽车和排气量为2.6升的乘用汽车。

【任务要求】 请对上述业务进行纳税筹划。

【税法依据】 山东省乘用车的车船税（按发动机汽缸容量（排气量）分档）具体适用税额为：（1）1.0升（含）以下的，每辆240元；（2）1.0升以上至1.6升（含）的，每辆360元；（3）1.6升以上至2.0升（含）的，每辆420元；（4）2.0升以上至2.5升（含）的，每辆900元；（5）2.5升以上至3.0升（含）的，每辆1 800元；（6）3.0升以上至4.0升（含）的，每辆3 000元；（7）4.0升以上的，每辆4 500元。

【筹划思路】 企业购买车辆时，应尽量购买排气量小的乘用车，以降低适用税额，从而降低税负。

【筹划过程】

方案一：购买20辆排气量为2.5升的乘用汽车。

应纳车船税=20×900=18 000（元）

方案二：购买20辆排气量为2.6升的乘用汽车。

应纳车船税=20×1 800=36 000（元）

【筹划结论】 方案一比方案二少缴纳车船税18 000元（36 000–18 000），因此，应当选择方案一。

【任务点评】 企业在不影响正常生产经营的情况下，购置排气量比较小的乘用汽车，一方面有利于环境保护，另一方面可以降低税负，实在是一举两得。

任务五 车辆购置税的纳税筹划

一、降低车辆购置税计税依据的纳税筹划

任务案例7-12 甲公司本年7月从乙汽车销售公司购买一辆轿车自用，支付购车款348 000元（含增值税，销售方适用的增值税税率为13%）。另外支付临时牌照费200元，随车购买工具用具3 000元，代收保险金350元，车辆装饰费15 010元。各项款项均体现在乙汽车销售公司开具的机动车销售统一发票中。

【任务要求】 请对上述业务进行纳税筹划。

【税法依据】 纳税人购买自用的应税车辆的计税价格为纳税人购买应税车辆而支付给销售方的全部价款和价外费用（不包括增值税税款）。价外费用是指销售方价外向购买方收取的基金、集资费、返还利润、补贴、违约金（延期付款利息）和手续费、包装费、储存费、优质费、运输装卸费、保管费、代收款项、代垫款项以及其他各种性质的价外收费。需要注意的是：（1）代收款项应区别对待。凡使用代收单位的票据收取的款项，应视为代收单位的价外费用，应并入计征车辆购置税；凡使用委托方的票据收取、受托方只履行代收义务或收取手续费的款项，不应并入计征车辆购置税，按其他税收政策规定征税。（2）购买方随车购买的工具或零件应作为购车款的一部分，并入计税价格征收车辆购置

税，但如果时间或销售方式不同，则不应并入计征车辆购置税。(3) 支付的车辆装饰费应作为价外费用，并入计征车辆购置税，但如果时间或收款方式不同，则不并入计征车辆购置税。

【筹划思路】纳税人应努力使用委托方的票据收取各项代收款项，从而不将代收款项并入车辆购置税的计税价格，进而降低车辆购置税税负。

【筹划过程】

方案一：将各项代收款项均体现在乙汽车销售公司（代收单位）开具的机动车销售统一发票中。

车辆购置税计税价格=（348 000+200+3 000+350+15 010）÷（1+13%）=324 389.38（元）

应纳车辆购置税=324 389.38×10%=32 438.94（元）

方案二：各项代收款项由委托方另行开具票据。

车辆购置税计税价格=348 000÷（1+13%）=307 964.60（元）

应纳车辆购置税=307 964.60×10%=30 796.46（元）

【筹划结论】方案二比方案一少缴纳车辆购置税 1 642.48 元（32 438.94−30 796.46），因此，应当选择方案二。

【任务点评】购车款以外的各项代收款项由委托方另行开具了票据，可降低车辆购置税的计税依据，从而降低车辆购置税税负。

二、选择汽车经销商的增值税纳税人身份的车辆购置税纳税筹划

任务案例7-13 甲公司为增值税小规模纳税人，本年7月打算购买一辆轿车自用，现有两个汽车经销商可供选择：一是从作为小规模纳税人的车辆经销商乙公司处购买，车款 90 400 元（含增值税，乙公司开具的机动车销售统一发票适用的增值税征收率为3%）；二是从作为一般纳税人的车辆经销商丙公司处购买，车款 90 400 元（含增值税，丙公司开具的机动车销售统一发票适用的增值税税率为 13%）。

【任务要求】请对上述业务进行纳税筹划。

【税法依据】纳税人购买自用的应税车辆的计税价格，为纳税人购买应税车辆而支付给销售者的全部价款和价外费用（不包括增值税税款）。纳税人销售货物不含增值税的销售额的计算公式为：

销售额=含税销售额÷（1+增值税税率或征收率）

【筹划思路】若车辆经销商为增值税小规模纳税人，则车辆经销商为车辆购买方开具的机动车销售统一发票适用的征收率为3%，对车辆购置税的纳税人（车辆购买方）一律按3%的征收率换算车辆购置税的计税依据；若车辆经销商为增值税一般纳税人，则车辆经销商为车辆购买方开具的机动车销售统一发票适用的税率为13%，对车辆购置税的纳税人（车辆购买方）按13%增值税税率换算车辆购置税的计税依据。因此在车辆购置价格（含增值税）相同的情况下，车辆购买方应从作为一般纳税人的车辆经销商处购买，以降低车辆购置税税负。

【筹划过程】

方案一：从作为小规模纳税人的车辆经销商乙公司处购买。

应纳车辆购置税=90 400÷（1+3%）×10%=8 776.70（元）

方案二：从作为一般纳税人的车辆经销商丙公司处购买。

应纳车辆购置税=90 400÷（1+13%）×10%=8 000（元）

【筹划结论】方案二比方案一少缴纳车辆购置税776.70元（8 776.70−8 000），因此，应当选择方案二。

【任务点评】选择车辆经销商的增值税纳税人身份，不能单纯地以车辆购置税的税负大小为标准，还应考虑到售后服务、企业形象等各方面因素。

任务六 环境保护税的纳税筹划

一、降低工业噪声超标的纳税筹划

任务案例7-14 甲公司是一家工业企业，本年1月在A、B两地作业均存在夜间工业噪声超标。A作业场地一个单位边界上有两处工业噪声超标，分别为超标1分贝、超标7分贝，超标天数为14天；B作业场地沿边界长度110米，有两处工业噪声超标，分别为超标3分贝、超标6分贝，超标天数为16天。工业噪声超标1～3分贝适用税额为350元/月，超标4～6分贝适用税额为700元/月，超标7～9分贝适用税额为1 400元/月。

【任务要求】请对上述业务进行纳税筹划。

【税法依据】环境保护税应税范围中的噪声，是指工业噪声。

一个单位边界上有多处噪声超标，根据最高一处超标声级计算应纳税额；当沿边界长度超过100米有两处以上噪声超标，按照两个单位计算应纳税额。

一个单位有不同地点作业场所的，应当分别计算应纳税额，合并计征。

昼、夜均超标的环境噪声，昼、夜分别计算应纳税额，累计计征。

声源一个月内超标不足15天的，减半计算应纳税额。

夜间频繁突发和夜间偶然突发厂界超标噪声，按等效声级和峰值噪声两种指标中超标分贝值高的一项计算应纳税额。

【筹划思路】对于产生工业噪声的企业，一方面应当努力降低工业噪声超标的分贝，以适用较低的工业噪声的环境保护税单位税额；另一方面应当努力降低工业噪声超标的天数至15天以下（不含15天），以获取减半计算缴纳环境保护税的税收优惠。

【筹划过程】

方案一：A作业场地一个单位边界上有两处工业噪声超标，分别超标1分贝、超标7分贝，超标天数为14天；B作业场地沿边界长度110米，有两处工业噪声超标，分别超标3分贝、超标6分贝，超标天数为16天。

A作业场地应纳环境保护税=1 400÷2=700（元）

B作业场地应纳环境保护税=350+700=1 050（元）

应纳环境保护税合计=700+1 050=1 750（元）

方案二：A作业场地一个单位边界上有两处工业噪声超标，通过努力使其分别超标1分贝、超标6分贝，超标天数仍为14天；B作业场地沿边界长度110米，有两处工业噪声超标，仍分别超标3分贝、超标6分贝，但通过努力使其超标天数降至14天。

A作业场地应纳环境保护税=700÷2=350（元）

B作业场地应纳环境保护税=350÷2+700÷2=525（元）

应纳环境保护税合计=350+525=875（元）

【筹划结论】方案二比方案一少缴纳环境保护税875元（1 750−875），因此，应当选择方案二。

【任务点评】对于产生工业噪声的企业，降低工业噪声超标的分贝，或者降低工业噪声超标的天数至15天以下（不含15天），会达到降低环境保护税的效果，但这同时有可能会减少企业的产量。因此，企业应当权衡利弊，综合考虑，以做出合理的决策。

二、利用税收优惠政策的纳税筹划

任务案例7-15 甲公司本年1月产生尾矿1 000吨，其中，虽综合利用但不符合国家和地方环境保护标准的尾矿为400吨，在不符合国家和地方环境保护标准的设施贮存的尾矿为200吨。尾矿适用税额为15元/吨。

【任务要求】请对上述业务进行纳税筹划。

【税法依据】纳税人综合利用的固体废物，符合国家和地方环境保护标准的，暂予免征环境保护税。根据《中华人民共和国环境保护税法》的规定，有下列情形之一的，不属于直接向环境排放污染物，不缴纳相应污染物的环境保护税：（1）企事业单位和其他生产经营者向依法设立的污水集中处理、生活垃圾集中处理场所排放应税污染物的；（2）企事业单位和其他生产经营者在符合国家和地方环境保护标准的设施、场所贮存或者处置固体废物的。

【筹划思路】对于产生固体废物的企业，为了获取免征环境保护税或者不征环境保护税的待遇，一方面，应当尽量对固体废物加以综合利用，并使其符合国家和地方环境保护标准；另一方面，应当尽量向依法设立的污水集中处理、生活垃圾集中处理场所排放应税污染物，或者在符合国家和地方环境保护标准的设施、场所贮存或者处置固体废物。

【筹划过程】

方案一：虽综合利用但不符合国家和地方环境保护标准的尾矿为400吨，在不符合国家和地方环境保护标准的设施贮存的尾矿为200吨。

应纳环境保护税=1 000×15=15 000（元）

方案二：经过努力，使得综合利用并符合国家和地方环境保护标准的尾矿为400吨，在符合国家和地方环境保护标准的设施贮存的尾矿为200吨。

应纳环境保护税=（1 000-400-200）×15=6 000（元）

【筹划结论】方案二比方案一少缴纳环境保护税9 000元（15 000-6 000），因此，应当选择方案二。

【任务点评】企业努力创造条件以获取免征环境保护税或者不征环境保护税的待遇，需要发生额外的支出，但同时一方面能够减轻环境污染，另一方面能够降低税负，这不仅是每个企业的权利，也是每个企业的责任。

项目练习

一、单项选择题

1.甲公司系增值税一般纳税人，本年6月向乙公司销售小汽车，收取不含税价款20万元，同时向乙公司收取了1.13万元的保管费。乙公司购买小汽车后自用。已知，该小汽车适用的增值税税率是13%。则乙公司应缴纳车辆购置税（　　）万元。

A.2　　B.2.1　　C.1.7　　D.1

2.某单位一辆载货汽车整备质量为10吨，当地人民政府确定该地区载货汽车的车船税适用税额为每吨60元，则该单位这辆载货汽车每年应纳车船税（　　）元。

A.600　　B.800　　C.640　　D.840

3.本年7月，甲公司与乙公司签订了一份合同，由甲公司向乙公司提供货物并运输到乙公司指定的地点，合同标的金额为400万元，其中包括货款和货物运输费用。货物买卖合同适用的印花税税率为0.3‰，货物运输合同适用的印花税税率为0.5‰。根据印花税法律制度的规定，甲公司应纳印花税（　　）万元。

A.0.2　　B.0.12　　C.0.09　　D.0.06

4.根据车船税法律制度的规定，下列车船中，不免征车船税的是（　　）。

A.捕捞、养殖渔船

B.军队专用车船

C.依法不需要在车船登记管理部门登记的，在加工厂内行驶的车船

D.经批准临时入境的外国车船

5.根据印花税法律制度的规定，下列属于印花税纳税人的是（　　）。

A.加工承揽合同的受托人

B.权利许可证照的发证人

C.在国外书立，不在我国使用的合同的使用人

D.借款合同的担保人

6.张某本年7月份，从某汽车有限公司（一般纳税人）购买一辆小汽车供自己使用，支付了含增值税税款在内的款项300 000元，另支付代收临时牌照费1 190元、代收保险费1 000元，支付工具和零配件价款3 000元，车辆装饰费2 210元。所支付的款项均由该汽车有限公司开具“机动车销售统一发票”和有关票据。则张某应纳车辆购置税（　　）元。

A.26 500　　B.24 219　　C.20 000　　D.23 000

7.根据关税的有关规定，下列不属于关税纳税人的是（　　）。

A.经营进口货物的收货人

B.入境旅客随身携带的行李的持有人

C.经营出口货物的收货人

D.个人邮递物品的收件人

8.甲公司系增值税一般纳税人，本年6月经批准从境外进口1辆汽车自用，成交价格为580万元。另外，支付运抵我国关境内输入地点起卸前的运输费20万元，保险费11万元，缴纳了进口环节税金后海关放行。国家税务总局核定的同类型汽车的最低计税价格为1 000万元/辆。已知，汽车的消费税税率为12%，关税税率为40%。则甲公司应缴纳车辆购置税（　　）万元。

A.97.2　　B.100　　C.85.54　　D.69.43

9.甲公司一辆载货汽车自重吨位为12.2吨，该地区载货汽车每吨税额为80元，则该企业这辆载货汽车每年应纳车船税（　　）元。

A.960　　B.1 000　　C.1 040　　D.976

10.某人与某租赁公司签订机动车租赁合同，租用小轿车一辆，租期一周，租金800元，该合同各方应按（　　）元贴花。

A.0.8　　B.1.6　　C.1　　D.5

11.经济特区、经济技术开发区和经济发达、人均占有耕地特别少的地区，适用的耕地占用税税额可以适当提高，但提高幅度最多不得超过规定税额的一定比例。这一比例是（　　）。

A.20%　　B.30%　　C.50%　　D.100%

12.根据环境保护税法的规定，下列关于环境保护税的说法正确的是（　　）。

A.企事业单位和其他生产经营者向依法设立的污水集中处理、生活垃圾集中处理场所排放应税污染物的，应当缴纳环境保护税

B.企事业单位和其他生产经营者在符合国家和地方环境保护标准的设施、场所贮存或者处置固体废物的，应当缴纳环境保护税

C.企事业单位和其他生产经营者贮存或者处置固体废物不符合国家和地方环境保护标准的，应当缴纳环境保护税

D.农业生产（不包括规模化养殖）排放应税污染物的，应当缴纳环境保护税

二、多项选择题

1.根据关税法律制度的规定，下列各项中，应当计入出口关税完税价格的有（　　）。

A.出口关税

B.出口货物装船以后发生的费用

C.出口货物在成交价格中未单独列明的支付给国外的佣金

D.出口货物在成交价格以外买方另行支付的货物包装费

2.下列关于城建税计税依据的说法中，正确的有（　　）。

A.城建税的计税依据为纳税人应缴纳的增值税、消费税税额

B.纳税人因违反增值税有关规定而加收的滞纳金和罚款，应作为城建税的计税依据

C.纳税人在被查补消费税时，应同时对其城建税进行补税、征收滞纳金和罚款

D.纳税人在被处以增值税罚款时，应同时对其城建税进行补税、征收滞纳金和罚款

3.下列情形中，不缴或免缴车船税的有（　　）。

A.建筑工地的小推车　　B.公安部门的警车

C.武警的雷达车　　D.汽车制造厂尚未销售的汽车

4.下列费用中，属于车辆购置税的价外费用的有（　　）。

A.销售方向购买方收取的集资费　　B.销售方向购买方收取的违约金

C.销售方向购买方收取的保管费　　D.销售方代购买方缴纳的车辆牌照费

5.根据印花税法律制度的相关规定，下列各项中，按定额5元征收印花税的有（　　）。

A.卫生许可证　　B.商标注册证　　C.专利证　　D.土地使用证

6.根据关税法律制度的规定，下列各项中，应计入进口货物关税完税价格的有（　　）。

A.由买方负担的购货佣金　　B.由买方负担的经纪费

C.进口货物运抵境内输入地点起卸之后的运输及其相关费用、保险费

D.由买方负担的与该货物视为一体的容器费用

7.下列各项中，应当征收印花税的项目有（　　）。

A.产品加工合同　B.法律咨询合同　C.技术开发合同　D.出版印刷合同

8.本年6月甲公司用自产的价值80万元的原材料换取乙公司的厂房，并因此用现金补给乙公司40万元差价；当月甲公司又将一套价值100万元的厂房与丙公司的办公楼交换，并用自产的价值50万元的商品补给丙公司差价。以上价格均为不含增值税价格。已知当地契税税率为3%，则关于甲公司应缴纳契税的下列计算中，正确的有（　）。

A.甲公司用原材料换取乙公司厂房应纳契税=40×3%=1.2（万元）

B.甲公司用原材料换取乙公司厂房应纳契税=（80+40）×3%=3.6（万元）

C.甲公司用厂房换取丙公司办公楼应纳契税=50×3%=1.5（万元）

D.甲公司用厂房换取丙公司办公楼应纳契税=（100+50）×3%=4.5（万元）

三、判断题

1.电网与用户之间签订的供用电合同不征印花税。（　）

2.纳税人购置应税车辆，应当向车辆登记注册地的主管税务机关申报纳税；购置不需办理车辆登记注册手续的应税车辆，应当向纳税人所在地的主管税务机关申报纳税。（　）

3.载有两个或两个以上应适用不同税率经济事项的一张凭证，如分别记载金额的，应分别计算应纳税额，相加后按合计税额贴花；如未分别记载金额，按税率高的计算贴花。（　）

4.伪造印花税票的，由税务机关责令改正，处以5 000元以上1万元以下的罚款；情节严重的，处以1万元以上2万元以下的罚款；构成犯罪的，依法追究刑事责任。（　）

5.纯电动乘用车和燃料电池乘用车不属于车船税征税范围，对其不征车船税。（　）

6.土地使用权赠与、房屋赠与，由征收机关参照土地使用权出售、房屋买卖的市场价格确定契税的计税依据。（　）

7.契税的纳税人是在我国境内转让土地、房屋权属的单位和个人。（　）

8.工业噪声声源一个月内超标不足10天的，减半计算应纳税额。（　）

四、案例题

甲煤矿企业本年7月与铁路部门签订运输合同，记载运输费及保管费共计500万元，由于该合同中涉及货物运输合同和仓储保管合同两个税目，而且二者税率不同，前者为0.5‰，后者为1‰，根据规定，未分别记载金额的，按税率高的计税贴花，即按1‰税率计算应贴印花，其应纳税额=5 000 000×1‰=5 000（元）。若分开记载，则运输费300万元，保管费200万元。请对其进行纳税筹划。

项目实训

一、实训名称

选择进口零部件或产成品的纳税筹划

二、实训案例设计

甲公司是一家德国汽车生产企业，在中国设立了自己的汽车销售公司乙公司。现由乙公司从甲公司进口100辆小汽车，每辆小汽车的关税完税价格为20万元，适用进口环节的关税税率为15%，消费税税率为5%，增值税税率为13%。如果甲公司将乙公司变更为自己的汽车组装兼销售公司，并将乙公司原来进口整装小汽车的方式改为先进口散装汽车零部件后组装成小汽车的方式，则乙公司以每辆小汽车的全套散装零部件15万元的关税完税价格从甲公司进口散装零部件，这样，散装零部件进口环节关税税率降为6%。

三、实训任务要求

1.能够明确与进口货物相关的税法规定。

2.能够设计进口货物的纳税筹划思路。

3.能够正确计算进口货物的不同方式下的税负。

4.能够通过比较分析，选择最优的进口货物方案。

主要参考文献

[1] 盖地.税务筹划学［M］. 3版.北京：中国人民大学出版社，2013.
[2] 高允斌.公司税制与纳税筹划［M］. 北京：中信出版社，2011.
[3] 庄粉荣.纳税筹划实战精选百例 ［M］. 5版.北京：机械工业出版社，2014.
[4] 葛长银.中国企业减税方案设计［M］. 北京：电子工业出版社，2012.
[5] 蔡昌.税收筹划实战［M］. 2版.北京：机械工业出版社，2013.
[6] 梁文涛.企业纳税筹划方案设计［M］. 北京：中国人民大学出版社，2015.
[7] 梁文涛.企业纳税方案优化设计120例［M］. 北京：中国税务出版社，2014.
[8] 梁文涛.财税名家手把手教你算税、报税和缴税（实战与操作版）［M］. 合肥：中国科学技术大学出版社，2014.
[9] 梁文涛，等.纳税筹划实务［M］. 7版.北京：清华大学出版社，北京交通大学出版社，2019.
[10] 梁文涛，等.企业纳税实务［M］. 3版.北京：高等教育出版社，2019.
[11] 梁文涛，等.企业纳税实务习题与实训［M］. 3版.北京：高等教育出版社，2019.
[12] 梁文涛，等.税法［M］. 3版. 大连：东北财经大学出版社，2019.
[13] 梁文涛，等.税法技能与拓展训练手册［M］. 2版. 大连：东北财经大学出版社，2019.
[14] 梁文涛，等.税务会计实务［M］. 3版.大连：东北财经大学出版社，2019.
[15] 梁文涛.折扣销售与纳税筹划［J］. 企业管理，2007（9）.
[16] 梁文涛.浅探运费的纳税筹划［J］. 财会月刊：会计版，2007（10）.
[17] 梁文涛.与产品包装有关的消费税纳税筹划［J］. 财会月刊：会计版，2007（12）.
[18] 梁文涛.论企业分立在纳税筹划中的应用［J］. 财会学习，2008（1）.
[19] 梁文涛.销货企业收取运费的纳税筹划［J］. 财会月刊：会计版，2008（2）.
[20] 梁文涛.白酒生产企业加工方式选择的纳税筹划［J］. 财会学习，2008（2）.
[21] 梁文涛.促销方式与纳税筹划［J］. 财会学习，2008（3）.
[22] 梁文涛.有关包装物押金的纳税筹划［J］. 财会月刊：会计版，2008（4）.
[23] 梁文涛.购货企业支付运费的纳税筹划［J］. 财会月刊：综合版，2008（5）.
[24] 梁文涛.购销业务中运输费用的纳税筹划［J］. 企业管理，2008（5）.
[25] 梁文涛.企业增值税纳税人身份选择方式的传统理论质疑［J］. 财会学习，2008（5）.
[26] 梁文涛.试探折扣的纳税筹划［J］. 财会月刊：会计版，2008（6）.
[27] 梁文涛.利用分立巧节税［J］. 企业管理，2008（6）.

[28] 梁文涛.混合销售与兼营行为的纳税筹划 [J]. 企业管理，2008（7）.
[29] 梁文涛.运用净利润法选择购货对象的纳税筹划 [J]. 财会学习，2008（8）.
[30] 梁文涛.生产企业采购废旧物资的纳税筹划 [J]. 财会月刊：综合版，2008（8）.
[31] 梁文涛.利用并购对不同税种进行税收筹划 [J]. 企业管理，2008（9）.
[32] 梁文涛.现金净流量法在混合销售纳税筹划中的运用 [J]. 财会月刊：会计版，2008（10）.
[33] 梁文涛.试析混合销售与兼营行为的纳税筹划 [J]. 财会月刊：综合版，2008（11）.
[34] 梁文涛.企业合并在纳税筹划中的应用 [J]. 财会月刊：会计版，2008（12）.
[35] 梁文涛.新税法下增值税的纳税筹划 [J]. 企业管理，2009（2）.
[36] 梁文涛.新税法下消费税的纳税筹划 [J]. 企业管理，2009（3）.
[37] 梁文涛.新条例下增值税的纳税筹划 [J]. 财会月刊：会计版，2009（4）.
[38] 梁文涛.浅谈增值税转型改革对各类企业的影响 [J]. 财会月刊：综合版，2009（4）.
[39] 梁文涛.运输车队独立与否的税收筹划探讨 [J]. 商业会计，2009（8）.
[40] 梁文涛.企业物资采购的纳税筹划 [J]. 商业会计，2009（10）.
[41] 梁文涛.净利润法在混合销售税务筹划中的应用 [J]. 财会通讯：综合（中），2009（5）.
[42] 梁文涛，柏海燕.卷烟生产企业设立调拨站的纳税筹划 [J]. 财会月刊：会计（中），2009（6）.
[43] 梁文涛.浅议建筑安装企业税务筹划 [J]. 财会通讯：综合（中），2009（6）.
[44] 梁文涛，等.风险管理理论探微 [J]. 中国商贸，2009（6）.
[45] 梁文涛.企业向灾区捐赠的纳税筹划 [J]. 财会月刊：会计（上），2009（7）.
[46] 梁文涛.新企业所得税法下的纳税筹划 [J]. 财会月刊，2009（8）.
[47] 梁文涛.浅析净利润法在兼营行为中的税务筹划 [J]. 财会通讯：综合（中），2009（8）.
[48] 梁文涛.浅谈卷烟生产企业税务筹划 [J]. 财会通讯：综合（中），2009（9）.
[49] 梁文涛.浅谈白酒生产企业的纳税筹划 [J]. 财会月刊：会计（中），2009（10）.
[50] 梁文涛.以税负最小化为目标的兼营行为税务筹划 [J]. 财会通讯：综合（中），2009（10）.
[51] 梁文涛.关税的纳税筹划 [J]. 财政监督：财会版，2009（11）.
[52] 梁文涛.我国企业纳税筹划风险管理的现存问题与改进措施 [J]. 山东纺织经济，2009（11）.
[53] 梁文涛.纳税筹划风险管理的准备探讨 [J]. 中国集体经济，2009（11）.
[54] 梁文涛.新增值税条例下混合销售行为的纳税筹划 [J]. 国际商务财会，2009（12）.
[55] 梁文涛.纳税筹划风险管理的监控探讨 [J]. 中国集体经济，2009（12）.
[56] 梁文涛.与纳税筹划相关的概念辨析 [J]. 中国集体经济，2009（12）.
[57] 梁文涛.纳税筹划的内涵研究 [J]. 山东纺织经济，2010（1）.
[58] 梁文涛.现金净流量法在增值税纳税人身份选择中的应用 [J]. 绿色财会，2010（2）.
[59] 梁文涛.房产税的纳税筹划案例分析 [J]. 商业会计，2010（3）.

[60] 梁文涛.新条例下净现金流量法在兼营行为纳税筹划中的应用 [J]. 财政监督（下半月刊），2010（3）.
[61] 梁文涛.存货业务纳税筹划浅析 [J]. 财会月刊：会计（中），2010（3）.
[62] 梁文涛.企业纳税筹划风险的五种应对策略 [J]. 财会月刊：会计（上），2010（4）.
[63] 梁文涛.税务筹划目标研究 [J]. 财会通讯：综合（中），2010（4）.
[64] 梁文涛.与增值税纳税人身份相关的纳税筹划方案风险分析 [J]. 财会月刊：会计（上），2010（5）.
[65] 梁文涛.增值税纳税人身份的纳税筹划误区及更正 [J]. 会计之友，2010（5）.
[66] 梁文涛.产品代销行为的纳税筹划 [J]. 财会月刊：会计（中），2010（5）.
[67] 梁文涛.新政策下兼营及让利行为的节税策略 [J]. 中国管理信息化，2010（5）.
[68] 梁文涛.不同代销方式下会计处理及其选择 [J]. 财会通讯：综合（上），2010（8）.
[69] 梁文涛.对业务招待费税务筹划的思考 [J]. 财会通讯：综合（中），2010（6）.
[70] 梁文涛.个人捐赠税务筹划探讨 [J]. 财会通讯：综合（中），2010（8）.
[71] 梁文涛.生产企业出口退税“免抵退”会计处理 [J]. 财会通讯：综合（上），2010（9）.
[72] 梁文涛.增值税纳税人购销业务会计处理及身份选择 [J]. 财会通讯：综合（上），2010（10）.
[73] 梁文涛.新闻出版业增值税税务筹划 [J]. 财会通讯：综合（中），2010（10）.
[74] 梁文涛.新条例下现金净流量法在税务筹划中的运用 [J]. 财会通讯：综合（中），2010（11）.
[75] 梁文涛.不同运输方式购销业务会计处理及其选择 [J]. 财会通讯：综合（上），2010（12）.
[76] 梁文涛.税务筹划决策中公式模型研究 [J]. 财会通讯：综合（中），2011（1）.
[77] 梁文涛.增值税进项税额抵扣的纳税筹划 [J]. 财会月刊：会计（上），2011（3）.
[78] 梁文涛.纳税人身份或类型选择的纳税筹划 [J]. 企业管理，2011（3）.
[79] 梁文涛.与农产品有关的增值税纳税筹划 [J]. 财会月刊：会计（上），2011（5）.
[80] 梁文涛.企业所得税节税技巧 [J]. 注册税务师，2011（6）.
[81] 梁文涛，等.新税制下工资个人所得税的变化及节税技巧 [J]. 企业管理，2011（10）.
[82] 梁文涛.新税法下工资薪金个人所得税的纳税筹划 [J]. 财会月刊：会计（上），2011（10）.
[83] 梁文涛，等.新《个人所得税法》的税收筹划 [J]. 注册税务师，2011（10）.
[84] 梁文涛.高新技术企业纳税筹划的基本思路 [J]. 财会月刊：会计（上），2011（11）.
[85] 梁文涛.经济合同签订的相关纳税筹划 [J]. 财会月刊：会计（中），2011（11）.
[86] 梁文涛.增值税的税收筹划 [J]. 注册税务师，2011（11）.
[87] 梁文涛.出口退税的纳税筹划 [J]. 财会月刊：会计（上），2011（12）.
[88] 梁文涛.企业技术创新的纳税筹划 [J]. 商业会计，2012（1）.
[89] 梁文涛.与商品房装修相关的土地增值税纳税筹划 [J]. 财会月刊：会计（上），2012（1）.
[90] 梁文涛.税务筹划方法例解 [J]. 财会通讯：综合，2012（5）.

[91] 梁文涛，袁伟婷.消费税的税收筹划 [J]. 注册税务师，2012（8）.
[92] 梁文涛.论纳税筹划的八种境界 [J]. 中国内部审计，2012（11）.
[93] 梁文涛.基于利润最大化目标的代购方式选择及涉税风险防范 [J]. 财会月刊（上），2013（3）.
[94] 梁文涛.代购行为在四种不同情况下的税务筹划 [J]. 财会通讯：综合（中），2013（3）.
[95] 梁文涛.合同签订中的节税小技巧 [J]. 财会月刊（上），2013（4）.
[96] 梁文涛.论纳税筹划的三大层次 [J]. 财会月刊（下），2013（7）.
[97] 梁文涛.与软件生产企业相关的纳税筹划 [J]. 财会月刊（上），2013（10）.
[98] 梁文涛.房地产开发企业调整定价的涉税盈利模式 [J]. 财会月刊（下），2013（10）.
[99] 梁文涛.无形资产的所得税纳税筹划 [J]. 财会月刊（上），2013（11）.
[100] 梁文涛.房产税的纳税筹划技巧 [J]. 财会月刊（下），2013（11）.
[101] 梁文涛.个人购销房产的纳税筹划 [J]. 财会月刊（下），2013（12）.
[102] 梁文涛."营改增"对企业税负的影响及纳税人身份选择的筹划 [J]. 注册税务师，2013（12）.
[103] 梁文涛."营改增"全国推开后的纳税筹划 [J]. 财会月刊（上），2014（1）.
[104] 梁文涛.刍议企业创建设立的税务筹划 [J]. 财会通讯：综合（上），2014（10）.
[105] 梁文涛.跨国经营中的纳税筹划 [J]. 注册税务师，2015（1）.
[106] 梁文涛.经营成果分配中的纳税筹划 [J]. 注册税务师，2015（2）.
[107] 梁文涛.房地产企业规划定价的盈利模式 [J]. 注册税务师，2015（5）.

教学资源与样书申请单

尊敬的老师：

您好！

感谢您使用梁文涛、苏杉 主编的《纳税筹划实务》（第四版），为便于教学，本书配有相关教学资源包。教学资源包的内容包括PPT教学课件、〔项目练习〕和〔项目实训〕的参考答案及解析、教学大纲、各项目教学目标、知识点及实现手段、内容提要、重难点、教学过程、教学参考内容、教学案例集、教学日历、考评方式与标准、学习指南等。如贵校已使用了本教材，您只需将下表中的相关信息以电子邮件或填写后发图片等方式发至我社，或登录网站www.dufep.cn根据提示填写相关信息，经我社审核通过后，即可免费获得我们提供的教学资源。

我们的联系方式：

联系人：包利华　　E-mail：dufep6@163.com

电　话：0411-84711800　　QQ：184510119

地　址：辽宁省大连市沙河口区尖山街217号东北财经大学出版社

姓　名		性　别		出生年月	
学　校		学院、系		专　业	
学校地址				邮　编	
职　务		职　称		办公电话	
E-mail		QQ		手　机	
通讯地址				邮　编	
本书使用情况	用于________学时教学，每学年使用________册。				

您对本书的使用意见和建议：

您还希望从我社获得哪些教材或资源：

需要的教材信息：

书名	书号	作者	定价

需要的资源信息：
